풍요로운 삶을 위한 바이블

THE MASTER
마스터

클래스케이 지음

유튜브 누적 조회수 1000만
인기 유튜버 클래스케이가 알려주는
절대 현실창조의 비밀

K⁺
MIRACLE MORNING
KMM PUBLISHER

"진정한 치유와 꿈을 이루고 싶은
모든 이들에게 바친다!"

왓칭, 거울명상
베스트셀러 저자
김상운 작가
추천!

THE MASTER
마스터

초판 1쇄 발행 2021년 7월 7일
초판 5쇄 인쇄 2023년 11월 11일

지은이	클래스케이
펴낸곳	케이미라클모닝
펴낸이	엄남미
디자인	고은아
편집	엔젤디자이너스
출판등록	제 2021-000020 호
주소	서울 동대문구 전농로 16길 51, 102-604
전자우편	kmiraclemorning@naver.com
전화	070-8771-2052

ISBN   979-11-974595-1-1 (03190)
값   15,000원
Copyright 클래스케이ⓒ 2021

- 이 책은 저작권법에 따라 보호를 받는 저작물입니다. 무단 전제와 복제를 금합니다.
- 이 책의 내용의 전부 또는 일부를 사용하려면 반드시 저작권자와 케이미라클모닝 출판사의 동의를 받아야 합니다.
- 잘못된 책은 구입하신 서점에서 교환해 드립니다.
- 케이미라클모닝 출판사 문에 노크해 주십시오. 어떤 영감과 생각이라도 환영합니다.

THE MASTER
마스터

클래스케이 지음

추천사

  이 책의 저자는 알래스카에서 남다른 빛의 체험을 하셨습니다. 내면의 고통이 정점을 찍을 때 마스터가 나와서 본디 우리는 빛이라는 것을 알려주었습니다. 우리가 빛으로 된 존재라는 사실은 거울명상을 통해 많은 사람들이 스스로 체험할 수 있습니다. 거울을 이용해 내 몸을 벗어나 '지금 여기'라는 공간을 객관적으로 바라보면 생각이 완전히 사라지면서 몸도 빛으로 변화합니다. 그러면서 즉각적인 치유가 일어납니다. 저는 지난해부터 유튜브로 거울명상을 전파하며 많은 사람들의 치유 사례들을 소개해오고 있습니다. 거울을 이용하지 않더라도 마음의 시야를 넓히면 마음의 눈이 열리면서 빛이 나타나기 시작합니다.

알래스카의 하늘은 왓칭이 잘 될 수밖에 없는 환경이기도 합니다. 때 묻지 않은 청정한 대자연이기 때문에 빛의 층들이 더욱 더 선명하게 나와서 고통의 심연에 빠진 케이님을 구해준 것처럼, 여러분들 안에도 근원의 빛이 존재합니다. 마음을 대자연의 넓은 공간으로 더 넓히다 보면 근원의 빛과 만날 수 있을 겁니다. 근원의 빛과 만나는 것은 바로 '원래의 나'와 만나는 것입니다.

하늘이 요술을 부리는 듯한 빛의 향연은 우리가 몸으로 된 존재가 아니라 빛으로 된 존재임을 말해주고 있습니다. 몸을 나라고 착각하고 살면 육안에 보이는 물질세계가 유일한 현실인양 철석같이 믿게 됩니다. 하지만 마음의 시야를 넓혀 바라보면 물질세계는 환영이고, 빛의 세계가 진실임을 알게 됩니다. 이 책에는 구체적인 무의식 정화의 방법과 빛과 만날 수 있는 방법이 실용적으로 자세히 설명되어 있습니다. 저자의 고통은 인류가 공통적으로 겪었던 일들이기 때문에 책을 읽다보면 저자의 경험이 자신과 겹쳐 감정 이입이 될 수 있습니다. 저자가 자신을 치유했듯이 여러분도 저자와 하나가 되어 책을 읽어나가다 보면 저자의 힐링 경험이 여러분의 것이 될 수 있을 것입니다. 이 책이 오랜 착각의 꿈에서 깨어나 원래의 나를 찾아가는 길잡이가 될 수 있기 바랍니다. 감사합니다.

베스트셀러 《왓칭》, 《거울명상》 저자
김상운

프롤로그

"아니 왜 이렇게 쉽게 설명해 주지 않는거야?"
"그래서 도대체 어떻게 하라는거지?"
"아… 사람들이 진짜 이걸 알아야 하는데…"

지난 3년 내내 수많은 책을 읽으며 내가 자주 한 말들이다.
수많은 현실 창조 관련 책을 읽으면서 아쉬운 점들이 참 많았다.
책을 읽어도 내용이 어렵거나 이해가 안가서 바로 실행하기 어려웠기 때문이다. 이 책은 어려운 내용도 쉽고 재미있게 누구나 실천 가능한 방법들로 가득 채워져 있다. 감히 현실창조의 완결판이라고 말하고 싶다. (웃음)

여러분은 그저 책을 읽어내려가면서 순서대로 하나하나 실행에 옮기면 된다. 이 책은 현실 창조의 완벽한 순서로 구성되어 있다. 모든 일에도 엄연히 순서가 있는 법이다. 아무리 급해도 절대 단계를 건너 뛰거나 생략하지 말라! 차근차근 처음부터 시작한다는 마음으로 본문을 이해한 뒤 실천하길 바란다.

기존에 자기계발 책의 뻔한 내용은 이 책에 나오지 않는다. 독자 여러분의 기존에 생각의 틀을 깨부수고 바꿔버릴 수 있게 이 책은 쓰여졌다. 이 책은 단순히 상상을 통해 무언가를 이룰 수 있다에서 그치지 않는다. 무언가를 왜 어떻게 이룰 수 있는지에 대해 낱낱이 설명한다. 그리고 여러분이 진정 어떤 존재이며 무엇을 할 수 있는지에 대해 알 수 있을 것이다.

지금껏 현실을 변화시키기 위해 고군분투하지만 실패해 왔는가?
늘 무언가를 열심히 하지만 목표를 잃고 쉽게 지치는가?
삶의 근본적인 변화를 이끌어내고 싶은가?
내가 원하는 현실을 어떻게 만들 수 있는지 알고 싶은가?
내가 진정 누구이며 어떤 존재인지 알고 싶은가?
힘들이지 않고 내면의 행복을 지키며 삶과 함께 살아가고 싶은가?
그렇다면 이 책은 당신을 위한 책이 될 것이다.

우리는 삶의 모든 것을 깨달은 자를 마스터라고 부른다.
우리 안에도 바로 그런 마스터가 존재한다.
내가 이런 말을 하면 여러분 스스로를 의심하실지도 모르겠다.

하지만 분명 우리 각자의 내면에는 이미 마스터가 존재한다. 우리가 마스터의 존재를 느낄 수 없는 이유는 단지 깊은 잠을 자고 있기 때문이다.

이 책은 바로 그런 여러분 안의 잠든 마스터를 깨우기 위해 쓰여졌다. 여러분은 그저 이 책을 읽고 기억해 내기만 하면 된다. 진정 나라는 존재가 누구인지, 무엇을 할 수 있는지가 이 책에 쓰여져 있다. 부디 여러분 안에 잠든 마스터를 깨워 그 힘을 여러분이 원하는 현실을 창조하는데 쓰길 바란다. 이 책을 읽는 내내 여러분은 마스터의 영감 속에 머물게 될 것이다. 그래서 바로 행동하지 않고서는 못 배길 것이다.

마스터들이여, 이제 깨어날 준비가 되었는가?

목 차

추천사   4

프롤로그   6

1장
진짜 나는 누구인가?

마스터와의 만남   16
무의식 프로그램   23
신념은 캐릭터 설정에 불과하다!   31
긍정의 프로그램 설치하기   39
숨겨진 잠재의식-내면아이   48
에너지의 세상   57
우리가 에너지다!   64
지구별 학교   71

2장
정화가 답이다!

인생 만능 치트키 정화   80
정화로 정보 삭제하기   88
하루 종일 정화하는 방법   95
정화시 드는 의문점 해결하기   99
내 이름을 넣으면 정화가 활성화 된다   102
전생의 기억도 정화된다   105
정화는 꿈속에서도 된다   108
내가 정화되면 물건과 공간의 에너지도 바뀐다   116
정화를 도와주는 도구들   124

3장
감정을 풀어야 해결된다!

기분이 감정과 에너지를 좌우한다!   136
행동하면 감정이 바뀐다!   142
감정은 무의식 패턴이다   149
감정은 전생의 기억에서 출발한다   155
감정이 카르마다   162

감정 풀기 작업

1) 왜 감정 풀기 작업이 중요한가?   168
2) 감정 풀기 작업에 대한 이해   173
3) 감정 풀기 작업 순서   176
4) 감정 풀기 작업 안내 지침   177

4장
마스터 이론

가능성은 모든 곳에 존재한다   188
의식적인 현실의 창조자 되기   195
생각과 감정 에너지의 힘   200
우리 몸의 에너지 센터   207
뇌와 심장의 일치가 현실을 바꾼다   217
평행우주 무한한 가능성의 장   227
소리 에너지   236

5장
마스터 실전

생각의 비밀	248
감정 안내시스템	255
현실 창조 도우미 '의' 3형제	262
인생 대본 수정하기	271
무한한 가능성의 창고, 잠재의식	279
잠재의식 리프로그래밍 방법	283
상상을 현실로 만드는 심상화	291
미래 대본 쓰기	299
심상화 느끼기	302
말은 에너지 압축 파일	308
확언으로 긍정 마스터하기	314
마스터 그 시작의 길	322
에필로그	332

1장

진짜 나는 누구인가?

마스터와의 만남

"응? 뭐지 이 따뜻한 느낌은?"

"피…! 피잖아?!?"

"어… 어떡하지?"

"나는 이대로 죽는 건가?"

"아직 아이가 어린데… 흑흑 누가 좀 도와주세요!"

"저 아직 죽으면 안 돼요! 살려주세요!"

　13년 전, 일에 지쳐 결혼이라는 도피처를 선택했다. 그땐 결혼하고 아이를 낳으면 행복한 삶을 살 수 있을 거라 생각했다. 그런데 타국에서의 출산과 함께 나의 믿음은 산산조각이 났다. 첫 아이를 낳은 지 2주 무렵이었다.

아이를 안고 일어서는 순간 다리에 시뻘건 피가 흐르기 시작했다. 나는 그 자리에서 돌처럼 굳어버렸다. 건강하다고 나름 자부하던 나였다. 완벽하게 출산 준비를 했다고 생각했다. 나 자신만 빼고 모든 게 완벽했다. 그렇게 나의 우울증은 시작되었다.

"내가 아이만 낳지 않았어도 이렇게 되지는 않았을 거야."
"이건 꿈일 거야. 내 인생이 이럴 수는 없어!"

그렇게 현실 부정을 하면서 시간은 흘러갔다. 시간이 지나면 내 상태가 나아질 줄 알았다. 그런데 둘째 출산 후 나의 우울증은 정점을 찍게 됐다. 출산 후 무리한 운동으로 손목과 발목에 부상을 입게 된 것이다.

아이들을 안아줄 수도 걸을 수도 없어서 몇 날 며칠을 울었다. 겨우 이어가던 일상마저 내 편이 아닌 것만 같았다.

"왜! 왜! 나한테만 이런 일이 일어나는 거야!"
"나한테 왜 그러냐고! 도대체 신이 있기는 한 거야?"
"흑흑… 나보고 어쩌라고!"
"더 이상 힘들어서 못 하겠어!"

남들이 다 부러워하는 독일에 살 때도 나는 전혀 행복하지 않았다. 여행은 커녕 매일 집안에서 가족들을 탓하기만 했다. 시간이 지날수록 남편과 아이들이 미워졌다. 나만 빼고 다들 행복해 보였다.

"그래, 너희들은 뭐가 그렇게 행복한데?"
"난 이렇게 힘든데 어떻게 내 앞에서 그런 얼굴을 할 수가 있어?"
"다 꼴 보기 싫어! 꺼져버려!"

 산다는 게 그저 힘겹고 지겨웠다. 아이들도 남편도 다 떠나서 혼자 있고 싶었다. 그 어디에도 내 편은 없는 것 같았다. 이렇게 사느니 차라리 죽는 게 낫다고 생각했다.

"정말 지긋지긋해 죽겠어!"
"도대체 내가 왜 살아야 하는 거야?"

 모든 게 내 잘못이고 나만 없어지면 문제가 해결될 것 같았다. 그렇게 미안함과 슬픔, 죄책감으로 내 안을 채워갔다. 시간이 지나면 나아질 줄 알았다. 그런데 점점 폭발하는 감정을 주체할 수가 없었다. 잠잠하다 폭발하기를 반복하는 통에 집안 분위기는 늘 살얼음판 같았다.

"미안해. 내가 이러려던 게 아닌데."
"내가 다 망쳐버렸어. 흑흑. 전부 나 때문이야."
"내가 모두를 불행하게 만들고 있어."
"그래. 더 미치기 전에 그만 끝내자."

 그렇게 마음먹고 수도 없이 자살 시도를 했다. 매일 밤 아이들과 남편이 잠이 들면 죽을 생각만 했다. 수많은 자살 시도를 해 봤지만, 소용이 없었다.

"그래. 내가 여태까지 죽지 못하고 살아 있는 이유가 있을 거야."
"나는 도대체 뭘 위해서 살아야 하는 걸까?"

   그렇게 어렴풋이 인생의 질문을 품은 채, 독일에서의 생활을 마치고 하와이로 이사를 가게 됐다. 새로운 시작을 할 수 있을 거라고 생각했다. 하지만 착각이었다. 남들이 부러워할 하와이에서도 나는 여전히 인생의 바닥을 치고 있었다. 쇼핑 중독으로 매일 밤을 새우면서 물건을 사대기 시작했고, TV 중독으로 안 본 프로그램이 없을 정도로 TV를 옆에 끼고 살았다.
   운동 중독으로 운동을 하지 않는 날은 늘 불안해했다. 몸매에 대한 강박으로 어떤 날은 토하기 직전까지 먹고 일부러 굶기도 했다.

"이건 누가 봐도 잘못된 거야."
"뭔가 다른 방법은 없을까?"
"그래! 일단 청소라도 해 보는 거야."

   무슨 바람인지 늘 기운 없던 내 몸이 움직이기 시작했다. 그러던 중 우연히 서랍 안에 책 한 권이 눈에 들어왔다.
   20대 때 나름 잘살아 보겠다고 산 책이었다.

"와… 나 이때 진짜 열심히 살았었는데…."
"휴우……. 근데 지금 내 꼴이 이게 뭐람?"
"그냥 한번 보기나 해볼까?"
"내가 얼마나 열정적으로 살았는지 확인도 해볼 겸해서."

그렇게 나는 앉은 자리에서 두 시간 동안 순식간에 책을 읽어 내려갔다. 시간도 잊고 숨 쉬는 것도 잊을 만큼 오랜만의 집중이었다. 책을 읽으면서 지난 20년의 시간들이 주마등처럼 스쳐 지나갔다. 고등학교 졸업도 전에 취업 전선에 뛰어들었고 졸업 후 바로 집을 나왔다. 그때부터 닥치는 대로 돈을 벌기 시작했다. 돈을 벌 수 있는 일이라면 무엇이든 했다. 잠자는 시간도 아까워서 20분 쪽잠을 자며 2~3가지 일을 했었다. 그렇게 책을 다 읽고 내려놓는 순간 머리에 스위치가 '탁' 하고 켜지는 느낌이 들었다.

'내가 왜 여태까지 이렇게 살고 있었지?'
'이건 아니야! 다시 뭔가라도 해봐야겠어!'
'가만있어보자… 그래! 책을 빌리러 가야겠어!'

몇 주 전 우연히 지인으로부터 도서관에 관한 이야기를 들은 것이 기억났다. 책에 관심이 없던 터라 그냥 한 귀로 듣고 흘린 대화였다. 그런데 순간 도서관으로 가야겠다는 강렬한 느낌이 들었다. 그 길로 나는 하와이 시립 도서관으로 향했다. 운전하고 가는 내내 내 가슴은 잔뜩 희망으로 부풀어 올랐다. 참 오랜만의 기분이었다. 왠지 이번에는 이 지긋지긋한 우울증과 무력감에서 빠져나올 수 있을 것 같았다. 10년 넘게 아이들을 키우면서 자연스레 경력 단절이 돼 버린 나는 자신감이 떨어질 대로 떨어진 상태였다. 다시 돈을 벌어볼 생각으로 돈 관련 책들을 찾고 있었는데 어딘가로부터 목소리가 들려 왔다.

마스터   (불쑥) 여기에요!

케이   (두리번거리며) 이게 무슨 소리지? 방금 누가 날 부르는 것 같았는데.

마스터   오랜만이에요~.

케이   (당황한 목소리) 네? 누구신지…? 절 아세요?

마스터   저는 당신의 마스터이자 좀 더 큰 당신이에요.

케이   (황당한 표정) 마스터요? 좀 더 큰 나? 네???

마스터   (서두르며) 그런데 이렇게 얘기하고 있을 시간이 없어요. 일단 빨리 시작해야 해요.

케이   아니 갑자기 그냥 나타나서는 뭘 빨리 시작해야 한다는 말이에요? 뭐지? 내가 헛것이 보이는 건가? (손을 저으며) 귀신은 물러가라~ 훠이~ 훠이~.

마스터   우린 이제부터 진짜 공부를 시작하게 될 거예요~.

케이   아니, 그러니까 당신이 누구신지 알아야 뭘 시작하던지 말든지 하죠?

마스터   (웃음) 일단 시작하고 나면 내가 누군지 차차 알게 될 거예요.

케이   (버럭) 아니 그냥 그렇게 말하면 내가 할 줄 알아요? 그리고 말이 나와서 말인데~ 난 공부라면 딱 질색이에요. 책이라면 더 싫고요.

마스터   (시무룩)…….

케이   (마스터를 바라보며) 아이고. 나 참. 그래요! 밑져야 본전이니까 그냥 미쳤다 생각하고 들어나 보죠! 일단 내가 뭐부터 시작하면 되는데요?

마스터   일단 느낌 가는 대로 책을 고르는 것부터 시작하면 돼요.

케이   (잡히는 대로 책을 쌓으며) 대충 이 정도면 됐죠?

마스터   (흡족해하며) 네! 그 정도면 시작하기 충분해요~.

케이 (혼잣말) 도대체 내가 무슨 짓을 하고 있는 거야? 30권이나 책을 빌리고. 그나저나 이 많은 책을 언제 다 읽지???

무의식 프로그램

　그날 이후 나는 매일 4~5권씩의 책을 읽어 나가기 시작했다. 패션잡지밖에 모르던 내가 점점 책 읽는 것이 재미있어졌다. 매 주마다 도서관에 가서 30권을 대여했다. 밥 먹고 화장실 가는 시간도 아까울 만큼 책 읽는 시간만큼은 괴롭지 않아서 좋았다. 태어나서 그렇게 많은 책을 단기간에 읽은 적은 처음이었다. 그렇게 내가 200여 권을 읽어가고 있을 무렵 마스터는 다시 나타났다.

마스터　(불쑥) 어때요? 공부는 잘 돼 가나요?
케이　와……. 이런 세상이 있는 줄은 정말 꿈에도 몰랐어요! 내가 이 책을

20년, 아니 5년 전에만 읽었어도 분명 다른 삶을 살고 있었을 텐데. 난 여태까지 뭘 한 건지.

마스터   자책하지 말아요. 모든 일은 그 사람에게 가장 적당한 때에 이루어져요. 지금이 바로 케이에게 그때이기도 하구요. 그동안 읽은 책들 중에서 뭐 궁금한 점은 없었나요?

케이   있었어요! 다들 그 무슨 무의식인가 잠재의식인가에 대해서 말을 하던데요. 돈 관련 책이랑 인간관계 그리고 성공 관련 책도 똑같은 얘기를 하더라고요. 아무리 잘살아 보겠다고 하더라도 무의식이랑 잠재의식을 모르면 헛수고라던데요?

마스터   맞아요. 우리가 인간으로 태어난 이상 적용되는 프로그램이 하나 있는데, 그게 바로 무의식 프로그램이에요.

케이   아… 근데 무의식이랑 잠재의식은 뭐가 다른 거죠? 읽어도 다 비슷비슷해서 헷갈리더라고요~.

마스터   (웃음) 그 둘은 말만 다를 뿐 본질은 같아요. 무의식이라는 거대한 틀 안에 잠재의식이 존재하는 거예요. 그리고 그 둘을 합쳐 무의식 프로그램이라고 부르죠.

   마음은 95%의 무의식 프로그램과 5%의 현재의식으로 이루어져 있다. 우리가 잠재의식이라고 부르는 것은 사실 무의식 프로그램이다. 무의식 프로그램은 습관과도 같다. 의도하지 않아도 바로 작동하는 것이 무의식 프로그램이다. 무의식 프로그램은 감정 없는 데이터와도 같다. 컴퓨터에 저장된 프로그램처럼 버튼이 눌러지면 작동하는 것이 무의식 프로그램이다.

우리의 몸도 바로 무의식 프로그램이다. 조건 반사적으로 행동하는 것도 다 무의식 프로그램이 작동하기 때문이다. 무의식 프로그램의 상태에 있음을 알려주는 예가 있다. 너무나 피곤한 나머지 당신은 현관문 앞에서 비밀번호를 갑자기 잊어버렸다. 숫자를 떠올리려고 하지만 여전히 생각나지 않는다. 그런데 손가락은 이미 비밀번호를 자동으로 누르고 있다. 결국 현관문은 열리고 당신은 안도한다. 이렇게 무의식 프로그램은 자동 프로그램처럼 우리의 삶 속에서 작동하고 있다. 수많은 반복을 통해 학습되어진 것이 무의식 프로그램이다.

무의식 프로그램의 특징

- 인간의식의 95%를 차지한다.
- 부정어를 직접적으로 처리하지 못한다.
- 기억과 감정반응, 행동, 기술, 믿음, 인식, 태도들의 집합체이다.
- 느낌으로 현재의식과 소통이 가능하다.
- 직관, 영감, 깨달음, 초능력의 세계를 관장한다.
- 현재의식의 명령에 따르는 하인이다.
- 상징적인 이미지에 의해서 쉽게 학습된다.
- 반복적이고 지속적인 연습에 의해 형성된다.
- 본능을 유지하고 습관을 만들어낸다.
- 집중, 이완, 명상, 최면의 상태에서 접근이 가능하다.
- 선을 위해 작용한다. (오로지 나의 이익을 위해 일한다.)
- 미해결된 부정적 정서를 가진 기억을 억압한다.
- 기억을 해결 목적으로 드러낸다.

무의식 프로그램은 7세 이전에 완성되고 35세 정도가 되면 완전히 굳어지게 된다. 우리는 태어나서 7세 전까지 최면 상태의 뇌파인 세타파 상태에서 그대로 정보를 입력하게 된다. 이때 무의식 차원에 모든 데이터는 주변 환경을 관찰함으로써 저장된다. 부모의 기본적인 신념과 행동, 태도 등은은 시냅스 형태로 뇌에 새겨지게 된다. 이렇게 무의식 프로그램이 다운되어 버리고 나면 다시 바꾸기 전까지 그대로 작동하게 된다. 살아가는데 필요한 모든 생존 정보와 경험의 총합이 무의식 프로그램이 된다. 일단 무의식 프로그램을 다운로드 받게 되면 그 자체가 나의 삶을 형성하게 된다. 무의식 프로그램은 컴퓨터처럼 외부 신호를 읽고 그에 따라 행동하는 방식으로 작동한다.

과거 학습된 과정을 무한 반복하고 있는 것이 무의식 프로그램이다. 무의식 프로그램의 자동 반복을 중단할 수 있는 것은 오직 의식의 관찰뿐이다. 의식이 개입해서 반복된 패턴을 중단하고 새로운 프로그램을 다운 받게 할 수 있다. 무의식 프로그램의 상태에 있지 않기 위해서는 의식이 깨어 있어야 한다. 의식이 깨어 있지 않으면 그 자리를 무의식 프로그램이 채워버리기 때문이다. 우리가 주의를 기울이지 않고 하는 모든 행동은 사실 무의식 프로그램으로부터 나온 것이다. 그저 다운 받은 프로그램이 주인처럼 행세하는 것과도 같다. 이때 우리는 그 이유를 알 수가 없는데 아무 의문 없이 그저 프로그램을 다운 받아버렸기 때문이다.

이렇게 우리 인생의 95%를 무의식 프로그램 상태에서 살아가고 있다. '몸과 마음이 따로 논다'는 말을 들어보았는가? 이 말은 우리가 5%의 의식으로 95%의 무의식을 바꿔보려고 한다는 뜻이다. 조 비테일 박사도 이것을 반 의도라고 불렀다. 우리가 삶에서 원하는 것에 대한 의도가 있지만, 그 의도를 작동시키지 못하게 하는 그 무엇. 그것이 바로 우리의 무의식 프로그램이다. 머리로 생각하는 삶과 실제 삶이 다를 수밖에 없는 이유도 바로 여기에 있다.

케이　(씩씩거리며) 와, 이건 정말 말도 안 돼요! 아니 누구 맘대로 프로그램을 다운 받아요? 내가 원하지도 않았는데???

마스터　진정해요~. 무의식 프로그램은 우리의 체험을 위해 존재하는 거예요.

케이　무슨 체험이요? 내가 원하지도 않은 무의식 프로그램을 체험하는 거요?

마스터　바로 거기에 영혼의 배움과 성장이 있어요. 우리는 무의식 프로그램을 통해 한계를 뛰어넘는 경험을 하게 되죠. 한계를 체험하기 위해서는 일정한 틀이 있어야 해요. 그것이 바로 무의식 프로그램인 거에요.

케이　네???

　무의식은 태어나고 직후부터 형성된다고 알고 있다. 그런데 사실 무의식은 내가 태어나기 전부터 형성이 된다. 행복한 삶을 살고 있었지만 늘 불안해하는 상담자가 있었다. 화목한 가정과 남부러울 것이 없는 그녀는 연령 퇴행 최면을 통해서 그 이유를 알게 되었다.

케이　　지금 무엇이 느껴지나요?

상담자　(떨리는 목소리) 불안해요. 너무 불안해요.

케이　　지금 어디에 계신가요?

상담자　저는 지금 엄마 뱃속에 없어요. 아직 들어가기 전이예요. 밖에서 엄마를 지켜보고 있어요.

케이　　지금 어떤 느낌인가요?

상담자　(눈물을 흘리며) 많이 불안해하고 있어요. 그리고 슬퍼요… 왜냐하면 엄마가 저를 임신하고 싶지 않아서 저항해요…….

　수정의 순간부터 자궁 내에서 겪는 모든 일들은 우리의 무의식 프로그램에 영향을 준다. 이때 우리의 현재 인격, 감정적 성향, 사고력 등이 무의식에 형성되게 된다. 깨어 있든 잠들어 있든 우리는 이미 태아상태 이전부터 무의식 프로그램을 형성해 온 것이다. 의식 있는 부모의 태교는 올바른 프로그램을 낳는다. 그런데 우리들 대부분은 부처님이나 예수님 같은 부모님 밑에서 크지 않았다. 이런 이유 때문에 우리의 프로그램들은 오류가 있거나 대부분 부정적이다. 나 또한 이런 무의식 프로그램의 영향을 피해갈 수 없었다.

　엄마의 임신은 시작부터 불행했다. 나를 임신하셨을 당시 아버지의 외도로 힘들어하셨다. 아들을 낳기를 바라셨지만 나는 딸로 태어났다.

　그 이유 때문인지 나는 늘 어렸을 때부터 사랑 결핍 상태였다. 인형이나 손가락을 빨며 자랐고 늘 야단을 맞기 일쑤였다.

　커서는 부모님에게 잘 보이기 위해 무조건 열심히 일했다. 그런데 늘 성공의 단계 직전에 전부 포기해 버리는 성향이 있었다.

케이   (시무룩) 아무래도 이때 부정적인 프로그램이 다운됐나 봐요.

마스터   너무 실망할 필요는 없어요. 우리 모두는 지구에서의 공부를 위해 특정 조건이 필요해요. 그게 바로 무의식 프로그램이구요. 나에게 배움을 줄 프로그램을 다운 받고 그것을 경험하기 위해 사는 것. 바로 그게 우리가 지구에 온 이유예요.

케이   (시무룩) 설명을 듣고 나니 뭔가 무의식 프로그램이 거대한 산처럼 느껴져요.

마스터   어려워할 것 없어요. 그저 감정이 일어날 때 알아차리기만 하면 돼요. 무의식 프로그램은 감정과 함께 작동하거든요~.

케이   '알아차리기만 하면 된다라…….' 그럼 막 글로 적고 분석 같은 건 하지 않아도 되는 건가요? 알아차리는 것도 힘든데 거기다 적는 건 더 어렵다고요.

마스터   분석은 마음이 이해하고 싶어서 하는 활동이에요. 영(靈)의 입장에서 보면 그것은 에너지 낭비와도 같아요. 머리로 분석하기 이전에 생각과 감정을 알아차리는 훈련부터 해야 해요. 그러니까 일단 감정이 일어날 때 알아차리겠다고만 하세요.

무의식 프로그램은 자동 재생 프로그램이다. 마치 녹음된 테이프를 반복 재생하고 있는 상태와도 같다. 이런 무의식 프로그램을 우리는 '감정'이 일어날 때 알아차릴 수 있다. 왜냐하면 우리의 생각과 감정의 총합이 바로 무의식 프로그램이기 때문이다. 무의식 프로그램은 우리가 과거와 비슷한 상황을 경험할 때마다 똑같은 감정을 재생시킨다. 마치 레몬을 떠올릴 때 입안에 가득 침이 고이는 것과도 같다. 훈련된 것처럼 자동으로 일어나는 것이 무의식 프로그램이다. 우리의 감정은 특정 상황 때문에 일어나는 것이 아니다. 무의식 프로그램 때문에 일어나는 것이다. 생각뿐만 아니라 감정도 무의식 프로그램이다. 따지고 보면 우리 존재의 95%가 무의식 프로그램인 셈이다. 이쯤 되면 충격을 받을지도 모르겠다. (웃음) 그렇지만 아직 실망하기엔 이르다. 무의식 프로그램이 존재하는 이유가 따로 있기 때문이다.

지구에서의 무의식 프로그램은 영혼에게 학습을 위한 완벽한 시나리오와도 같다. 우리 각자가 지닌 무의식 프로그램은 드라마에 몰입하게 해 주는 역할을 한다. 또한 영혼에게 지구에서의 '프로그램'이라는 한정된 틀을 체험하게 한다. 결국 무의식 프로그램도 영혼의 배움과 성장을 위해 필요한 환경일 뿐이다. 무의식을 바꾸기 위해 노력하는 것은 칭찬받아 마땅하다. 하지만 그 이전에 무의식 프로그램에 대한 올바른 인식이 먼저다.

무의식 프로그램에 좋고 나쁨은 존재하지 않는다. 그리고 무의식과 의식은 하나다. 무의식 상태를 경험하지 않고는 의식적인 것에 대해 알 수 없다. 잠들어 있지 않으면 깨어날 수도 없는 것과도 같다. 지구의 무의식 프로그램은 영혼의 깨어나는 과정을 돕는다. 무의식 프로그램에 가려진 우리의 본질을 깨닫게 한다. 결국 무의식 프로그램은 우리를 위해 존재하는 고마운 도구인 셈이다.

신념은 캐릭터 설정에 불과하다!

　신념은 어떤 것에 대해 내가 가진 확실한 느낌을 말한다. 내가 무언가를 강하게 믿고 있다면 그것은 곧 나의 신념이 된다. 신념은 어린 시절의 경험, 성공, 실패, 고정관념, 사회적 신념 등에 의해서 형성된다. 신념은 경험과 생각, 감정이 합쳐져 강한 느낌과 함께 만들어진다. 우리가 어떤 경험을 할 때 강한 느낌을 받게 된다면 바로 그것이 신념이 된다.

　신념을 알 수 있는 간단한 방법이 있다. 감정이 일어날 때마다 이렇게 질문하는 것이다. "이런 감정을 느끼려면 내가 어떤 신념을 가져야 하지?"

신념은 대부분 강한 감정과도 연관이 있다. 그래서 감정에 대해 묻기 시작하면 내가 가진 신념이 드러나게 되어 있다. 신념은 다음과 같은 과정을 통해서 형성된다. "넌 참 똑똑해!"라는 말을 많이 듣고 여러 번 경험했다고 치자. 그때 많은 경험과 느낌이 합쳐져 우리는 점차 이렇게 믿게 된다.

'내가 똑똑한가 봐!' 그 믿음은 곧 '나는 똑똑하다'는 신념을 만들게 된다. 사실 어떤 신념을 갖고 있던 간에 그것은 별로 상관이 없다.

우리가 알아야 할 것은 '이 신념은 나에게 도움이 되는가? 되지 않는가?' 뿐이다. 신념은 우리의 일상생활 전반에 걸쳐 영향을 준다. 그렇기에 우리에게 도움이 되는 신념은 그대로 두고 도움이 되지 않는 신념은 긍정적인 반대 신념으로 바꿔야 한다. 우리는 우리가 지닌 신념대로 삶을 경험하게 된다. 우리의 삶을 결정짓는 것은 환경이나 사건이 아니라 신념이다. 기존의 신념을 바꾸기 이전에 우리는 다른 경험을 할 수가 없다. 왜냐하면, 한 번 굳어진 신념은 무의식과도 같기 때문이다.

케이 (왔다 갔다 하며) '신념…… 신념이라…….' 무의식 프로그램이라는 산을 넘었더니 신념이란 놈이 나타났네 그려~. 아니 도대체 신념이란 건 왜 있는 거냐고! 에잇!

마스터 뭐가 잘 안 되나 봐요?

케이 (짜증 내며) 이제 겨우 무의식 프로그램을 알까 말까 한데 신념이란 녀석이 제 발목을 잡았다고요!

마스터 (웃음)너무 심각해 하지 말아요. 그건 그냥 지구에서의 캐릭터 설정에 불과해요~.

케이   캐릭터 설정이요?

마스터   지구에서 신념이란 건 캐릭터 설정과 다름없어요. 우리가 게임이란 걸 할 때도 각자 다른 캐릭터를 고르잖아요? 무의식이 게임이라면 신념은 게임 안에 캐릭터 설정일 뿐이에요. 각자 다른 신념을 가지고 있어야 지구에서 다양한 역할극을 할 수 있으니까요.

케이   그럼 왜 사람들은 부정적인 신념은 나쁘니까 고치라고 하는 건가요?

마스터   신념은 한 개인이 세상을 경험하는 필터와도 같은 거예요. 각자 신념이라는 필터를 통해 경험하는 것이 전부라고 생각하고 그렇게 말하는 거죠. 사실 우주에는 부정적인 신념, 긍정적인 신념은 존재하지 않아요. 우주의 관점에서 보면 그것은 그저 하나의 생각과 경험에 불과해요.

케이   그럼 신념을 수정할 필요는 없겠네요?

마스터   그건 각자 자유의지에 따라서 달라요. 하지만 현재의 캐릭터를 연기하는데 옷이 마음에 들지 않는다면 수정해도 좋지 않을까요?

케이   그건 그렇죠. 아무리 캐릭터 설정이라고는 해도 힘든 건 어쩔 수 없는 거니까요.

신념의 예

- 나는 ~한 사람이다.
- 나는 ~해야 한다.
- 나는 ~을(를) 못한다.
- 나는 살이 쉽게 찐다.
- 나는 부모님을 닮아서 그렇다.
- 인생이란 ~이다.
- 사람들은 다 ~이다. / 하다.
- 나이가 들면 ~ 하다.
- 돈을 벌려면 ~ 해야 한다.
- 노력은 ~이다.

부정적인 신념을 긍정적으로 바꾸는 방법

1. "나는 그것을 어떻게 알 수 있지?" → (예: 나는 살이 쉽게 찐다는 것을 어떻게 알 수 있지?)
2. 질문에 뒷받침이 되는 과거 경험을 생각해본다.
3. "그게 정말 사실인가?", "왜 그런가?" 하고 물어본다.
4. "나의 이런 신념이 과연 도움이 되는가?" 하고 물어본다.
5. 도움이 되지 않는 신념은 내가 믿고 싶은 대로 수정한다. 이때 긍정적인 감정을 불러일으키는지 느낌에 집중해 본다. 좋은 느낌이 든다면 수정해도 좋다. → (예: 나는 온몸이 날씬한 세포로 가득하다.)
6. 긍정적인 신념을 말로 계속 반복한다. 동시에 기존에 신념을 바꿀만한 즐겁고 강렬한 경험을 계속해본다. → (예: PT를 받아 본다, 운동 동호회에 가

입해 본다, 그룹으로 운동하는 스케줄을 만든다, 식단 조절을 해 본다, 프로필 사진을 예약한다, 다이어트에 성공한 사람들을 만나본다. 등등)

7. 마지막으로 그 어떤 일이 생기더라도 '온 우주가 나를 도와주고 있다'고 생각한다.

대부분의 부정적인 신념들은 위의 방법으로 수정이 가능하다. 현재 나의 삶이 마음에 들지 않는다면 그것은 나의 부정적인 신념 때문이다. 과거의 부정적인 경험으로 인한 신념은 나에게 독이다. 계속 방치해도 죽지는 않겠지만 우리에게 결코 도움이 되지는 않는다. 부정적인 신념을 발견하고 싶다면 내가 평상시에 말하고 행동하는 것을 잘 지켜봐야 한다.

그리고 부정적인 경험에 대한 불평·불만을 멈추고 '그것이 사실인가?' 하고 의식적인 질문을 해야 한다. 기존에 내가 옳다고 믿어온 것도 늘 의심하고 질문하자! 우리에 대한 관찰과 의식적인 질문이 부정적인 신념도 바꿔 놓을 것이다.

마스터　(기침) 그럼, 이제부터 알아차림 훈련을 시작해볼까요?

케이　(당황) 네?!? 알아차림 훈련이요? 아니 또 무슨 훈련까지.

마스터　이제부터 제가 묻는 말에 대답해 보세요. '나는 ~사람이다'를 완성해 보세요.

케이　(망설이며) 나는 뭐든지 열심히 하는 사람이다?'

마스터　(눈썹을 치켜뜨며) 그게 사실인가요? 노력한다는 걸 어떻게 알 수 있죠?

케이　(당황) 아니 갑, 갑자기 그렇게 물어보면 할 말이 없잖아요!

마스터　그게 사실인가요? 왜 그렇게 생각하죠? 그 생각이 나에게 도움이 되나요?

케이　음…. 그냥 열심히 사는 건 좋은 거니까요. 도움이 되는 건 잘 모르겠어요. 사실 늘 열심히 하느라 힘든 적이 많았거든요.

마스터　그럼 그 열심히 하는 것에 대해서 좋게 경험한 기억을 한번 떠올려 봐요.

케이　어렸을 때 엄마가 심부름을 시키면 잘 했다고 늘 칭찬해 주셨어요! 그래서 기분이 좋았죠. 엄청 빨리 뛰어서 슈퍼에 다녀오곤 했어요.

마스터　그럼 그때 열심히 달리고 칭찬받았던 경험이 케이 안에 좋은 느낌으로 남았겠네요. 그때 '열심히 하는 것은 좋은 것이다'라는 신념이 생긴 거구요.

케이　오! 맞아요! 그런 것 같아요.

마스터　그런데 이런 신념은 누구에게서 비롯된 걸까요?

케이　음… 선생님이 '열심히 해야 한다'고 늘 말씀하셨고, 엄마가 '뭐든 열심히 하는 게 좋다'고 하셨어요. (잠시 후) 헉! 그러고 보니 열심히 해야 한다는 것 자체가 내 생각이 아니었네요……?

마스터　사실 내가 믿는 신념은 다른 사람의 생각일 뿐이에요. 주로 부모님이나 선생님, 친구들을 통해서 그냥 학습되어진 것에 불과해요. 그리고 인간은 반복적인 경험에 의해 그 생각을 믿고 신념을 형성하게 되는 거예요.

케이　아~그렇구나! 이제 확실히 알 것 같아요! 신념! 게 섰거라.

내가 믿은 신념들이 지금의 나를 만들었다. 내가 얼마나 부정적인 신념을 많이 가지고 있는지는 중요하지 않다. 그것들은 다 내가 아닌 다른 이들의 생각일 뿐이다. 우리가 어떤 생각을 하느냐가 긍정적인 신념의 첫 단계다. 우리 생각의 95%는 거의 무의식적으로 이뤄진다. 그중 5%의 의식적인 마음이야말로 우리를 자유롭게 만들어 줄 구세주와도 다름없다.

우리는 의식적으로 생각하고 말하고 행동해야 한다. 긍정적인 신념은 '의식적으로 긍정적인 생각을 하는가!'에서부터 시작한다. 긍정적인 생각에서 긍정적인 말과 행동이 나온다. 낙관주의자들은 부정적인 신념 자체를 아예 만들지 않는다. 그들은 그저 모든 것은 경험일 뿐이라고 생각한다.

모든 것이 경험일 뿐이라면 부정적인 신념은 우리에게 더 이상 영향을 줄 수 없다. 과거의 부정적인 신념이 미래의 나는 아니다. 신념을 바꾸고 싶다면 그에 맞는 생각과 강한 즐거움을 동반한 경험이 필수다. 의자에 앉아서 신념을 분석할 것인가? 아니면 지금 당장 기존의 신념을 뒤엎을 만한 강렬한 경험을 할 것인가?

케이 흠. 부정적인 신념이 있다고 더 이상 걱정 안 해도 될 것 같아요. 걱정할 시간에 차라리 강한 경험을 한 번 하는 게 더 낫겠다는 생각이 드는걸요?
마스터 맞아요. 너무 신념에 주의를 두기보다는 그것을 통해서 배우고 성장하는 게 더 중요해요.
케이 이제 알겠어요! 신념 그까이꺼~. 이제부턴 내가 믿고 싶은 것만 믿고 바로 행동할 거예요! (곰곰이) 스타트로 뭐가 좋을라나? 아하! 전 이걸로 할래요~. "나는 먹어도 빠진다!" 가만있어보자~ 라면 끓일 냄비가 어디 갔더라?

마스터　(고개를 저으며) 역시…….

긍정의 프로그램 설치하기

케이   (시무룩해서) 생각해보니 진짜 '나'는 없는 것 같아요. 내가 들어온 말들은 다 다른 사람들의 생각이었잖아요. 이건 마치 내가 없이 살아온 기분이에요.

마스터   (박수치며) 오~ 대단해요! 이제야 알아차리게 됐군요.

케이   (고개를 갸웃거리며) 제…… 제가 뭘 한 거죠?

마스터   바로 그 부분이 제일 중요해요! '내 생각은 없었다'라는 거죠.

케이   아니, 생각 없이 사는 게 그렇게 좋은 건가요?

마스터   (웃음) 초기에 지구에는 오늘과 같은 무의식은 없었어요. 현재 지구에서의 무의식이란 지구가 생긴 이래로 축적된 생각 덩어리와도 같아요. 수 세기에 걸쳐서 인간이 경험한 기억의 총합이 바로 무의식이에요.

케이 (멍한 표정) 와…. 그럼 제가 지금 그 기억의 총합을 재생 중인 건가요?

마스터 (시무룩) 맞아요. 불행하게도 잘못 입력된 기억을 재생 중인 거죠.

케이 (놀라며) 잘못 입력된 기억이요?

마스터 네. 지구에 인간이 생긴 이래로 시간이 지날수록 부정적인 기억들이 증가하기 시작했어요. 그 기억들은 깨끗한 물병에 흙탕물을 끊임없이 붓는 것과도 같아요. 결국 물병에 깨끗한 물은 사라지고 흙탕물만 남게 되는 거죠. 그게 지금 인간의 무의식이 부정적인 이유예요. 현재도 인간들은 끊임없이 부정적인 생각을 재생 중이고 그에 따른 체험을 반복하고 있어요.

케이 (심각한 얼굴로) 흠…… 그럼 전 이제 어떡하죠?

마스터 (웃음) 간단해요. 기분이 좋아질 만한 새로운 경험을 해보는 거예요~.

케이 기분이 좋아질 만한 새로운 경험이요?

마스터 네~ 지금까지 한 번도 안 해본 신나고 재밌는 일이요. 그게 케이의 몸과 마음을 새롭게 만들어 줄 거예요! 새로운 경험은 무의식 프로그램에서 벗어나게 하고 지금을 살 수 있게 해주거든요~.

우리는 날마다 새로운 날을 맞이한다. 하지만 늘 똑같은 무의식적인 행동 속에서 살아간다. 일상적인 행동에 너무 익숙해져서 마치 자동 로봇처럼 똑같은 일상을 반복한다. 무의식적인 생각은 어제와 똑같은 오늘을 경험하게 해줄 뿐이다. 변화를 결심할 때마다 어려운 이유는 바로 몸이 마음이 되었기 때문이다. 마음은 의식적으로 산다고 늘 착각한다. 사실은 몸이 마음에게 명령하고 있는 것이다. 마음이 변화를 모색할 때마다 몸은 익숙하고 편안한 상황으로 마음을 진정시킨다. 몸은 뇌에게 신호를 보내 변화를 하지 못하게 설득한다. 우리가 같은 생각과 감정을 느끼는 이유는 간단하다. 몸의 모든 세포가 생각과 감정이 만들어내는 화학물질에 중독되었기 때문이다.

   우리 몸의 구성단위는 세포다. 그런데 이 세포들이 화학물질에 중독되었다면 어떻게 될까? 이전보다 더 강한 화학물질을 경험하고 싶어할 것이다. 그럴 때마다 우리는 화학물질에 중독된 세포들에게 변화의 발목을 잡힌다.
   감정 중독은 세포들이 화학물질에 중독된 상태임을 보여 준다. 그래서 감정을 바꾸기가 그렇게 힘든 것이다. 약물 중독 상태를 한 번에 끊어낼 수 없는 상태와도 같다. 아무리 마음으로 몸을 설득해 봤자 온몸의 세포가 거부하는 꼴이다.

"뭐라고? 우린 바꾸기 싫은데?"
"지금까지 아무 말 없다가 갑자기 왜 그러는 거야?"
"이건 우리에게 너무 낯설어."
"그러니까 편하고 익숙한 예전으로 돌아가자 응?"

   세포들은 뇌에게 긴급 메시지를 보내며 소리 없는 항의를 한다. 뇌가 몸에게 명령을 내리는 게 아니라 몸의 세포들이 담합해서 뇌를 속이는 것이다.
   결국 몸은 익숙한 감정을 다시 경험하게 되고 예전으로 돌아가게 된다.

이렇게 몸이 마음을 지배하게 될 때 우리는 무의식 상태에 빠지게 된다.

> **일상의 무의식적인 행동의 예**
> - 매일 아침 침대의 똑같은 쪽에서 일어나기
> - 매일 똑같은 방식으로 샤워하기
> - 항상 똑같은 방식으로 머리 빗고 양치하기
> - 아침은 늘 똑같은 의자에 앉아서 똑같은 메뉴 먹기
> - 늘 똑같은 손으로 컵을 잡고 마시기
> - 매일 똑같은 길로 운전해서 출퇴근하기
> - 똑같은 방식으로 일하기
> - 퇴근 후 식사와 함께 TV를 보며 하루 마무리하기

우리의 믿음은 과거의 익숙한 경험에서부터 만들어진다. 늘 해 오던 것들이기에 이상함이나 불편함은 느끼지 못한다. 의식적으로 변화하기를 마음먹을 때마다 바꾸기가 쉽지가 않다. 기존에 나의 믿음과 새로운 방식 사이에 충돌이 일어났기 때문이다. 익숙한 환경에 적응한 뇌가 변화를 거부하고 있는 것이다. 뇌는 게을러서 익숙함을 좋아하고 변화를 싫어한다. 뇌의 익숙함을 끊어내기 위해서 우리는 새로운 경험에 집중해야 한다. 뇌는 새로운 경험을 통해 혼란을 경험하게 된다. 기존에 연결된 뇌 회로가 끊어지고 새로운 뇌 회로가 만들어지기 때문이다.

그렇게 되면 뇌의 생각은 끊어지고 우리는 오로지 행위에 집중할 수 있게 된다. 우리가 평소와 다른 행동을 하게 될 때 우리의 뇌도 깨어나서 즉각 반

응하게 된다. 뇌에게 새로운 경험을 시켜주지 않으면 새로운 나를 경험할 수가 없다. 전두엽은 창조적 사고를 관장하는 뇌이다. 또한 자신의 생각을 관찰하는 메타인지능력을 가지고 있다. 전두엽은 기존의 익숙한 생각과 행동, 느낌 등 하고 싶지 않은 것을 멈추도록 결정할 수 있다. 뇌에서 CEO 역할을 하는 전두엽은 새로운 것을 배우고 집중하는 것을 좋아한다. 우리가 익숙함을 버리고 새로움에 도전할 때 뇌도 새로운 사고를 할 수 있게 된다.

새로운 삶을 살고 싶다면 자신의 무의식적인 생각과 행동, 습관적인 감정 반응 등을 주의 깊게 관찰해야 한다. 즉 자기 인식을 통해 습관적인 생각, 행동, 감정을 차단하는 것이다. 예전과 똑같은 방식으로 살기를 멈추면 그때부터 변화가 일어나기 시작한다. 변화는 현재의 모습을 인식함으로부터 시작된다. 아래의 리스트를 한번 살펴보자.

무의식적으로 굳어진 패턴의 모습들
- 게으르고 무기력하며 어떤 일에도 감흥이 별로 없다.
- 단조롭고 일상적인 것이 편하다.
- 한 가지 일에 집중하는 것이 어렵다.
- 운동이나 다이어트를 시작하지만, 매번 끝까지 해내지 못한다.
- 어떤 상황의 의미를 파악하는 것이 어렵다.
- 생각을 깊게 하지 못한다.
- 새로운 것을 배우는 것과 행동을 통해 수정하기가 늘 어렵다.
- 일상적인 패턴이 방해를 받으면 감정적으로 되는 경향이 있다.
- 계획을 세워 미래를 준비하는 일을 하지 않는다.

케이   (소파에 누우며) 그러고 보니 소파에 누우면 옛날 생각이 나요. 남들은 독일에 사니까 좋겠다고 했지만, 전 너무 우울했거든요. 육아도 혼자서 다 해야 했고 남편은 늘 바빴고…….

마스터   흠…….

케이   그때는 우울하다고 생각하니까 아무것도 하기 싫더라고요. 남편이 늘 밖에 나가자고 해도 집에만 있었어요. 지금 생각하면 제가 왜 그랬는지 몰라요.

마스터   생각을 의도적으로 할 수 있는 건 인간밖에 없어요. 그런데 대부분의 사람들은 그 생각을 아무렇지도 않게 하고 있죠. 무의식적으로 생각이 흘러가게 내버려 두면 내가 원하는 현실은 경험할 수가 없게 돼요.

케이   그러니까요. 그땐 그냥 제 자신을 방치해 뒀던 것 같아요. 그냥 툭 털고 일어나서 나가면 되는 거였는데 말이죠.

마스터   변화는 전과는 다른 에너지 상태를 나타내요. 변화의 힘은 의식에서부터 나오게 돼요. 무의식 프로그램이 아닌 진짜 '나'(진아: 眞我)를 만들기에 엄청난 힘이 있죠.

케이   그러니까요~. 그냥 한순간에 '운동을 해야 해. 걸어!' 하고 나가니까 제가 바뀌더라고요~.

마스터   오~! 그래서요?

케이   그래서 그 다음날 바로 운동을 시작했죠. 그랬더니 예전에 우울한 기분이 싸~악 날아가지 뭐예요? 마치 내가 다른 사람이 된 것처럼 기운이 나고 뭐든 할 수 있을 것 같았어요.

마스터   본래 정체된 상태에서는 새로운 에너지가 들어 올 자리는 없어요.

늘 하던 상태를 그만하기를 결심하면 곧바로 에너지는 올라가게 되는 법이죠~.

의식적으로 새로운 경험을 하고 감정을 느낀다면 결국 우리의 생각도 바뀌게 된다. 새로운 경험을 반복하고 지속하다 보면 과거의 믿음도 바뀌게 된다. 새로운 변화는 우리가 경험하는 삶의 질에도 영향을 미치게 된다. 그 변화는 우리를 가능성의 미래로 인도하게 된다. 믿음이 생각과 행동을 이끄는 것이 아니다. 의식적인 행동이 믿음과 생각을 이끄는 것이다.

마음을 바꾸기 힘들다면 몸부터 바꿔 나가면 된다. 우리 몸이 곧 무의식 프로그램 그 자체이기 때문이다. 오랜 기간 반복된 경험의 총합이 바로 오늘의 우리를 만들었다. 머리로 바꾸려 애쓰지 말고 몸에게 새로운 경험을 시켜주면 된다. 몸과 마음은 하나로 연결되어 있다. 둘 중 어느 쪽이라도 좋다. 지금 당장 변화하겠다고 결심하면 그만이다. 무조건 행동으로 옮기면 된다!
새로운 경험의 반복과 지속이 우리 안에 긍정 프로그램을 만든다.

노벨상 수상자인 에릭 캔들Eric Kandel 박사는 새로운 기억이 만들어질 때 혹은 뭔가를 배울 때, 자극을 받은 감각 뉴런들 속 시냅스 연결 개수가 처음의 두 배인 2,600개로 늘어나는 것을 증명했다. 그런데 최초의 배움이 반복되지 않는 경우엔 그 수가 단 3주 만에 다시 원래 연결 개수인 1,300개로 떨어졌다.

아무것도 배우지 않고 새로운 것도 하지 않는다면 우리의 뇌도 변하지 않는다. 반대로 새로운 생각, 믿음, 행동, 경험을 계속해서 반복한다면 결국 우리의 뇌도 바뀌게 된다. 결과적으로 우리는 새로운 '나'로써 새로운 현실을 경험할 수 있게 된다.

케이　　(어깨춤) 됐쓰! 이제 끝났쓰으~~~. 으하하하하!!!

마스터　오늘 상당히 기분이 좋아 보이는데요? 무슨 좋은 일이라도 생겼나요?

케이　　당연하죠! 여태까지 해 온 생각은 '내 것이 아니다'라고 배웠잖아요!

마스터　(턱을 만지며) 호오… 그걸 이해했단 말이죠?

케이　　(째려보며) 잠깐만요! 그럼 제가 이해 못할 거라고 생각한 거예요?

마스터　(당황) 당…… 당연히 이해할 줄 알았어요.

케이　　제가 이래 봬도 한 놈만 패는 성격이라고요! 한번 시작한 이상 끝장을 봐야죠! 그래서 제가 생각해 봤는데요, 어차피 생각이란 걸 해봤자 어제랑 똑같은 거잖아요?

마스터　(끄덕이며) 그렇죠.

케이　　그리고 새로운 경험을 해야 새로운 내가 된다고 했고요.

마스터　그렇죠.

케이　　(마스터를 쳐다보며) 흐흐흐. 그래서 저 결심했어요.

마스터　???

케이　　하루에 한 가지씩 안 해본 거 하기요!

마스터　그래서 오늘은 뭘 해볼 건가요?

케이　　(엄지손가락을 치켜들며) 오늘은 바로 바로 바로~~ 여태까지 한 번도 안 먹어 본 과자를 사러 마트에 갈 거예요. 호호호. 어차피 새로운 경험을 하면 되는 거잖아요? (너스레를 떨며) 마음에도 양식이 필요하지만, 몸에도 양식이 필요한 법이거든요~. 몸에게 새로운 걸 경험시켜줘야죠. <u>흐흐흐</u>.

마스터   (두 손을 모으며) 신이시여⋯.

숨겨진 잠재의식 - 내면아이

케이   (눈물을 글썽이며) 내가 왜 또 그랬을까? 아이들에게 그러면 안 되는 건데 또 화를 내버리고 말았잖아~. 흐엉~~. 역시 난 안되나 봐.

마스터   (놀라며) 무슨 일이예요?

케이   글쎄 아이에게 화내면 안 되는 걸 알면서도 내가 화를 내고 있지 뭐예요? 엄마고 어른인데 화를 낼 때마다 내 안에 어린아이가 하나 살고 있는 것 같다니까요?

마스터   (신중한 표정) 흠…… 이제 때가 되었군요.

케이   때요? 무슨 때가 됐다는 거예요?

마스터   바로 '내면아이'에 대해서 우리가 공부할 때가 되었다는 말이에요.

케이 '내면아이'요?

마스터 인간에게는 '내면아이'라고 불리는 억눌린 감정의 기억이 있어요. 이것은 7년을 주기로 나타나는 에너지 패턴이에요. 이 억눌린 감정들은 사실 부모에게서 비롯돼요. 부모가 해결하지 못한 감정들이 나에게 풀어야 할 숙제로 남겨지는 거죠.

케이 (흥분) 숙… 숙제라뇨? 무슨 숙제요? 아니, 그리고 왜 제가 부모가 해결하지 못한 숙제를 풀어야 하는 건데요?

마스터 우리는 지구에 태어나기 전부터 인생을 계획해요. 그 계획은 '부모가 지닌 감정'이라는 숙제도 포함하죠. 부모의 숙제가 우리의 인생 계획의 핵심 배움과도 맞아 떨어지기에 부모와 자식의 관계로 태어나는 거예요. 부모의 감정 에너지 복사판이 태어날 때 우리의 육체에 고스란히 전달되는 방식으로 숙제가 전달되는 거죠.

케이 그럼 제가 감정을 주체할 수 없는 것도 다 이 숙제 때문이라는 건가요?

마스터 정확히 말하면 케이 안에 억눌린 에너지 때문이죠. 그게 바로 '내면아이'이기도 하구요.

케이 딱히 불만이나 나쁜 감정, 이런 게 없는데도 에너지가 남아 있을 수 있나요?

마스터 네. 감정 에너지라는 커다란 데이터에 접속할 때마다 감정은 그저 재생되는 것뿐이에요.

케이 그럼 '내면아이'도 무의식 프로그램 같은 건가요?

마스터 큰 의미에서 보자면 같아요. 무의식에 있지만 억압된 채 현재의식으로 표현되지 못한 감정이 바로 상처받은 '내면아이'의 감정이에요. 이 감정을 풀어야 현재 삶에 작용하는 에너지가 커져서 창조과정이 훨씬 쉬워지게 돼요. 감정은 인간이 지닌 가장 강력한 에너지니까요. 낮은 감정에 해당하는 에너지를 풀게 되면 자동으로 본래의 에너지로 회복하게 돼요. 그래서 더더욱 우리는 이 작업을 해야 해요.

'내면아이'란, 우리가 아이였을 때의 기억을 말하는 것이 아니다. 잠재의식의 특징인 '아이' 같은 행동을 하고 인간 내면에 있기에 합쳐서 '내면아이'라고 부르는 것이다. 무의식(잠재의식)의 또 다른 특징 중 하나가 바로 억눌린 감정을 억압하는 것이다. 우리는 누구나 이 억눌린 감정을 지니고 있다. 억눌린 감정은 우리가 반드시 풀어야 할 숙제이다.

사실 우리는 진짜 어른이 아니다. 우리는 어른 아이다. 겉모습은 어른이지만 안에 5살짜리 아이와 같이 살고 있는 것이다. 이 5살짜리 아이를 '내면아이'라고 부른다. '내면아이'는 어렸을 때 부모로부터 충족되지 못한 욕구나 감정에서부터 비롯된다. 우리가 태어났을 때는 순수함 그 자체이다. 그러나 적절한 양육이나 환경을 제공받지 못할 경우, 아이의 마음은 상처를 입게 된다.

살면서 나도 모르게 화를 내 본 적이 있는가? 화를 내지만 그 뒤에 느껴지는 억울하고 슬픈 그 느낌. 바로 그것이 상처받은 '내면아이'의 모습이다.

상처받은 '내면아이'는 어린 시절 해결되지 못한 슬픔에서 비롯된 억눌린 에너지로 가득 차 있다. 우리는 바로 그 슬픔을 '내면아이'와 함께 느껴 줘야 한다. 많은 사람이 '내면아이'의 존재를 모르는 채, '내면아이'의 결핍된 욕구를 채우는데 시간과 돈을 낭비하고 있다. '내면아이'가 바라는 것은 물질적인 욕구의 충족이 아닌 감정의 해소이다. 바로 이 감정이 해소될 때 '내면아이'도 어른인 우리도 조화로운 관계를 유지할 수 있다.

상처받은 '내면아이'가 생기는 원인들

- 부모로부터 충분한 사랑을 받지 못한 경우
- 양육자를 신뢰할 수 없는 경우
- 신체적 정신적 학대 속에서 성장한 경우
- 두려움, 슬픔, 분노 등의 감정을 건강하게 표출하지 못하고 억압당한 경우
- 다른 사람의 감정을 책임져야 한다고 강요받은 경우
- 부모에게서 친밀감이 부족했거나 결여된 경우
- 부모가 제대로 된 롤모델이 되어주지 못했을 경우
- 감정에 대해서 생각하고 구분하게 도와줄 롤모델이 없을 경우
- 진정한 자신을 포기하고 부모의 욕구만을 위해 성장할 경우

상처받은 '내면아이'는 아래와 같은 다양한 형태로 나타난다.

- 언제나 다른 사람과의 관계에서 실망하고, 좌절을 경험한다.
- 항상 자신의 부족함을 메워 줄 수 있는 완벽한 사랑의 대상을 찾고 헤맨다.
- 무언가에 중독되어 버린다.
- 물건이나 돈을 통해 자신이 존재가치를 보상받으려 한다.
- 다른 사람들의 지속적인 관심과 주목, 끊임없는 칭찬을 간절히 원한다.

- 자녀들에 대해 집착하거나 강한 소유욕을 보인다.
- 자신이 받은 폭력을 다른 사람들에게 그대로 행사한다.
- (   )이/가 있다면 행복해질 거라고 생각한다.
- 사회적 지위나 명예가 자신을 만들어 줄 것이라고 생각한다.
- 열심히 노력하기만 하면 보상을 받을 수 있을 거라고 생각한다.
- 공허감, 무관심, 만성 우울증

우리는 부모, 학교, 사회를 통해 감정은 함부로 표현해서는 안 된다고 교육받아왔다. 그러나 이것은 틀린 말이다. 우리가 이렇게 감정을 쌓아놓게 된 이유는 적절히 풀 방법을 배우지 못했기 때문이다. 우리 안에 쌓인 감정의 쓰레기들을 치워나가기 시작하면 우리의 잠재의식도 올바르게 작동하기 시작한다. 창조적인 에너지와 연결되기 위해서는 내 안에 있는 억눌린 감정 에너지들을 깨끗이 비워야 한다. 쓰레기가 넘쳐나면 그것은 언젠가 고약한 냄새를 풍기게 마련이다. 억눌린 감정들이 바로 이 쓰레기다. 우리가 할 일은 이 쓰레기를 발견하고 치우는 것이다. 왜 쓰레기가 여기에 있고 누가 버렸는지는 중요하지 않다. 우리가 해야 할 것은 그저 발견하고 치우는 일뿐이다.

우리가 어떤 이유로 감정 에너지들을 쌓아놓게 됐는지 다시 위의 원인들을 살펴보자. 리스트를 보면서 떠오르는 기억이 있다면 적어보자.
그 기억 속에서 어떤 감정이 느껴지는가?
어떤 말이 들리는가?
그 상황 속에서 나는 어떤 말과 행동을 하고 싶은가?

할 수 있다면 과거에 내가 하지 못했던 말들이나 행동을 상상 속에서 푸는 것도 '내면아이'의 감정을 푸는 한 방법이다. 어른이 된 우리가 부모처럼 '내면아이'를 보살펴 주면 된다. 어른인 내가 '내면아이'에게 사랑한다고 말하면 '내면아이'의 아픔은 치유된다. 우리 안에 '내면아이'의 억눌린 감정을 풀 때 잠재의식의 가능성도 열리게 된다.

> **'내면아이'와 만나는 방법**
>
> 1. 방해받지 않는 공간에서 눈을 감고 심호흡을 3번 정도 한다.
> 2. 마음의 눈으로 심장을 떠올리고 그 안에 있는 '내면아이'를 바라본다.
> 3. '내면아이'를 바라보면서 인사를 건넨다.
> 4. '내면아이'에게 가까이 다가가도 되는지 물어본다. (바로 앞에 나타난다면 무서워할 수도 있다.)
> 5. '내면아이'에게 손을 잡거나 머리를 쓰다듬어도 되는지 물어본다.
> 6. 모든 행동은 다정하고 부드럽게 사랑을 듬뿍 담아서 한다.
> 7. '내면아이'와 좀 더 친해졌다면 다정하게 포옹해 준다.
> 8. '내면아이'가 하고 싶은 말이나 행동을 표현하게 한다. (함께 놀이를 하거나 대화를 해도 좋다.)
> 9. '내면아이'가 만족할 만큼, 그리고 내가 편한 기분이 들 때까지 함께 있어 준다.
> 10. '내면아이'와 작별인사를 하면서 다시 돌아오겠다는 약속을 한다. 아이가 슬퍼하거나 시무룩해 한다면 잠시 시간을 더 준다.
> 11. 심장에 손을 대고 '내면아이야, 사랑해'라고 말해 주면서 마무리한다.

케이   그런데 '내면아이'와 함께 어떻게 감정을 풀어야 할지 잘 모르겠어요.

마스터   방법적인 것보다는 일단 함께 있어 주는 것이 더 중요해요. 아이가 안전하고 의지할 수 있다고 믿을 만큼 내가 지속적으로 관심을 보여줘야 해요.

케이   내 안에 아이가 있다고 생각하고 말하면 될까요?

마스터   엄마가 아이와 대화한다고 생각해 봐요.

케이   으…… 무슨 말을 해야 할지 잘 모르겠어요…….

마스터   먼저 '사랑해~'라고 말해 보세요. 사랑은 그 어떤 것보다 큰 에너지를 지니고 있어서 낮은 감정 에너지의 보호막을 뚫을 수 있어요.

케이   '내면아이'야, 사…… 사랑해!

마스터   마음의 눈으로 '내면아이'를 바라보세요. 아이는 어디에 있나요? 어떤 모습을 하고 있죠?

케이   어두컴컴해요…… 구석에 앉아있는 아이가 보이는데 울고 있는 것 같아요…….

마스터   그 아이에게 천천히 다가가 보세요. 다가가서 사랑한다고 말해 주세요.

케이   '내면아이'야 안녕? 내가 옆에 있어도 될까?

내면아이 (고개를 푹 숙이며) …….

케이   미안해…. 그동안 많이 힘들었지? 내가 널 무시한 채 살아왔어…. 너랑 함께 있어 줘야 했는데 그러지 못했어……. 정말 미안해. 난 너에게 사랑한다는 말을 해주러 왔어.

내면아이 진짜야? 정말 날 보러 온 거야?

케이	그럼~ 그동안 혼자 많이 외로웠지? 미안해. 이제부터 내가 너랑 함께 있을 거야.
내면아이	(고개를 들며) 정말이야?
케이	그럼 당연하지. 너도 나의 소중한 일부분이니까.
마스터	'내면아이'를 안아 줄 수 있다면 살포시 안아주세요. 아이의 머리를 쓰다듬어 주면서 사랑한다고 말해 주는 거예요.
케이	(아이의 머리를 쓰다듬으며) '내면아이'야. 사랑해~. 넌 나에게 정말 소중한 아이란다. 너를 만나서 얼마나 기쁜지 몰라~.
내면아이	(활짝 웃으며) 나도 기뻐! 그리고 고마워. 날 보러 와줘서!
케이	우리 함께 행복하게 살자! 매일매일 널 보러 올게. 네가 하는 말은 다 들어줄 거야! 사랑해!
내면아이	나도 사랑해!

이렇게 '내면아이'에게 사랑을 전하면 감정 에너지의 벽이 옅어져서 압축된 감정들을 풀기가 쉬워진다. 이때 '사랑해' 이외에 어떤 말을 해 줘야 할지 잘 모르겠다면 어렸을 때 내가 부모로부터 듣고 싶었던 말을 해주면 된다. (예: 사랑해, 괜찮아, 미안해, 고마워, 최고야, 대단해, 멋져) 등등. 어렸을 때 해 보고 싶었지만 포기했던 것들이나 못했던 것들을 시도해 보는 것도 '내면아이'의 상처를 치유하는데 도움이 된다. 억눌린 욕구를 해소해줌으로 인해 '내면아이'의 상처는 더 빠르게 회복될 것이다. '내면아이'가 원하는 것은 그저 관심과 사랑이다.

그것이 무엇이든 내면의 기쁨을 줄 수 있는 모든 것을 '내면아이'와 함께 해 보자. 감정이 일어날 때마다 '내면아이'에게 자연스럽게 풀 수 있게 자리를 마련해 주자. 올라오는 감정을 구분 없이 인정하고 허용해 줄 때 '내면아이'도 잠재의식도 하나가 될 수 있다. '내면아이'의 억눌린 감정들이 녹게 되면 우리는 그만큼의 에너지를 돌려받는다. 더 이상 과거의 감정에 휘둘리지 않으면서 에너지를 현재의 삶을 사는데 사용할 수 있게 된다.

에너지의 세상

　마음공부를 한지 1년 정도 지났다. 그간 무의식과 잠재의식 그리고 신념, 인간 감정의 근원에 대해서 공부하던 중 의문이 들었다.

'도대체 생각도 내가 아니고 감정도 내가 아닌데 말이야…'
'그렇다면 이것들은 어디에서 오는 걸까?'

　이미 분석은 충분히 해 오던 차에 나는 잠시 지루해졌다. 6월이지만 아직 서늘한 알래스카의 날씨에 그대로 뒷마당에 돗자리를 깔고 누웠다. 말없이 하늘을 멍하니 바라보고 있었는데…

'저게 뭐지?'

'무슨 빛들이 그물망처럼 엮여서 반짝이고 있잖아?'

매일 보던 하늘인데 그날은 그냥 하늘이 아니라 온통 빛으로 이루어진 그물망처럼 보였다. 그렇게 한참을 난생처음 보는 빛의 향연에 나는 잠시 넋을 잃고 말았다. 빛 알갱이와 물결들이 쉴새 없이 진동하며 춤을 추고 있었다. 낮에 본 그 빛이 나는 너무 궁금해서 곧장 영성 관련 책들을 다시 파고들기 시작했다. 대부분의 책들은 명상을 강조하고 있었다. 그래서 나는 무작정 앉아서 눈을 감고 호흡을 하기 시작했다. 호흡이 뭔지도 몰랐지만 그냥 그런 내 모습을 지켜보자고 마음먹은 터였다. 그렇게 1시간 정도 지났을까? 갑자기 내 안이 고요해지기 시작하더니 익숙한 목소리가 들리기 시작했다.

마스터   드디어 에너지의 세상을 볼 수가 있게 됐군요!

케이   네? 누구…?

마스터   잊었어요? 나예요! 바로 당신의 큰 존재!

케이   어머~ 오랜만이에요!

마스터   그동안 꾸준히 생각과 감정을 분리 시키면서 다시 내 목소리를 듣게 된 거예요! 너무 잘 됐어요!

케이   그런 거였군요! 저는 그동안 너무 조용해서 어디로 간 줄 알았어요.

마스터   어딜 가기는요. 나는 늘 케이과 함께 있는 걸요~. 아무튼 이렇게 에너지의 세상에서 만나게 되니 기뻐요!

케이   (감탄) 이곳이 에너지의 세상이로군요. 처음 봐요. 이런 광경은. 지구에 없는 색깔이랑 이 느낌은 정말이지… 대단해요!!!

마스터   (웃음) 인간이 눈으로 볼 수 있는 빛이 영역은 굉장히 적어요. 이곳은 지구보다 훨씬 밀도가 낮아요. 그래서 수시로 에너지가 변화하는 걸 볼 수 있고 생각만으로도 체험이 가능하답니다.

마스터   (빛을 손으로 저으며) 와~ 여기 정말 굉장해요!

마스터   우리가 인간의 오감으로 지각하는 상태를 넘어서게 되면 이것보다 더 큰 우주의 에너지를 경험할 수 있어요. 다시 말하지만 이건 극히 에너지 세상의 일부분에 불과해요.

케이   (감탄) 와… 대박!

    우리 주위에 존재하는 모든 것은 에너지로 이루어져 있다. 그리고 존재하는 모든 것은 진동하고 있다. 우주 역시 진동하는 에너지로 가득 차 있다.

    사람도 에너지로 이루어진 존재다. 빠르게 회전하는 분자 덩어리이기도 하다. 분자 단위를 쪼개면 물질의 최소 단위인 원자가 된다. 사람 몸도 마찬가지로 분자 단위로 쪼개면 원자가 된다. 우리 눈에는 분명 사람의 몸은 단단한데 사실 그 안은 회전하는 원자들로 가득 차 있다. 스탠퍼드 대학의 양자물리학자인 틸러William Tiller 박사는 인간 몸의 99.9999%는 텅텅 비어 있다고 했다. 사람뿐만이 아니라 우리 주변에 모든 사물들과 자연도 단단해 보이지만 끊임없이 움직이는 에너지이다.

    하나의 예를 들어보겠다. 밤하늘의 별들은 우리 머리 위에서 빛나고 있다. 그리고 그 별들은 지구로부터 수십억 광년이나 떨어져 있어서 하나의 점처럼 보인다. 그렇게 하나의 점처럼 보이는 모든 별들을 내가 우주 전체로부터 바라보고 있다고 생각해보자. 그러면 그 모습은 우리가 인간의 몸을 분자 내지는 에너지 형태로 보는 것과 같다. 아인슈타인도 인간은 우주와 분리된 개체가 아니라 우주의 일부라고 했다. 이처럼 인간은 에너지이며 하나의 우주와도 같다. 인간 안에 이미 우주가 있는 셈이다.

마스터   그동안 에너지에 대해서 충분히 공부했겠죠?

케이   그럼요~. 뭐든지 물어보시죠!

마스터   정말이죠?

케이   (당황) 아니 뭐, 쬐…… 쬐끔요?

마스터   (웃음) 감정도 에너지라는 것은 알고 있죠?

케이   감정도 에너지라고요?

마스터   그래요. 감정은 인간이 지니고 있는 에너지 중에 가장 강력해요. 우리 몸도 우주도 모두 에너지로 이루어져 있어요. 생각도 감정도 본질적으로는 에너지이면서 각기 다른 진동수를 가지고 있어요. 물론 느낌도 마찬가지로 에너지이면서 다른 진동수를 지니죠. 느낌은 생각과 감정이 만날 때 만들어지는 다른 진동상태의 에너지예요. 그 에너지를 인간은 화학물질이 주는 몸의 느낌으로 알게 되죠.

케이   아~ 그럼 생각, 감정, 느낌도 다 에너지고. 느낌은 몸의 감각으로 알 수 있다는 거죠?

마스터   그래요. 아주 잘 이해했네요! 이 에너지는 우리 안에서 송수신기처럼 작동해요. 마치 라디오 주파수를 조절하는 것처럼 말이죠. 그러면 우리는 우주의 무한한 공간 속에서 우리가 보낸 것과 똑같은 에너지를 물질세계인 3차원 지구로 끌어오게 되는 거예요. 마치 자석처럼 말이에요. 그게 지구에서 인간이 하고 있는 창조활동의 과정이에요.

케이　(감동) 와…… 이건 너무 스펙터클 한데요? 인간이 그렇게나 멋진 존재였나요? 왠지 제 자신을 다시 한 번 바라보게 되는데요? 역시 난 위대하다! 움하하하하!!!

양자물리학자들은 우주를 영점장 zero-point이라고 부른다. 이 영점장은 존재하는 모든 것들이 발생하는 근원지다. 우리 눈으로 볼 수 없지만, 우주의 모든 힘이 이곳에 존재한다. 우주의 모든 가능성이 만들어지는 곳이 바로 '영점장' 혹은 '신의 공간'이다.

신의 공간인 이곳은 말 그대로 숨겨진 신성한 지식들로 가득 차 있다. 영점장에 존재하는 모든 에너지 파장 안에는 그것을 운반하는 마음이 있기 때문이다. 영점장의 에너지는 움직이고 있는 생각들로 가득 차 있다. 우리는 이 영점장의 모든 생각을 송수신하고 지구에서 에너지를 물질화시킨다.

영점장은 먼 우주에 존재하는 것이 아니다. 팔을 한번 뻗어보자. 몸과 팔 사이의 공간이 바로 영점장이 존재하는 곳이다. 우리는 우주로 생각을 보내서 끌어당겨 오는 것이라고 생각한다. 하지만 우주의 영점장은 바로 내 주위에 존재한다. 내가 서 있는 그 공간에는 3차원 지구와 우주의 여러 차원이 동시에 존재한다. 우주는 시공간을 초월하는 가능성의 에너지로 가득 차 있다. 지구에서의 한계를 떨쳐버린다면 우리는 곧 우주의 가능성에 둘러싸여 있음을 알 것이다. 우리를 둘러싼 공간은 텅 빈 것이 아니라 가능성의 에너지들로 가득 차 있다.

모든 차원에 동시에 존재하는 가능성의 에너지는 생각에 의해 작동한다. 우리가 하는 생각이 바로 에너지를 작동시키는 힘이다. 생각에 집중할 때 우리는 가능성의 에너지를 물질화시킬 수 있다. 가능성의 에너지들은 기체 상태처럼 가벼워서 온 공간에 존재한다. 우리가 생각을 집중해서 이 에너지들을 보다 낮은 차원으로 옮기게 되면 단단한 물질 상태가 된다. 이것은 마치 기체 상태로 퍼져있는 수증기를 얼려서 얼음으로 만드는 것과 같다. 생각으로 이루어진 에너지를 관찰하는 마음이 에너지의 상태를 결정짓는 것이다.

과학에서 가장 아름다운 실험으로 꼽히는 '이중슬릿' 실험에서도 우리가 어떻게 눈에 보이지 않는 에너지들과 작용하는지를 증명했다. 아인슈타인 이후 최고의 물리학자로 꼽히는 노벨 물리학상 수상자 리처드 파인만Richard Feynman 박사는 이렇게 말한다. "이 실험을 보면 우리의 마음이 어떤 원리로 만물을 변화시키고 새 운명을 창조해내는지 한눈에 알 수가 있다."

세상 모든 것은 보이든 보이지 않든 에너지로 이루어져 있다.

케이   와. 우리가 생각하는 대로 에너지가 움직인다니! 대단해요! 게다가 모든 것이 에너지였다니~.

마스터   (끄덕이며) 에너지는 모든 공간에 존재해요. 우리 주변이 텅 빈 것같아 보여도 사실 진동하는 에너지로 꽉 차 있거든요~. 우리는 매 순간 에너지들이 지닌 무한한 가능성에 둘러싸여 있는 것과도 같아요. 그 모든 에너지는 지금도 우리의 명령을 기다리고 있답니다.

케이   (주위를 둘러보며) 에헴~ 에너지들! 듣고 있나?

마스터   (웃음) 그런데 주위의 에너지에 영향을 미치려면 먼저 나의 에너지를 바꿔야 해요~.

케이   (놀라며) 네? 내 에너지를 먼저 바꿔야 한다고요?

마스터   네~ 먼저 우리가 하는 생각부터 바꿔야 해요. 생각이 모든 에너지의 시작이거든요. 생각이 바뀌게 되면 생각이 지닌 에너지가 우리 몸의 세포 차원까지 영향을 주게 돼요. 그리고 곧 온몸의 세포들은 새로운 차원의 에너지로 가득 차게 되고 결국 그 에너지가 우리가 되는 거죠.

케이   (골똘히) 와… 그러니까 '생각이 지닌 에너지가 온몸의 세포에도 전달된다.' 이 말이죠?

마스터   (웃음) 맞아요~. 정확하게 이해했군요!

케이   사실 저는 말부터 바꾸면 에너지가 바뀔 거라고 생각했거든요. 근데 지금 생각해보니까 말보다 생각 먼저 바꿔야겠어요!

마스터   맞아요~. 우리가 하는 생각은 마음이 만들어내는 에너지 활동의 시작이니까요.

케이   (씩 웃으며 눈을 감는다) 집중하자 집중~ (눈치보며) 공유… 공…. (유)….

마스터   (케이를 구석으로 조용히 데려간다) 우리 잠깐 저기서 얘기 좀 하죠?

케이   (긴장) 아니 그러니까…… 아 맞다! 그러니까 그 공명이 뭘까? 하는 그런 생각을 하고 있었다고요~

마스터   (혼잣말) 흠… 분명 아까 전에 말한 그 '공'하고 지금 말한 '공명'의 에너지 느낌이 달랐는데.

우리가 에너지다!

　에너지의 세상을 체험한 후 특이한 일이 생겼다. 바로 몸 전체가 '웅웅~!' 대기 시작한 것이다. 차들이 지나갈 때마다 몸이 스피커가 된 것마냥 울리기 시작했다.

'내가 많이 피곤한가?'
'아니야, 내가 착각한 걸 꺼야~.'

　곧이어 다른 차들이 지나가고 몸이 다시 울리는 것이 느껴졌다. 주변에 소리에 따라 몸의 울림도 달라졌다.

'이…… 이게 뭐지?'
'온 몸의 세포들이 울려대는 이 느낌은?'

　사람들과 나누는 대화 속에서도 나의 몸은 여전히 울리고 있었다. 내가 말할 때도 차들이 지나가고 소리를 낼 때도 여전히 몸이 울렸다. 아니 진동하고 있었다. 모든 소리와 진동이 나를 뚫고 지나가고 있었다. 그 순간 몸이 없는 것 같이 느껴졌다. 더 신기했던 건 집으로 돌아와서 물컵을 들었는데 내 몸과 물컵이 동시에 진동하는 것이었다. 내 손의 진동과 컵의 진동이 만나는 부분은 마치 자기 부상 열차처럼 붕 뜬 느낌이었다.

'와…… 어떻게 이럴 수가 있지?'
'딱히 수련을 한 것도 아닌데 이게 무슨 일이래?'
　그날 이후로 나는 에너지에 대해 파고들기 시작했다.

'음…… 그러니까 인간의 몸은 전기와 자기로 되어있고…….'
'모든 물질은 진동하고 있다. 이거지?'
'헉…… 설마 내가 에너지가 된 상태에서 진동을 느낀 건가?'

　책에서 우리 몸이 에너지고 모든 사물이 에너지라고 하는 말은 이미 충분히 들어왔었다. 그런데 막상 내 몸이 에너지인 경험을 하고 나니 모든 것이 새롭게 보이기 시작했다.
'정말 내가 에너지였어!'

니콜라 테슬라가 이런 말을 했다.
"우주의 비밀을 밝혀내고 싶다면 에너지, 주파수, 그리고 진동의 관점에서 생각하라." 우리 눈에 보이지 않지만 에너지들은 늘 진동하고 있다. 우리의 몸도 사물도 동물도 자연에 포함된 모든 것이 진동하고 있다. 그리고 이것들은 각자 고유의 주파수와 전자기장을 지니고 있다.

우리가 생각을 할 때 뇌는 전하(전기)를 만들어낸다. 생각이 감정과 느낌을 불러일으키면 자하(자기)가 만들어진다. 이 두 가지가 합쳐지면 모든 물질이 진동하는 에너지인 '전자기장'이 만들어진다. 많은 영성관련 책에서 '나는 돈을 끌어당기는 자석이다'라는 말을 한다. 여기서 자석이라고 표현하는 이유는 바로 생각(전기)+감정, 느낌(자기)의 작용이 자석처럼 전자기장을 만들어내기 때문이다.

어렸을 때 자석과 철가루 실험을 해봤을 것이다. 자석 위로 철가루를 뿌리면 자석의 N극과 S극을 중심으로 두 개의 원이 그려진다. 이것이 바로 눈에 보이는 전자기장이다. 사람의 몸도 마찬가지로 자석처럼 N극과 S극을 가지고 있다. 우리의 뇌와 마음이 N극이고, 우리 몸 아래 척추 끝이 S극이다. 우리는 매 순간 생각과 감정, 느낌으로 우리의 에너지장을 만들어내고 있다.
중요한 것은 생각과 감정, 느낌의 질에 따라 우리가 강한 자석이 될 수도 있고 약한 자석이 될 수도 있다는 것이다.

케이   모든 게 진동하는 에너지인데 왜 우리는 볼 수가 없는 걸까요?
마스터   나와 진동하는 주파수가 다르기 때문이에요~.

케이   주파수요? 그게 뭔데요?

마스터   초당 진동하는 횟수를 주파수라고 말해요. 빠르게 진동하면 높은 주파수, 느리게 진동하면 낮은 주파수예요. 그런데 인간의 눈으로 볼 수 있는 주파수의 영역은 극히 일부분(1%)이에요. 눈에 보이지는 않아도 모든 것은 진동하는 에너지로 이루어져 있죠.

케이   모든 것은 진동하는 에너지다.

마스터   진동하는 모든 것들은 고유 주파수를 지녀요. 우리가 하는 모든 생각에도 각기 다른 주파수가 있고요~.

케이   (놀라며) 네???? 생각도 주파수가 있다고요?

마스터   네~. 우리에게 이름이 있듯이 생각에도 각자 고유의 주파수가 있어요~.

케이   우와…….

마스터   아직 놀라긴 일러요~. 케이가 느끼는 감정도 다 주파수예요.

케이   (놀라며) 헤엑~~~.

마스터   모든 주파수는 고유의 정보를 가지고 있어요. 의식적인 생각과 감정은 내가 우주로 보내는 신호와도 같아요. 그리고 그 신호는 곧 우리가 현실에서 체험하게 될 사건이 되는 거죠~.

케이   그래서 많은 사람들이 의식적으로 생각하는 게 중요하다고 하는 거 같아요.

마스터   맞아요! 대부분의 사람들은 무의식적으로 생각을 내버려 두죠. 감정도 내키는 대로 그냥 표현해 버려요. 그렇게 되면 말로는 '행복해지고 싶어'라고 하더라도 결국 행복해질 수 없는 거예요. 행복해지고 싶다는 생각과 현재 삶에서 느끼는 감정이 일치되지 않게 되니까요…

케이　　아… 그럼 일단 말보다는 지금 제가 하고 있는 생각을 잘 지켜봐야 겠어요! (잠시 후 중얼거리며) 떡볶이… 순대… 튀김…….

마스터　(당황) 지… 지금 뭐 하고 있는 거죠?

케이　　(진지한 표정) 쉬잇! 저 지금 엄청 신중하게 의식적으로 '생각하고 있는 중'이라고요!

마스터　(먼 산을 바라보며) 우주여…!

　모든 사물이 주파수를 가지고 있듯이 우리도 고유의 주파수를 지닌다. 진동수는 다를 수 있지만 우리는 각자 자신만의 고유한 진동을 가지고 있다. 생각과 감정, 행동에 따라 진동은 변화하게 된다. 가장 중요한 것은 우리가 그것을 변화시킬 수 있다는 것이다!

　진동을 변화시키고 싶다면 주변의 잡다한 진동에서 벗어나야 한다. 그리고 의식적으로 내가 원하는 기분에 집중할 수 있어야 한다. 의식적인 생각과 감정, 느낌은 내가 원하는 사람, 장소, 사건들을 만들어 준다. 내가 자석이고 모든 정보를 수신할 수 있어야 나의 현실도 바뀔 수가 있는 것이다. 에너지는 본래 좋고 나쁜 것이 없다. 그것은 긍정적이지도 부정적이지도 않다. 에너지 대신 우리의 진동만 요란하게 바뀔 뿐이다.

　긍정적인 생각, 감정(기쁨, 행복, 사랑, 감사, 연민, 친절, 만족)은 높은 주파수다. 반대로 부정적인 생각, 감정(두려움, 분노, 의심, 실망, 좌절, 우울, 불안)은 낮은 주파수다. 그래서 우리는 의식적으로 생각하고 감정을 느껴야 한다. 행복을 느끼기를 원한다면 행복을 불러일으키는 주파수의 생각을 하면 된다. 두려움을 느끼기를 원한다면 두려움을 불러일으키는 주파수의 생각을 하면 된다. 의식적으로 생각하는 사람은 높은 에너지를 지닌다. 원하는 바에 생각 에너지를 집중시킬 수 있기 때문이다. 우리의 에너지장은 나의 생각과 느낌의 영향을 받는다. 그리고 그 에너지장은 우리가 미래에 경험할 사건들을 자석처럼 불러오게 된다.

스탠퍼드 대학의 양자 물리학자 틸러 박사가 한 실험을 했다.
'이 잔으로 커피를 마실 때마다 마시는 사람이 건강해지도록 해주십시오.'
그렇게 기도를 마친 후 컵을 미국에 사는 친구에게 보냈다. 친구는 돈이 없어서 싸구려 커피를 사서 틸러 박사가 보낸 컵에 마셨다. 그런데 놀랍게도 컵에 커피를 타서 마실 때마다 커피 맛이 확 달라졌다. 나중에 커피의 성분을 분석해 보니 항산화물질 농도가 일반 커피보다 높았다. 기도만 해서 보냈을 뿐인 컵에 싸구려 커피를 붓기만 해도 고급 커피가 된 것이다. 1년 후 쯤부터는 틸러 박사가 기도했던 방에서 아무 컵에나 커피를 마셔도 똑같은 효과가 나타났다. 방안 전체에 기도하는 사람의 에너지가 작용했기 때문이다.

우리의 의식적인 생각과 감정 느낌은 물질까지 바꿀 수 있는 힘이 있다. 또한 의식적인 생각과 감정 느낌으로 우리의 현실도 바꿀 수가 있다.
우리는 의식적으로 에너지를 사용할 수 있어야 한다. 또한 우리가 원하는 삶을 창조하기 위해서 우리가 곧 에너지임을 인식해야 한다.

케이　　(어깨를 들썩이며) 저 지금 기분이 너무 좋아졌어요!
마스터　혹시…? 그 공…….

케이	(손사래) 에이~ 저를 뭘로 보시고~ 어제 주문한 책이 방금 도착했거든요~
마스터	(안도의 한숨) 휴~.
케이	어라? 방금 한숨 쉰 거예요? 아까 의식적으로 생각하고 느끼는 게 중요하다고 하셨잖아요!
마스터	(기침) 으흠! 내가 언제요? 아닌데요?
케이	에이~~~ 제가 다 봤어요. 하하.
마스터	아무튼 지금 기분이 좋아지는 것보다 중요한 것은 없어요.
케이	네? 왜요?
마스터	기분은 우리가 어떤 생각을 하고 있는지를 보여 주는 나침반과도 같거든요.
케이	아하~ 기분이 우리의 생각을 알려주고 있다는 거죠?
마스터	맞아요. 생각이 없다면 감정을 느낄 수가 없거든요.
케이	그렇다면 감정은 생각보다 중요한 게 아닌 건가요?
마스터	그렇지도 않아요. 생각과 감정은 늘 함께 작용하거든요. 그래서 둘 중 하나만 알아차려도 에너지의 방향을 의식적으로 수정할 수가 있게 돼요.
케이	오호라~ 생각과 감정은 세트고 한 놈만 알아차려도 수정이 가능한 거로군요~.
마스터	(놀라며) …한…한 놈?? 헉…!!!

지구별 학교

우주에서는 생각과 동시에 무엇이든 이루어진다. '하와이'의 '하'자만 떠올려도 우주는 바로 하와이를 눈앞에 만들어 준다. 떠올리는 순간 체험이 가능한 곳이 바로 우주다. 하지만 지구는 우주와 달리 이원성과 육체가 주는 한계를 체험할 수 있는 곳이다. 지구는 시간과 공간이 있기에 우주에 비해 더욱 스릴 넘치는 물질 체험이 가능하다. 그래서 우주에서의 지구 학교 입학 경쟁률은 어마어마하다. 우주에서는 할 수 없는 저진동의 물질 체험이 지구에서 가능하기 때문이다. 지구에는 우주와 달리 '이원성'이라는 것이 존재한다. 이원성은 '옳고 그름, 좋고 나쁨' 등의 상반되는 에너지다.

지구의 이원성은 우리가 영혼 상태에서 지닌 무한한 힘과는 극적으로 대비된다. 영혼이 이원성을 경험하고자 하는 이유는 반대를 경험할 때에 비로소 더 깊이 스스로를 알 수 있게 되기 때문이다. 즉 지구별의 이원성과 한계를 통해 영혼 스스로가 사랑(우주 전체의식)임을 깨닫게 되는 것이다. 그렇기 때문에 많은 영혼들이 지구에서의 체험을 수도 없이 반복하기도 한다.

영혼이 지구 학교의 과정을 이수하기 위해서는 여러 과정이 필요하다. 먼저 영적 교사와 지구에서의 배움을 함께할 영혼의 그룹과 대화를 나누게 된다. 지구 행에서 얻고자 하는 가르침에 대해 의논하고 배울 방법에 대해서도 논의한다. 이때 다방면으로 체험할 가상의 시나리오들도 영혼의 세상에서 미리 체험하게 된다. 그다음으로 부모님과 각자 태어날 곳, 체형, 외모, 성격, 재능, 직업, 배우자, 자녀, 친구 등을 결정하게 된다.

영혼은 지구에 오기 전 치밀하게 짜인 인생 대본과 함께 오게 된다. 그래서 지구 학교에서의 드라마는 절대로 우연이 없다. 그리고 잘못된 체험도 없다. 모든 것은 영혼에게 배움이며 지구 행을 위해 정밀하게 짜여진 시나리오대로 흘러가기 때문이다. 영혼으로서 우리는 지구라는 무대 위에서 삶을 연기하는 배우들이다. 우리는 서로 각자의 연기를 주고받으며 배우고 성장해 나간다. 삶에서 우리를 힘들게 하는 이들은 사실 우리의 교사나 다름이 없다. 사랑으로 서로 돕고 성장하며 필요한 배움을 얻는 것이 우리가 지구별에 온 이유다.

마스터	우리가 지구에 온 이유는 체험을 하기 위해서예요. 지구에서는 모든 진동 차원의 체험이 가능하거든요. 특히 그중에서도 감정에 대한 체험이 우리가 지구에 오는 이유기도 해요.
케이	오~ 그렇게 듣고 보니 지구 자부심이 막 올라오는데요.
마스터	(슬쩍 눈치를 보며) 사실 우리 모두 지구 출신은 아니에요.
케이	(놀라며) 네?? 아니 여기서 태어나고 자랐는데 지구 출신이 아니라뇨??
마스터	사실 우리 모두는 지구 체험을 위해 우주 여러 곳에서 왔어요. 따지고 보면 우린 모두 우주 출신인 셈이죠.
케이	헉……. 우주 출신… 그럼 전 외계인인가요?
마스터	(웃음) 아마 그들이 우리를 외계인이라고 할 걸요?
케이	(놀라며) 헉……
마스터	우리는 지구에서 우주에 없는 부정성을 경험하기 위해 온 거예요.
케이	우주에는 부정성이라는 게 없나요?
마스터	우주에 긍정이나 부정은 존재하지 않아요. 그래서 지구가 특별한 거예요.
케이	전 아직 이해가 안 가요. 왜 제가 굳이 부정성이 가득한 지구에 왔는지.
마스터	부정성을 체험함으로써 우리가 바로 사랑임을 기억하게 되는 거죠.
케이	우리가 사랑임을 기억하게 된다.
마스터	우리 모두는 각자의 체험을 위해 지구라는 별에 잠시 머물고 있을 뿐이에요~.
케이	아……

마스터	그런데 그 체험 중에 우리가 기억을 점점 잃어가고 있다는 게 문제죠. 인간의 몸에는 오랜 기간 축적된 부정성의 에너지들이 있어요. 그 에너지가 우리의 기억을 흐릿하게 만들어요. 지금도 인간들은 쉼 없이 부정적인 에너지들을 뿜어내고 있어요.
케이	(고개를 저으며) 오 마이 갓…….
마스터	하지만 희망도 있어요! 우리가 지구별 체험을 하면서 사랑을 경험할 때마다 부정성의 에너지는 분해되거든요~. 그렇게 되면 지구 전체 에너지도 밝아지게 되고 우리의 기억도 회복할 수 있게 될 거예요!
케이	우리가 그저 사랑을 경험할 뿐인데 지구도 밝아진다고요? 게다가 기억도 회복되고요?
마스터	네~ 지구와 우리는 하나로 연결돼 있거든요~.

 영혼은 태어나기 전 계획한 인생 대본을 지구별에서 마스터하게 된다. 우리는 각자가 마련한 시련을 넘어섬으로써 지구별의 모든 존재에게 영향을 미치게 된다. 바로 우리의 생각과 말, 행동이 온 지구에 영향을 미친다는 사실을 기억하게 되는 것이다. 나비의 날갯짓 한 번이 지구 반대편에 거센 바람을 일으킬 수 있다고 한다. 마찬가지로 우리가 사랑임을 기억하게 될 때 우리는 지구와 사랑의 파동으로 공명하게 된다.

 하트매스 연구소의 책임자인 롤린 맥크레이티는 이렇게 말했다.
"우리는 지구라는 커다란 뇌의 작은 세포와도 같다. 인간뿐만 아니라 동물과 식물 등의 모든 살아 있는 계들 사이에 존재하는 미묘하고 보이지 않는 차원에서 정보를 서로 나누고 있다."

   지구의 에너지장은 지구에 사는 모든 존재들과 연결되어 있다. 우리가 생각하고 느끼는 그 모든 정보는 지구를 둘러싼 에너지장에 저장된다. 지구에는 온 인류의 기억이 저장되어 있는데 이것을 집단 무의식이라고 부른다. 지구에 사는 인간들은 이 에너지장의 영향을 늘 받게 된다. 마치 범퍼카에 달린 안테나를 통해 천장에서 전기를 공급받는 것과도 같다. 수세기에 걸쳐 늘어난 부정성의 에너지 영향으로 현재 지구에서는 예전과 같은 체험이 힘들어지게 됐다. 인간의 에너지가 오염되면 지구의 에너지도 오염될 수밖에 없다. 생각이 오염된 상태에서 하는 체험은 불편한 결과를 초래하게 된다. 그래서 우리가 우주의 가능성보다는 부정성이 가득한 창조를 하게 되는 것이다.

케이   왜 우리는 굳이 부정성이 가득한 지구를 선택한 걸까요? 아무리 생각해도 이해가 안 가요.

마스터 지구는 우주에서 유일하게 이원성의 세상이에요. 이원성이란 다른 두 가지 성질을 뜻해요. 빛과 어둠, 남자와 여자, 안과 밖처럼 두 가지 대립되는 에너지들로 이루어져 있죠.

케이   그래서요?

마스터 우리는 본래 우주와 일치된 상태였어요. 그 상태에서는 오직 행복만을 경험하죠.

케이   아니, 행복한 게 좋은데 도대체 여기에 왜 오냐고요…. 아놔….

마스터 지구에서 행복의 반대되는 체험을 함으로써 우리가 누구인지 더욱

	잘 알 수 있기 때문이에요.
케이	우리가 누군데요? 가만있어보자…. 우주 출신? 외계인?
마스터	우리는 신이자 빛이고 사랑이에요!
케이	(눈이 휘둥그레지며) 네에??? 제가 시…… 신이라구요?!?
마스터	(웃음) 그래요~ 우리는 무한한 창조력을 지닌 신과 같은 존재예요.. 지금은 그저 지구에서 인간의 모습으로 체험 중인 거고요. 그러니까 이제부터는 케이가 하는 모든 일은 신과 함께 하는 것이라고 생각해요~.
케이	(두 주먹을 불끈 쥐며) 오오오~옷!!! 좋았어! 내가 신이고~ 신이, 아니 우주가 나와 함께 한다! 음하하하~~~ 파~워 업! 레~벨 업!!!
마스터	(고개를 저으며) 신이여, 우주여, 제발 저와 함께 하소서…!

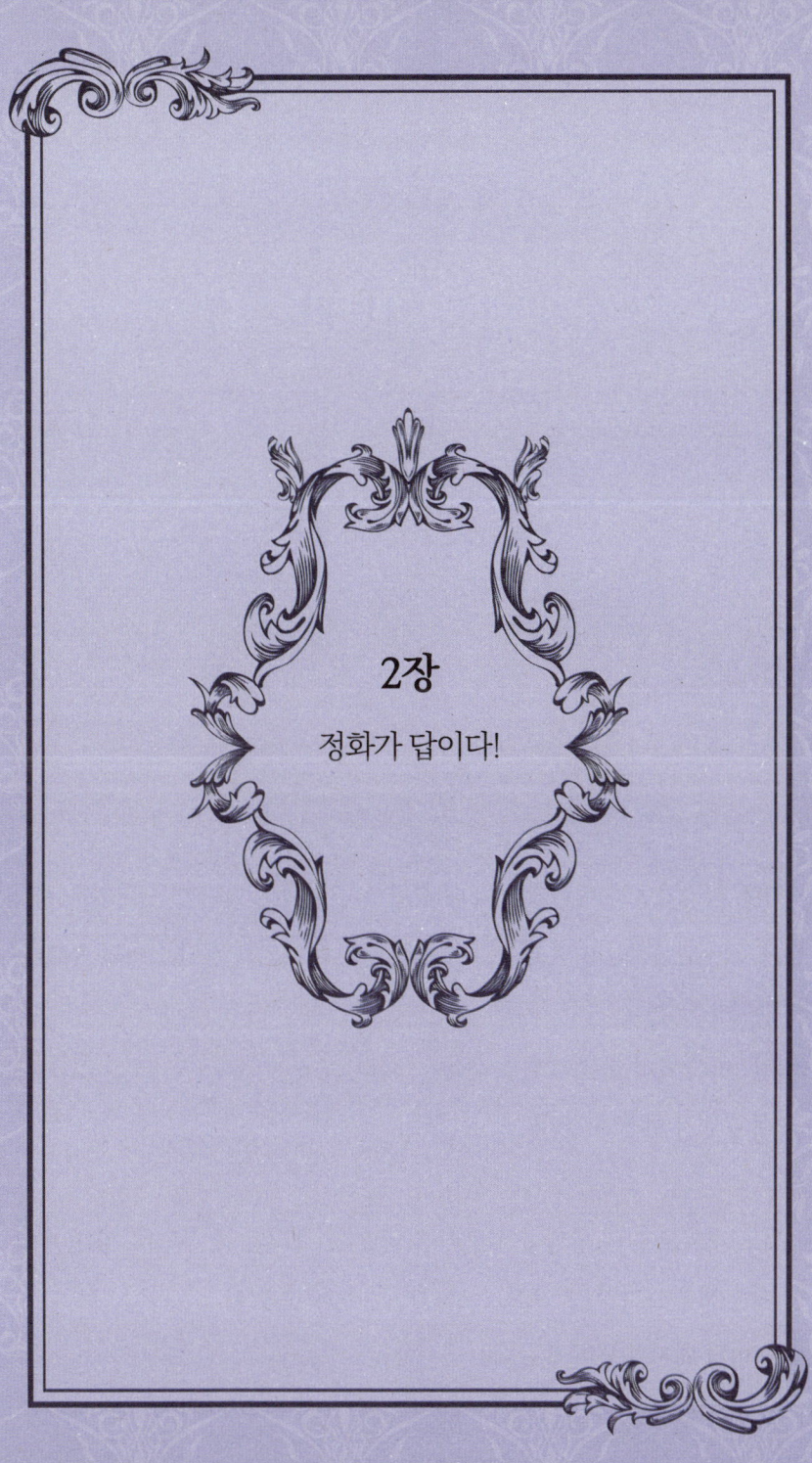

2장
정화가 답이다!

인생 만능 치트키 정화

각종 심리기법과 에너지에 대해서 공부하던 나는 답답함을 느끼기 시작했다. 적게는 3시간 어떤 때는 하루종일 신념과 무의식 분석을 하던 차였다.

'뭐지? 이 답답하고 꽉 막힌 느낌은?'
'도대체 뭐가 문제인 걸까?'

적고 적어도 나의 답답함은 풀리지 않았다. 그러던 중 우연히 '내면아이'에 대한 책을 보다가 《호오포노포노》가 눈에 들어 왔다.
'오~ 이거 왠지 느낌이 좋은데?'

'잘만 하면 이거 하나로 끝낼 수 있겠어~.'

답답함에 대한 돌파구를 찾던 나는 그렇게 《호오포노포노》를 만나게 되었다. 책을 읽자마자 '이거다!' 하는 느낌이 들었다. 책에서 말하는 정화문구들을 무작정 따라 하기 시작했다. 처음에는 아무런 변화도 일어나지 않았다. 잠시 시들해진 시간도 있었지만 다시 정화를 이어갔다.

그렇게 정화를 시작한지 3개월쯤 지나자 변화가 나타나기 시작했다. 분석해도 안 느껴지던 감정들이 느껴지기 시작했고, 안 풀리던 일들이 풀리기 시작했다. 돈을 벌 수 있는 아이디어들이 순간 생각이 나기도 하고, 좋은 소식이 들려오기도 했다. 마음에 들지 않는 사람들도 알아서 정리가 되기 시작했다. 그동안 답답하고 지루했던 느낌들이 정화로 점차 사라지게 됐다. 내 안에 막힌 에너지가 뚫리고 새로운 에너지들이 흐르는 느낌이었다.

케이   (흥분) 그래! 바로 이거였어. 이제 저 알겠어요!

마스터 뭘 말이에요?

케이   정화가 답이었어요!

마스터 정화요?

케이   네~ 그동안 정말 답답했거든요. 이것저것 해봐도 별다른 걸 못 느꼈었는데 정화는 달라요! 뭔가 사이다를 들이킨 기분이랄까요? 꽉 막혔던 속이 뻥! 하고 뚫리는 그 시원함이 그냥~ 워후!

마스터 정화라면 혹시 호오포노포노를 말하는 건가요?

케이   (끄덕이며) 맞아요! 정화만 꾸준히 했을 뿐인데 전보다 가벼워지고 에너지가 넘치는 느낌이에요!

마스터 　(웃음) 정화로 에너지가 바뀌기 시작했군요. 몸이 가벼워진다는 느낌은 낮은 진동의 에너지들이 풀려나가기 시작했다는 뜻이에요. 정말 잘 됐어요.

케이 　(눈이 휘둥그레지며) 그게 그런 거였어요? 아무렴 어때요~ 전 이제부터 정화만 쭉 할 거예요~ (주먹을 쥐며) 좋았어. 이제부턴 한 놈만 패겠어!!!

마스터 　(웃음) 정화는 모든 장르를 아우르는 작업이에요.

케이 　(고개를 갸웃거리며) 모든 장르라뇨?

마스터 　간단히 말하자면 정화는 나 자신을 포함한 온 인류의 기억을 삭제하는 작업이에요. 그리고 지금까지 내가 살면서 만들어 온 모든 에너지를 풀어주고 해체시키는 작업이기도 해요.

케이 　(집중) 오······.정화에 그렇게 깊은 뜻이?

마스터 　나를 정화한다는 것은 곧 모든 인류를 정화하는 것과도 같아요. 이것은 곧 지구를 정화하고 내가 우주와 하나가 된다는 의미이기도 해요.

케이 　(박수치며) 우와~ 정말 대단해요!

마스터 　아 참, 그리고 정화작업은 그 사람이 받아들일 수 있는 가장 적당한 때에 주어져요.

케이 　그럼 제가 정화를 발견한 것도 지금이 적당한 때라서 그렇다는 건가요?

마스터 　(웃음) 맞아요!

케이 　(주먹을 불끈 쥐며) 이제부터는 무조건 정화예요! 정화~ 가즈아~!!!

하와이 말로 '호오hoo'는 목표를, '포노포노ponopono'는 완벽함을 의미한다. 호오포노포노는 고대 하와이언들로부터 전해지는 문제 해결 방법이다. 공동체 안에서 문제가 있을 때마다 평화로워질 때까지 논의하던 방식이 호오포노포노의 시작이다. 현대에 와서 호오포노포노는 하와이의 인간문화재이자 전통 의료 전문가인 모르나 날라마쿠 시메오나에 의해 4구절로 개발이 되었다. 그녀가 개발한 호오포노포노의 4구절은 누구라도, 혼자서, 간단히 실천할 수 있다. 그 4구절은 바로 '미안합니다, 용서하세요, 감사합니다, 사랑합니다'이다.

모르나 시메오나 여사는 정화에 대해 이렇게 말한다.
"다른 사람은 필요 없다. 모임도 필요 없다. 당신은 자기 속에서 스스로 정화할 수 있다."

내 안에 잘못된 오류를 수정하고 바로 잡는 것이 호오포노포노이다. 호오포노포노에서 외부로 나타난 모든 문제의 원인은 자신 안에 있다고 본다. 그래서 자신을 정화해서 문제를 바로 잡으면 문제는 저절로 해결되게 된다.
모르나 여사의 뒤를 이어 현대 호오포노포노를 보급하고 있는 휴렌 박사도 정화에 대해 이렇게 말한다.

"자기가 자기 현실을 만드는데, 정신적으로 병든 사람이 자기 눈앞에 나타났다면 그것도 역시 당신이 만든 게 아닙니까?"

정화에 관한 그의 유명한 일화가 있다.

그는 정신과 의사로 하와이에서 정신장애인을 수용하는 시설에서 근무했다. 그가 일하는 곳은 살인, 강간 등 무서운 죄를 지은 수용자들이 가득한 곳이었다. 난폭하게 날뛰지 않도록 약물과 수갑 족쇄까지 채워 침대에 묶어 놓는 것이 일상인 곳이었다. 이곳에서 그는 환자를 치료하는 대신, 정화를 했다. 그는 매일 아침 출근하기 전에 진료 차트에 적힌 이름을 보고 정화를 하고, 일을 하는 동안에도 지속적으로 정화를 했다. 어떤 치료 과정도 지시하지 않고 수용자들의 정보가 기록된 파일을 보면서 계속 정화해 나갔다.

그렇게 정화를 한 지 몇 개월이 지나자 난폭한 수용자들은 안정을 찾았다. 휴렌 박사가 그만둘 무렵 시설 내 폭력이 완전히 사라지게 됐다. 결국 수용소의 모든 환자들은 퇴원을 하게 됐고 시설에는 단 한 명의 환자도 남지 않게 되었다.

호오포노포노는 자기 인식의 교정에 관한 것이다. 잠재의식 속에 있는 정보가 문제를 일으키는데 그 원인이 나에게 있다고 보는 것이다. 모든 문제의 원인을 해결할 수 있는 것이 호오포노포노 즉 '정화'이다. 정화는 잠재의식 속의 기억을 깨끗이 해서 우주의 영감과 연결되게 도와준다. 우주에는 무한한 정보가 존재한다. 우주의 정보는 크게 과거의 기억과 영감으로 존재한다. 인간인 우리도 우주의 정보로 이루어져 있다. 바로 지구가 생긴 이래의 모든 과거의 기억들이다.

인간의 과거 기억의 재생은 잠재의식에서부터 시작한다. 잠재의식에서는 무려 1초에 100만 개의 기억이 재생되고 있다. 현재의식의 정보가 1초당 15~20비트라면 잠재의식은 1초당 1,100만 비트다. 현재의식이 정보를 삭제해도 계속해서 잠재의식의 정보는 발생하게 된다. 우리 대부분이 이런 상황을 인식하지 못한 채 현재의식으로 잠재의식의 막대한 정보를 컨트롤 하려고 한다.

아인슈타인은 이렇게 말한다.
"문제가 만들어질 때의 사고로는 그 문제를 풀 수 없다."

내 안에 문제로 문제를 해결할 수는 없다. 문제를 분석하기보다는 문제 자체를 아예 삭제해 버리면 그만이다. 정화는 잠재의식으로부터 오는 모든 문제의 원인을 삭제하게 도와준다. 문제를 인식하지 못하더라도 우리는 정화를 통해서 과거의 기억을 삭제할 수 있다. 과거의 기억이 삭제되면 우리는 잠재의식의 정보로부터 자유로워질 수 있다.

마스터　사실 정화는 지구에만 존재하는 특별 프로그램이에요.
케이　　(놀라며) 특별 프로그램이요?
마스터　네. 지구를 위한 특별 프로그램인 정화는 바이러스 백신과도 같아요. 인간의 기억에 존재하는 바이러스 같은 부정적인 에너지들을 무력화시키죠.
케이　　(눈이 휘둥그레지며) 네???
마스터　우주는 모든 기억이 존재하는 거대한 컴퓨터와도 같아요. 그런데 지구가 생긴 이래로 인간이 만든 부정적인 기억으로 인해 우주 일부가 오염되게 되었어요……. 그래서 우주 위원회에서는 인간의 기억을 깨끗이 하기 위해 호오포노포노라는 지구 백신 프로그램을 고안하게 되었죠.

케이   (놀라며) 오… 호오포노포노가 지구 백신 프로그램이라고요?

마스터   네. 지구는 우주에게 있어 굉장히 중요한 숙제와도 같거든요.

케이   (고개를 갸웃거리며) 지구가 우주에게 숙제라뇨?

마스터   (시무룩) 지구가 우주의 조화와 균형이라는 에너지에서 벗어났기 때문이에요. 지구는 여러 번 자체적으로 정화를 진행해 왔어요. 그런데도 계속해서 인간들의 부정적인 생각으로 오염되게 되었죠.

케이   (안타까운 표정) 아…….

마스터   (진지한 표정) 그래서 이번 주기에 맞춰 정화라는 지구 백신 프로그램이 투입된 거죠. 바이러스와도 같은 지구의 오염된 기억의 확산을 방지하고 깨끗하기 위해서요. 정화를 통해 한 개인의 기억이 깨끗해지면 지구도 마찬가지로 깨끗해질 수 있어요. 더불어 우주의 기억도 깨끗해지겠죠. 사실 우리 모두는 지구를 정화하기 위해 이곳에 온 것과도 다름없어요.

우리가 정화를 하기 전에 명심해야 할 것이 있다. '나의 모든 외부 상황들은 100% 나의 책임'이라는 것을 인정하고 자기 자신을 먼저 정화하는 것이다. 우리가 인생에서 경험하는 모든 문제와 고민은 기억의 재생에 있다. 잠재의식 속의 기억을 정화하면 나에게 반복되는 문제와 고민의 근본을 해결할 수 있다. 정화는 우리 안에 있는 반의지, 부정적 믿음, 자신을 제한하는 믿음, 부정적인 기억들과 관련된 데이터와 프로그램들을 제거하게 도와준다.

기존에 시크릿이나 끌어당김을 해도 잘되지 않는 이유는 바로 정화를 빠트려서이다. 정화를 하게 되면 불필요한 기억이 삭제되면서 우주의 영감과 연결이 된다. 굳이 힘을 들이지 않아도 내게 필요한 정보가 영감으로 주어지게 된다. 행복으로 가기 전에 반드시 거쳐야 하는 것이 바로 정화다.

우리가 해야 할 일은 문제 해결이 아니라 정보를 삭제하는 것이다. 정화로 내가 자유로워지면 가족이 자유로워지고 일도 국가도 지구 전체도 자유로워진다. 우리가 원하는 삶을 살기 위해서라도 정화는 필수다. 그렇다면 정보를 어떻게 삭제해야 하는 걸까?

정화로 정보 삭제하기

케이 (정화 문구를 적으며) 미안합니다, 용서하세요, 감사합니다, 사랑합니다. 미안합니다, 용서하세요, 감사합니다, 사랑합니다. (반복)

마스터1 (케이를 보며) 드디어 정화를 작동 중이군요~.

마스터 (웃음) 네, 우리도 빨리 작업을 시작해야 할 것 같아요!

마스터1 그럼 제가 바로 영혼 기록 저장소의 담당자에게 연락을 넣어 놓겠습니다!

(마스터1은 케이의 몸을 한번 스캔하더니 이내 빛으로 된 투명한 파일을 만든다. 빛들은 곧 형태를 띠기 시작하고 생각 덩어리와 문자 형태로 모양을 갖추기 시작한다. 서류처럼 보이는

파일은 부분적으로 밝고 어두움이 군데군데 보인다. 이 파일에는 현재 케이의 에너지 상태와 모든 과거와 현재의 기억이 데이터처럼 저장되어 있다.)

마스터1 (케이의 에너지 파일을 건넨다) 마스터 테리, 정화로 작업을 하나 신청할까 하는데 좀 살펴봐 주시겠습니까?

마스터 테리 (접수표와 파일을 꼼꼼히 살펴본다) 흠. 요즘 지구에서 정화작업 신청이 꽤 많이 들어오는군. 잠깐만 기다리게.

(곧 마스터 테리 뒤에 빛의 장막으로 가려져 있는 공간이 나타난다. 이 공간은 우주의 모든 영혼들의 과거와 현재 미래의 기억들이 저장되어 있다. 기억들은 비슷한 진동상태의 에너지 형태로 끝없이 이어진 공간에 블록 형태로 저장되어 있다. 마스터 테리는 접수표에 적힌 케이의 생년월일을 보며 영혼의 과거 저장된 기록을 찾느라 분주하다.)

마스터 테리 (서류함을 뒤지며) 케이… 케이라… 아! 여기 있군.

마스터1 (파일을 건네받으며) 살펴보는 대로 바로 반납하겠습니다.

마스터 테리 (끄덕이며) 자네도 지구에서 고생이 참 많군. 그럼 수고하게~.

(마스터1은 기록을 가지고 다른 마스터들과 회의를 진행 중이다. 파일은 마스터들의 의식에 따라 움직이는 빛의 형태로 분류가 된다. 이윽고 빛들은 여러 형태의 생각과 이미지로 일렁이기 시작한다. 마스터들의 회의실 모니터에는 케이의 과거 생과 현재 삶의 이미지들이 재생 중이다.)

마스터1 현재 케이의 정화 작업이 진행됨에 따라 몸도 에너지 교체 작업이 이루어져야 할 것 같습니다. 인생 계획에 대한 드라마의 수정도 물론 진행돼야 할 것 같고요.

마스터2   그럼 카르마 위원회에 연락해서 바로 에너지 교체 작업에 필요한 프로그램들을 신청하도록 하겠습니다. 그리고 지구에서의 드라마 수정도 케이의 영혼 그룹과 함께 논의를 해봐야 할 것 같습니다.

마스터1   알겠습니다. 그럼 저는 지구에 가서 케이의 에너지 몸 작업을 진행하도록 하겠습니다.

(곧이어 케이가 누워있는 침실 옆으로 마스터1이 도착한다. 마스터1의 손에는 여러 가지 복잡한 구조의 에너지 프로그램 칩들이 가득하다. 프로그램 칩들은 넓고 좁은 것부터 납작하고 둥근 형태의 다양한 빛깔과 모양으로 이루어져 있다.)

마스터   (흥분) 지구 맞춤 고성능 프로그램 칩이로군요! 조금 있으면 케이가 깨어날 시간이니 바로 에너지 작업을 시작하도록 하죠.

마스터1   (케이의 에너지 몸을 스캔하며) 이곳에 전체 프로그램 칩들을 교환하면 될 것 같습니다. 그리고 부분적으로 작은 칩들은 깨어나도 교체 작업이 가능하니 일단 현재 삶과 관련된 프로그램 칩들을 먼저 진행하도록 하겠습니다. 프로그램 칩의 데이터들은 수면과 동시에 자동으로 부팅되니 걱정하지 않으셔도 될 겁니다.

마스터   (흡족한 표정) 이제 빛의 정보를 다운받을 수 있는 폭이 전보다 훨씬 넓어지겠군요! 게다가 빛 에너지 증폭이 훨씬 쉬워져서 우리의 메시지도 쉽게 받을 수 있겠어요!

호오포노포노의 정화 방법은 굉장히 간단하다. 아래의 4가지 문구를 그저 반복해서 말하면 된다. (말할 수 없는 상황일 때는 마음속으로 말해도 된다.)

- 미안합니다. (I'm sorry)
- 용서하세요. (Please forgive me)
- 감사합니다. (I thank you)
- 사랑합니다. (I love you)

우리는 위의 4가지 문구로 잠재의식 속의 기억을 정화할 수 있다. '미용감사'로 불리는 이 문구는 '고마워, 사랑해.' 또는 더 간단하게 '사랑해'로 줄여서 말할 수 있다. 4가지 문구 대신 '사랑해'만 말해도 되는 이유가 있다. 바로 사랑한다는 말에는 고마움, 미안함, 용서라는 감정이 모두 들어있기 때문이다.

'사랑'은 우주에서 제일 높은 에너지를 지닌 말이다. 우리가 사랑한다고 말하면 우주의 지혜가 그것을 받아들여 잠재의식의 기억을 삭제한다. 기억이 삭제되면 우리는 자연스럽게 우주의 영감을 받을 수 있는 상태가 된다. 정화 문구를 말하면서 정확히 무엇을 의미하는지 몰라도 상관없다. 일단 시작하는 것이 중요하다. 정화는 삶의 모든 것을 아우르는 작업이다. 간단한 문제나 고민들이 있다면 정화부터 시작해보자.

자기 사랑의 시작도 정화로 시작해보자. 정화만큼 자기 사랑에 좋은 것도 없다. '사랑해' 한 마디면 정화도 자기 사랑도 충분하기 때문이다. 처음부터 '사랑해'라고 말하는 게 어색하다면 '나야, 고마워', '나는 소중해'라고 말해도 좋다. 내면아이 치유도 마찬가지로 정화부터 시작하면 된다. 잠재의식과 내면아이에게 '사랑한다'라고 말하는 것만으로도 기억이 변하기 때문이다. 현재 몸이 아픈 상태라면 정화를 통해 몸의 빠른 회복과 치유에 도움을 줄 수 있다. 아프고 병든 상태도 잠재의식의 기억이 현실에 투영된 것이기 때문이다. 그저 사랑한다는 말을 하는 것만으로도 그 순간 정화는 시작된다.

정화는 누구나, 아무 때나, 잘 몰라도 지금부터 시작할 수 있다. 현실은 잠재의식의 기억이 반복 재생 되는 것과 같다. 정화를 시작하는 것부터가 현실을 바꿀 수 있는 가장 쉬운 길이다. 정화는 우리 삶에 전반적으로 도움이 된다. 일을 할 때도 영감에 의해서 최적의 방법으로 진행할 수 있기 때문이다. 영감에서 나오는 창조성은 모든 문제를 해결하게 도와준다. 그리고 그에 따라 행동을 하게 되므로 일의 효율성도 높아지고 생산성도 높아지게 된다.

정화를 하게 되면 자연히 집착과 기대도 줄어들게 된다. 그래서 생각지도 않게 고민하던 일이 해결되기도 한다. 또한 잠재의식의 부정적인 기억의 삭제로 인해 우리 본래의 재능이 발현되기도 한다. 천직이라고 할 수 있는 일을 발견하게 되거나 자신의 분야에서 최대한의 능력을 발현시키게 된다.

정화는 건강에도 도움이 된다. 모든 건강 문제는 잠재의식으로부터의 부정적인 기억이 현실에 투영되기 때문에 일어나게 된다. 정화로 잠재의식이 지니고 있는 병 자체에 대한 정보를 삭제하게 되면 병에 걸릴 일이 없다.

자연스레 내려놓음의 상태가 되므로 삶을 대하는 자세가 좀 더 유연해지기도 한다. 가정에서도 정화는 마찬가지로 도움이 된다. 한 사람의 기억이 정화되면 다른 가족 구성원들도 자동으로 정화가 되기 때문이다. 만약 자녀나 배우자, 주변인들이 불행하다면 그것은 나의 기억 때문이다. 나의 행복하지 못한 기억이 문제를 일으키는 것이다. 나의 기억을 정화하게 되면 가정 전체가 행복해질 수 있다. 인류의 절반이 여성이다. 여성이 행복해야 가정도 행복해진다. 지구의 여성성 회복과 정화는 지금 이 시기에 굉장히 중요하다. 그렇기 때문에 여성부터 먼저 정화를 시작해야 한다. 우리 안에 슬픔, 원망, 분노, 무력감 등을 정화를 통해 해결해야 한다. 그렇게 될 때 가정도 사회도 더 나아가 지구 전체도 행복해질 수 있다.

케이 (고민하는 표정) 정화는 어떻게 하면 되는 걸까요? 제가 요즘 따라 의욕이 뚝뚝 떨어지고 있거든요.

마스터 (웃음) 괜찮아요. 앞으로 문제가 생길 때마다 이렇게 질문하고 정화하면 돼요~. '도대체 내 잠재의식 안에 어떤 정보가 원인이 되어서 나를 ○○○하게 하는가?'

케이 (혼잣말) '도대체 내 잠재의식 안에 어떤 정보가 원인이 되어서 내가 의욕이 안 생기는 건가.'

마스터 그리고 그 정보에 대해서 의식적으로 정화하기를 선택하는 거예요. 그다음부터는 우주가 알아서 정화의 원인을 찾아 해결해 줄 테니까 걱정하지 말고요.

케이 아, 넵! 정화하기를 선택합니다!

마스터 (웃음) 정화의 4가지 문구도 말해야죠.

케이 아~ 그렇지. (마음속으로) 미안합니다, 용서하세요, 감사합니다, 사랑합니다.

마스터   모든 문제는 잠재의식의 정보가 원인이 되서 생기는 거예요. 그러니까 '의욕이 떨어졌다', '의욕을 올려야 한다'와 같은 정보를 삭제하면 되는 거예요.

케이   그렇군요! 정화하는 거 의외로 간단한데요?

마스터   (웃음) 맞아요. 그러니까 이제부터 문제가 있다면 알아차리고 스스로 정화하면 돼요.

하루 종일 정화하는 방법

정화는 시간이 날 때마다 습관적으로 하면 좋다. 말로 중얼거려도 좋고 글로 적어도 좋다. (설거지할 때, 샤워할 때, 산책할 때, 운동할 때, 출근하는 길) 의식적으로 정화하기가 힘들다면 하루 3번 일정한 시간을 정해서 알람을 설정해 놓고 해도 좋다. 1분, 5분, 10분 시간을 조금씩 늘려가면서 정화를 해 본다. 의식적으로 정화를 할 수 있게 눈에 잘 띄는 곳에 정화 문구를 붙여놓는 것도 도움이 된다.

정화는 습관이 돼야 한다. 숨 쉬고 밥 먹는 것처럼 해야 한다. 정화를 하다 보면 눈에 띄는 결과가 보이지 않아서 중도에 포기하기 쉽다. 하지만 분명 에너지는 보이지 않아도 나에게 늘 작용하고 있다는 것을 잊지 말아야 한다. 정화를 꾸준히 하다 보면 나에게 맞고 편한 방법을 발견하게 될 것이다. 아래에 정화를 일상에서 의식적으로 실천할 수 있는 방법을 소개한다.

정화 문구 포스트잇에 써서 붙여 놓기

내가 초기에 정화를 의식적으로 하기 위해 썼던 방법이다. 포스트잇에 정화의 4가지 문구를 적는다. 자주 다니는 곳이나 오래 머무는 공간에 붙여놓는다. 눈에 보일 때마다 할 수 있는 만큼 정화를 한다. 이렇게 하면 자투리 시간 활용과 동시에 정화를 의식적으로 해 나갈 수가 있다.

정화 문구를 붙여두면 좋은 장소

- 부엌
- 화장실
- 식탁
- 물병
- 컴퓨터
- 스마트폰
- 냉장고 문
- 거울
- 마우스
- 일터의 책상
- 자동차 대시보드

정화 노트 적기

정화를 의식적으로 할 수 있는 다른 방법은 정화 노트를 적는 것이다. 일단 보면 쓰고 싶고 기분 좋아지는 느낌을 주는 노트를 구입한다. 사이즈나 가격은 상관없다. 노트를 구입하고 '정화 노트'라고 적는다. 그리고 노트에는 정화 문구만 적는다. 정화 노트는 적으면서 눈으로 보고 의식적인 상태에서 정화할 수 있어서 좋다. 노트를 적으면서 정화 문구도 함께 말하면 정화의 속도가 빨라진다. 이때 빨리 쓰려고 하거나 대충 쓰면 안 된다. 정화 노트를 쓰는 것은 정성(의식)이 들어가야 한다. 글씨를 쓰는 사람의 의식 에너지가 작용하기에 그냥 적지 말고 정성스럽게 한 자, 한 자 적어야 한다. 정화 노트는 '적는다'라는 행위에 집중을 할 수 있기에 명상이나 수행처럼 해도 좋다.

정화 문구 녹음해서 반복 재생하기

정화 문구를 휴대폰이나 녹음기로 녹음해서 틀어 놓는다. 하루종일 작은 소리 또는 무음으로 집이나 회사 등에 틀어 놓으면 된다. 이것은 소리 에너지를 활용한 정화의 방법이다. 정화 문구를 녹음하고 반복재생하게 되면 정화의 속도가 빨라진다. (이 방법으로 확언이나 개명 후 새 이름 에너지 활성화도 가능하다).

이 방법은 밤에 자는 순간에도 정화를 놓치지 않고 할 수 있게 도와준다. 정화 문구를 입으로 말하고 손으로 적는 데는 한계가 있다. 그럴 때 이 방법을 쓴다면 우리는 24시간 동안 정화할 수 있게 된다. 하지만 무엇이든 마음의 상태가 중요하므로 적절하게 하되 물리적인 몸이 우선이 되는 정화를 먼저 한다.

알람 설정해 놓고 정화하기

의식적으로 정화를 할 수 있게 휴대폰에 알람을 설정한다. 기상 직후나 아침, 점심, 저녁, 취침 전 등의 시간에 알람을 맞춰 놓고 한다. 1분, 5분, 10분, 30분 등 서서히 시간을 늘려 가면서 해 본다. 내가 굳이 의식하지 않아도 정화를 할 수 있고 누구의 도움도 필요하지 않다. 맞춰진 시간에 그저 정화를 함으로써 내 마음을 평온하게 하고 활기찬 하루를 시작할 수 있다.

정화 문구를 진심으로 느끼면서 활성화하기

보통 정화를 하다 보면 뭔가 마음에 와닿지 않는 경우가 있다. 그럴 때는 조 비테일이 소개한 아래의 방법을 참고하면 좋다. (정화를 활성화 시키는 방법은 '미라클' 책의 저자 조 비테일이 소개한 바 있다.) 호오포노포노를 활성화한다는 것은 내 마음속에서 각 구절을 말하면서 그것들을 진심으로 느끼는 것이다. 정화의 효과를 최대한 보려면 한 가지 느낌에 전념하는 것이 좋다. 이때 나의 감정과 느낌이 증폭제 역할을 해서 더 빠르고 강한 정화가 가능해진다.

1. 무엇이든 마음속에서 지금 나를 괴롭히는 것을 선택한다. 나의 몸이나 마음속에서 평화롭지 않다는 느낌이 느껴지는 것이면 무엇이든 좋다. 또는 '도대체 내 잠재의식 안의 어떤 정보가 원인이 돼서 이런 일(감정 상태, 현재 재정상태, 개인적인 사건)을 끌어당긴 것인가?' 하고 묻는다.

2. 딱히 떠오르는 것이 없다면 현재 내가 소망하고 있는 것을 선택한다.

3. 마음속의 감정이 느껴진다면 그대로 느껴본다.

4. 감정을 느끼는 동안 내 안에 신성이 듣고 있다고 생각하고 아래처럼 말한다.

   "신성이시여, 내가 선조나 또는 나 자신으로부터 받아들인 믿음이 무엇이든 그것에 대해 미안합니다. 이(기분, 감정)를 만들어내는 데이터나 믿음이나 기억에 대해서 용서해 주세요. 나의 몸과 마음의 모든 부정적인 인식을 지워 주심에 감사합니다. 나를 치유해 주시고, 내게 삶을 주시고, 나를 돌봐주시고, 온전하게 해 주심에 감사합니다."

5. 감사와 함께 정화 문구로 마무리한다.

정화 시 드는 의문점 해결하기

정화란 우리 자신 안에 있는 잠재의식의 정보를 대상으로 한다. 모든 의문은 여전히 잠재의식의 기억에서 나오는 것이다. 그러므로 그 의문을 바로 정화하는 것이 바람직하다. 정화를 하면서 나오는 의문들이 있다면 아래에 항목들을 참고하길 바란다.

- 현재 나의 몸이나 마음속을 괴롭히는 것이 있다면 정화한다. (아픈 증상이 있는 부위, 병증, 오늘 일어난 일, 미래에 대한 불안, 어린 시절의 사건, 내가 주위로부터 들은 말 등등)

- 사건을 적거나 생각할 때 내가 풀고자 하는 감정이 무엇인지 먼저 생각해

보고 정화한다.

- 정화할 때 의식적으로 감정을 '허용합니다'라고 말하면서 감정을 떠올리고 느껴본다.

- 감정이나 문제를 만들어 내고 있는 정보에 대해 '감사합니다' '사랑합니다'라고 정화 전에 말한다.

- 감정이 올라온다면 그 느낌을 떠올리면서 정화한다. 정화는 어떤 순서로 말해도 상관이 없다. 하고 싶은 특정 문구가 있다면 그냥 하면 된다.

- '이 사람은 절대 용서할 수 없어!' '감사한 마음이 안 생겨!'라는 생각이 들어도 괜찮다. 마음 깊은 곳에서부터 무언가 느껴야 할 필요는 없다. 그저 정화를 하는 것만으로도 충분하다.

- 중간에 의문이 들더라도 잠재의식 속에 정보가 불러일으킨 것이니 그마저도 정화한다.

- 정화는 다른 사람에게 하는 것이 아니다. 내 안에 있는 자신을 미워하는 정보를 향해서 말하는 것이다.

- 아침, 점심, 저녁, 자기 전 아무 때나 하고 싶을 때 정화한다.

- 정화를 하더라도 잠재의식의 정보는 1초에 1,100만 비트가 생겨나고 있으므로 계속 정화한다.

- 정화의 4가지 문구를 다 말하지 않아도 된다. '사랑합니다'라고 말하는 것만으로도 네 마디를 전부하는 것과 동일한 효과가 있다.

- '사랑합니다'라고 말할 때 어색하거나 위화감이 든다면 '사랑해', '고마

워'로 대체해도 좋다.

- 어떤 감정 상태에서 있던 그냥 정화를 한다. 부정적인 기분도 과거의 기억이 재생시킨 것이므로 정화하면 된다.

- '정화를 하면 좋아질 거야', '문제가 해결됐으면 좋겠어.' 하는 기대마저도 정화한다.

- 정화를 하면서 드는 모든 의문도 잠재의식의 정보이므로 정화로 삭제한다.

- 정화의 4가지 문구는 말로 해도 좋지만 마음속으로 말해도 좋다. 내가 편한 대로 정화하면 된다.

- '미안합니다'와 '용서하세요'라고 말할 때 부정적인 상황을 끌어올 거라고 걱정이 된다면 '감사합니다', '사랑합니다'만 해도 좋다. 그리고 '미안합니다', '용서하세요'에 해당하는 잠재의식의 정보를 정화로 삭제한다.

내 이름을 넣으면 정화가 활성화된다

나는 정화 문구 '미안합니다, 용서하세요, 감사합니다, 사랑합니다'를 평소와 같이 명상 중에 중얼거리고 있었다. 그런데 갑자기 낯익은 마스터의 목소리가 들려왔다.

마스터   (불쑥) 이름을 넣어 봐요.

케이   (놀라며) 네?

마스터   이름을 넣어 보라고요?

케이   (고개를 갸웃거리며) 무슨 이름이요?

마스터   케이의 이름 말이에요.

케이　　(놀라며) 제 이름이요?

마스터　(웃음) 그래요~.

케이　　갑자기 이름을 왜 넣으라는 거죠? 책에 보면 그냥 정화 문구만 말해도 된다고 하던데…….

마스터　맞아요, 정화 문구만 해도 되지만 이름을 넣어서 하게 되면 우리가 지닌 고유 에너지 코드가 활성화돼요.

케이　　(고개를 갸웃거리며) 응? 활성화? 에너지 코드? 그게 뭔가요???

마스터　(웃음) 우리 각자에게는 우주적인 신분이 있어요. 지구에서 이름이 있듯이 우주적인 이름이 있는 셈이죠. 지구에서도 이름이란 걸 부르잖아요?

케이　　(끄덕이며) 그렇죠.

마스터　지구에서 내 이름을 말한다는 것은 바로 우주적인 나의 이름을 부르는 것과도 같아요.

케이　　(놀란 표정으로) 네????

마스터　사실 이곳에서의 이름은 내 에너지 코드와도 같아요.

케이　　대박. 이름이 내 에너지 코드라니….

마스터　이름을 말하게 되면 내 고유의 에너지 코드가 활성화 되는 거예요. 그냥 정화를 하는 것보다 좀 더 자세히 정확하게 이번 생과 관련된 일을 의식으로 끌어올 수가 있게 되죠.

케이　　(물개 박수) 역시 정화는 대박이에요~!!!

　우리의 이름은 그냥 글자가 아니라 에너지 그 자체다. 이름은 우리 눈에 보이는 또 다른 형태의 에너지로 구성되어 있다. 그리고 우리의 이름에는 각자의 에너지 코드가 존재한다. 각자의 에너지 코드를 눈에 볼 수 있게 만들어진 것이 바로 현재 나의 이름이다. 에너지 코드는 우주에서의 내 고유 에너지 상태를 나타낸다. 마치 우주 신분증과도 같은 것이 에너지 코드다. 에너지 코드는 이름을 통해서 우주와 나의 에너지를 연결시켜 준다. 그래서 정화 문구 앞에 내 이름을 넣게 되면 나의 에너지 코드가 활성화 되게 된다. 그럼과 동시에 '나' 와 관련된 정화작업이 의식적으로 진행되어 정화가 더욱 빠르게 이루어진다. 간단히 내 이름을 정화문구의 앞에 넣는 것만으로도 나의 에너지 코드가 활성화되고 집중적으로 정화를 할 수 있다. 나의 경우에도 이름을 넣고 정화를 해 봤더니 집중이 더 잘되는 느낌을 받았다. 정화 도중 필요한 일이나 사람들, 상황들도 적당한 때에 주어졌다.

전생의 기억도 정화된다

늦은 밤, 잠이 오지 않던 나는 여느 때와 다름없이 정화를 하기로 했다. 명상을 하면서 호흡과 함께 정화의 4가지 문구를 마음속으로 말하기 시작했다.

'미안합니다. 용서하세요. 감사합니다. 사랑합니다.'
'케이야, 고마워 사랑해.'

그렇게 얼마가 지났을까? 갑자기 내 입에서 '고마워 사랑해'가 아닌 '미안합니다, 용서하세요'라는 말이 나오기 시작했다.

'미안합니다, 용서하세요….'

'미안합니다, 용서하세요…….'

  이 말을 하면서도 잘 모르겠지만 그냥 느낌이 시키는 대로 계속해서 '미안합니다, 용서하세요'를 반복했다. 잠시 후 내 눈앞에는 아주 오래전 내 모습으로 보이는 한 장면이 펼쳐지기 시작했다.

케이   (중얼중얼) 미안합니다. 용서하세요. 미안합니다. 용서하세요.
(갑자기 눈물이 주르륵 흐른다)

     뭐…뭐지? 나 왜 우는 거지?
(전생의 장면이 보이기 시작한다)

     (놀라며) 오…… 이럴 수가!

여성   (울먹이며) 제…… 제가 잘못했어요, 제발 살려주세요!
전생 케이 이리 오지 못해!
여성   제발 목숨만은 살려주세요!
전생 케이 그렇다면 지금 당장 나의 수청을 들어라!
여성   그…… 그것만은 안 됩니다.
전생 케이 뭣이라!!!
여성   (흐느끼며) 제게는 남편과 자식이 있습니다. 부디 한 번만…… 한 번만 봐 주세요.
전생 케이 참 끈질긴 년이로구나! 아깝지만 어쩔 수 없지!
(칼을 휘두른다. 여인은 그 자리에서 쓰러진다.)

여성　　　(쓰러지며) 살… 살려 주세요… 제발…….
전생 케이　(침을 내뱉으며) 퉷! 별것도 아닌 계집이 감히!!!

케이　　　(눈물이 계속 흐른다) 미안해요. 정말 미안해요. 내가 잘못했어요. 부디…… 부디 저를 용서하세요.

　정화를 하다보면 생각지도 못한 일들이 일어난다. 느낌이 먼저 오고 그다음에 이해가 되는 경우도 있다. 혹은 전생의 기억이 되살아나서 그 안에서 정화를 하는 경우도 있다. 자연스레 잊은 줄 알았던 오래전 기억이 떠오르거나 감정이 떠오르기도 한다. 이때도 내용을 분석하고 해결하기보다는 그냥 정화를 하면 된다.

　정화할 때 어떤 감정을 굳이 느끼려고 하지 않아도 된다. 하다 보면 자연스레 내가 삭제해야 할 정보가 떠오르게 될 것이다. 굳이 감정이 올라오지 않더라도 정화는 계속하는 것이다. 정화를 한다는 것은 내가 잘 먹고 잘 살기 위함이 아니다. 현재 나에게 닥친 문제나 사건을 해결하기 위함도 아니다. 그저 내가 기억하지도 못하는 모든 기억들로부터 내가 자유로워지기 위함이다. 모든 기억을 의식적으로 삭제함으로써 나 또한 현재에 더 집중하는 삶을 살 수 있다.

정화는 꿈속에서도 된다

    정화에 박차를 가하고 있을 무렵 나는 꿈을 자주 꾸게 되었다. 평소라면 기억도 못할 꿈이 일어나서도 너무 생생하게 느껴졌다. 대부분 꿈에서는 감정 표현을 하는 것이 많았다. 생각해보니 대부분의 감정들은 그간 내가 잊고 있었거나 억누르고 있던 것들이었다. 특정 인물에 대해 용서하고 다 내려놓았다고 생각했는데 꿈속에서 정화를 하기도 했다. 꿈속에서 마치 그동안 못한 것을 다 풀어내라는 것처럼 느껴졌다. 어느 날 나는 또 한 번 생생하게 감정을 느끼게 되는데…….

케이   (큰 소리로) 너 이 자식! 거기 못 서!!!

남자	(잽싸게 도망가며) 흥~내가 잡힐 줄 알고?
케이	(소리 지르며) 내 카드 당장 내놓지 못해!!!
남자	(약 올리며) 싫은데~~~.
케이	(씩씩거리며) 너 내 손에 잡히기만 해!
남자	(비웃으며) 어디 한번 잡아보시지~.
케이	이씨!!! 너 일루와!!!
남자	(멀리 달아나며) 나 잡아 봐라~~~.
케이	이런 ○○○! ○○○○가 ○○라고! 내 카드 내놔아~~~.

(이불을 허부적거리다가 일어나는 케이)

케이	뭐야~ 꿈이었잖아! 아오. 열 받아!
마스터	굉장히 화난 얼굴인데요?
케이	(씩씩대며) 아니 그 녀석이 자기 것도 아닌데 제 카드를 가지고 도망 가잖아요!
마스터	(웃음) 일단 진정하고 화가 난 것부터 정화하도록 하죠~.
케이	도대체 내 잠재의식 안에 어떤 정보가 원인이 되어서 내가 화가난 거지? 미안합니다, 용서하세요, 감사합니다, 사랑합니다.
마스터	꿈속에서 무엇 때문에 화가 났던 거죠?
케이	(곰곰이) 음. 내 건데 자기 것처럼 행동하는 게 싫었어요.
마스터	그걸 어떤 감정이라고 할 수 있을까요?
케이	억울한 거요? 내 건데 자기 거라고 우기니까요….
마스터	(웃음) 우주가 억울함에 대한 기억을 떠올리게 해 주었군요~. 좋아요, 그럼 바로 억울함에 대해서도 정화하도록 하죠~.
케이	미안합니다, 용서하세요, 감사합니다, 사랑합니다. (웃음)

기억을 떠올리고 정화하게 해 주셔서 감사합니다. 우주님~.

정화는 꿈속에서도 과거의 기억과 감정을 풀어주는 상황을 만들어 준다. 현재의식은 대부분 무의식적으로 기억을 재생하고 감정을 억누른다. 고통스러운 기억은 의식적으로 구석으로 치우거나 누르게 된다. 그래서 평상시 감정에 문제가 없는 것처럼 느끼기도 한다. 하지만 정화를 꾸준히 하게 되면 왜 그런 꿈을 꾸게 됐는지 자연스럽게 기억이 떠오르게 된다.

정화를 하게 되면 감정이 드러날 부분은 드러나고 내려놓을 기회가 주어진다. 내 경우도 생각지도 못한 어린 시절의 기억이 정화를 통해 떠오르게 됐다. 둘째로 자라면서 쌓인 억울함이 기억의 원인이었다. 머리로는 둘째니까 독립적이고 부모의 간섭이 적으니까 좋은 거라고 생각했었는데 그것은 착각이었다. 꿈속에서 표출된 감정은 계집애라서, 둘째라서, 동생이라서, 다른 형제보다 똑똑하지 못해서 생긴 억울함이었다. 딱히 표현을 하지 않고 성장하다 보니 무뎌지고 떠올릴 필요도 없는 기억이었다.

케이   (마음속으로) 미안합니다. 용서하세요. 감사합니다. 사랑합니다.
마스터 (속삭이는 목소리) 오늘은 케이가 보내야 할 기억들을 찾아야 해요. 그리고 그것들을 사랑으로 감싸줘요.
케이   (고개를 갸웃거리며) 기억이요? 무슨 기억이요? 그리고 사랑으로 감싸주라는 게 무슨 소린지…?
마스터 (소리가 작아지며) 조금 있으면 알게 될 거예요. 하나만 떠올리세요. 사랑…… 사랑이요…!

(그렇게 나는 마스터로부터 의문의 메시지를 듣고 바로 잠에 들었다. 그런데 나는 기억하고 싶지 않은 과거와 마주치게 되었다….)

케이   (두 손을 싹싹 빌며) 엄마 잘못했어요! 제가 정말 잘못했어요!

엄마   네가 더 혼나봐야지 정신을 차리지? 엄마가 말했잖아 앞에 컵 있으니까 조심하라고!

케이   (울먹이며) 잘못했어요. 못 봤어요. 진짜예요.

엄마   (따라다니며) 너 일루 안 오니!!! 아니 어쩌면 계집애가 그렇게 칠칠맞어! 아휴! 증말!

(엄마가 회초리를 가지러 간 사이 어린 케이는 장독대가 있는 옥상으로 올라가서 숨는다.)

케이   (울먹이며) 분명 엄마는 친엄마가 아닐 꺼야. 어떻게 나를 이렇게 때릴 수가 있어?

엄마   여기 숨으면 내가 모를 줄 알았니?

케이   (깜짝 놀라며) 으악! 엄마!

엄마   네가 아주 매를 벌지 벌어? 응? 이리 오지 못해!!!

케이   잘못했어요. 엄마! 다시는 안 그럴게요! 한 번만 용서해 주세요.

엄마   (흥분) 네가 뭘 잘못했는지는 알고? 아는 애가 이래???

케이   (매를 맞으며) 앗 따가워! (울음) 잘못했어요! 다시는 안 그럴게요……. 다시는 안 그럴께요….

(다시 장면이 바뀌면서 엄마에게 아빠의 외도 사실을 얘기하던 장면이 보이기 시작한다.)

케이	(웃으며) 엄마 근데~ 나 아빠랑 좋은데 다녀왔어요!
엄마	(짜증) 네 아빠는 또 널 어디 데려갔니? 하여튼 그 인간은 돌아다니는데 아주 뭐가 있어요!
케이	근데 거기서 어떤 아줌마가 우리한테 맛있는 걸 많이 줬어요!
엄마	(멈칫하며) 아줌마?
케이	네~ 아빠가 아줌마한테 나도 소개시켜 줬어요~.
엄마	(상기된 목소리) 네 아빠가 그 여자를 뭐라 부르든?
케이	음…… ○○씨~ 하면서 되게 친하게 불렀어요~.
엄마	(화난 목소리로) 케이야! 거기 어디니? 엄마가 좀 알아야겠다!
케이	어… 왜요?
엄마	(큰 목소리로) 글쎄 어디냐고! 당장 말 못하겠어!
케이	(울먹이며) 거기 ○○○예요……. 엄마 내가 뭐 잘못한 거 있어요?
엄마	(화를 내며) 넌 그런 일이 있었으면 진즉에 엄마한테 말했어야지! 왜 이제 말해!!!

(엄마는 급하게 나가고 잠시 후 아빠가 들어온다.)

아빠	엄마 어디 갔니?
케이	어…… 그게 누구 찾으러 나가셨어요.
아빠	누구? 혹시 너… 아빠랑 저번에 갔던데 혹시 엄마한테 말했니?
케이	(머뭇거리며) 네….

(아빠는 급하게 부엌으로 들어가서 식칼을 들고 나타난다.)

아빠   (흥분하며) 너 이 자식! 일루와! 너 오늘 죽었어! 아빠가 말하지 말라고 했지!!

케이   (안방 문을 급하게 걸어 잠근다) 아…… 아빠! 왜 그러세요? 무서워요…!

아빠   (소리 지르며) 너 때문에 다 망쳤어! 다 망했다구! 이젠 너도 나도 끝이야! 너 문 안 열어!!!

케이   (급하게 전화기를 들고 112에 신고한다) 여… 여보세요? 거기 경찰서죠? 우리 아빠가 이상해요. 아빠가 절 죽이려고 해요! 도와주세요!

(이때 식칼이 문을 뚫고 들어온다.)

케이   (비명을 지르며) 으아아아……!!!

아빠   (흥분) 경찰!?! 경찰에 지 애비를 신고해??? 너 오늘 죽었어!!! 문 열어! 열으라고!!!

케이   (몸에 힘이 빠진다) 이건 꿈일 꺼야…… 꿈일 꺼야….

(눈물이 베개를 적시고… 잠시 후 일어나면서 엄청난 욕과 함께 대성통곡을 한다.)

케이   (소리 지르며) 젠장! 내가 뭘 어쨌다고 그래! 네가 잘못한 거잖아! 네가 바람 핀 거잖아! 네가 아빠냐? 자식을 죽이려는 짐승만도 못한 새끼! 죽어버려! 죽어! 죽어!! 죽어!!!

(잠시 후 감정이 진정되는 듯 하다가 다시 소리 지르기 시작한다.)

케이　　너는 내 엄마가 아니야! 그렇게 하면 안 됐어! 뭘 잘못했는지도 모르는 나한테 그러면 안 되는 거잖아! 내가 뭘 그렇게 잘못했다고 그래!!! 억울해! 난 억울하다고!!!

마스터　(걱정스런 눈빛) …….

(그렇게 케이는 울면서 한동안 속 안에 묻어 뒀던 말들을 한참 동안 내뱉는다.)

케이　　(결심한 듯) 그래! 억울한 것도, 내 잘못이라고 생각한 것도 다 정화하기를 선택합니다!

마스터　(토닥이며) 괜찮아요… 괜찮아… 그동안 눌러 왔던 감정들을 풀어줘서 고마워요… 정말 잘 했어요…. 잘했어…….

케이　　(눈물 흘리며) 미안합니다… 미안합니다… 용서해 주세요… 미안합니다… 우주님 저의 기억을 정화하게 해 주셔서 정말 정말 감사합니다… 감사합니다… 감사합니다… 사랑합니다… 사랑합니다….

마스터　함께 정화합니다… 미안합니다… 용서하세요… 감사합니다… 사랑합니다….

케이　　(잠시 후 밝아진 얼굴) 저 아까보다 기분이 많이 가벼워진 것 같아요~.

마스터　(웃음) 무거운 에너지가 비워지고 존재 본연의 가벼운 상태가 된 거예요! 잘됐어요! 정말 잘 됐어!

　나는 아직까지도 위에 꿈들의 장면이 생생하다. 떠올릴 때마다 너무 고통스러웠기 때문이다. 그래서 더더욱 누르고 감추려고 했다. 남들에게 어린 시절을 말할 때도 너스레를 떨면서 말하던 기억이었다. 그런데 정화를 하면서 억눌러 온 악몽 같은 기억이 꿈으로 나타났다. 이렇게 생생한 꿈은 정화를 시작한 이후 처음이었다. 나는 이 꿈 덕분에 묵혀둔 감정을 풀어내고 한결 더 가벼워질 수 있었다. 정화를 하면서 자연히 떠오른 어린 시절의 억눌린 감정을 풀고 정화했기 때문이다.

정화는 내가 미처 의식하지 못한 곳까지 정화될 수 있게 도와준다. 정화는 자신을 포함한 모든 기억의 총합을 삭제한다. 꿈이라고 하는 것도 우리의 존재가 활동하는 다른 영역의 기억일 뿐이다. 내가 현재의식을 가지고 정화하면 과거, 현재, 미래의 '나'도 함께 정화된다. 정화는 우리의 삶에 자유를 선사하는 소중한 선물인 셈이다.

내가 정화되면
물건과 공간의 에너지도 바뀐다

작년 한 가정집을 방문한 적이 있다. 몸이 아팠던 지인을 보기 위해 간 것이었다. 그런데 집에 들어서자마자 온갖 에너지가 느껴졌다. 그 즉시 나는 집에게 인사를 건넸다.

'안녕, 만나서 반가워.'
'너의 공간에 내가 머물 수 있게 해줘서 고마워, 사랑해.'

잠시 후 폭풍이 들이닥친 것 같은 내 몸의 반응이 잦아들었다. 나는 바로 집안 곳곳을 손으로 에너지를 감지하기 시작했다. 그런데 이상하게 집안 물건마다 에너지가 뒤죽박죽이었다.

'이상하다. 분명 다른 사람이 사는 것도 아닌데 왜 그렇지?'
그래서 물어봤다.
"혹시 이거 본인 물건 맞나요?"
그러자 그녀가 놀라면서 말했다.
"어… 그건 저희 형님이 주신 거예요."
'아…. 그래서 에너지가 달랐구나!'

또 다른 방으로 가 보았다. 천천히 방안을 감지하는데 또 전과 똑같은 반응이 나타났다.
"혹시. 이것도?"
"네, 맞아요. 그건 어머님이 주신 거예요."

나는 이때 처음으로 물건에도 사람들의 에너지가 작용한다는 것을 알았다. 그리고 그 물건은 그 주인에게도 영향을 주고 있었다.
"혹시 이 물건들 마음에 드세요?"
"아뇨. 형님이랑 어머님이 여행 갔다가 사주신 건데 잘 안 써요."

그녀에게 물어보니 그 물건들이 썩 마음에 들지 않는다고 했다. 물건들의 에너지가 뒤죽박죽이다 보니 그녀에게도 영향을 주는 것 같았다.

'내가 정화되지 않은 상태에서 물건의 에너지는 그대로 남아 있는 거구나…'
"아무래도 마음에 들지 않는 물건들은 정리하시는 게 좋을 것 같아요."

물건들은 늘 그 주인의 에너지의 영향을 받는다. 식물이나 동물, 가구, 소파 등은 본래 깨어 있는 존재들이다. 호오포노포노의 휴 렌 박사도 이렇게 말했다.
"그들은 본래 깨달은 존재입니다."
"문제가 있다면 우리의 기억을 정화해야 합니다."

문제가 생긴다면 우리는 자신의 잠재의식 속의 기억을 정화해야 한다. 우리의 잠재의식의 기억들은 실제 사물들에게도 영향을 미친다. 만약 자동차나 물건들이 잘 고장 난다면 그것은 나의 기억 때문이다. 잠재의식의 부정적인 기억이 나에게 에너지로서 전달되기 때문이다. 현재 나의 에너지 상태를 잘 모르겠다면 내 주위에 물건들을 보면 된다. 왜냐하면 물건들이 나의 에너지 상태를 반영하기 때문이다.

잘 고장이 나거나 망가지는 물건들은 내가 정화해야 할 것이 있음을 알려준다. 나를 정화하게 되면 주변 사물에도 영향을 미치게 된다. 실제로 나는 20년 된 차를 운전하고 있다. 오래되어서 고장이 날 것 같지만 전혀 문제가 없다. 초반에 살 때만 해도 잔고장이 많아서 다시 팔까 생각했었다. 하지만 정화를 하고부터는 잔고장도 없고 탈 때마다 기분이 편해졌다. 항상 차를 타면 반갑게 인사하고 '사랑해'라고 말해 주면서 오랫동안 정화했기 때문이다.

식물이나 식재료들도 마찬가지다. 내가 키우는 식물들은 늘 말라 죽기 일쑤였다. 그런데 정화를 하면서부터는 오히려 죽어가던 식물도 살아나고 더 잘 자라고 있다. 나중에는 너무 잘 자라서 주변에 분양을 해 줘야 할 정도였다.

식재료들도 씻고 요리하기 전에 정화를 해 주었더니 굉장히 기뻐했다. 조금 이상하게 들릴 수도 있지만 실제로 그렇다.(웃음) 그래서 더욱 행복한 기분으로 요리를 할 수 있고 더러는 요리 레시피가 떠오르기도 한다. 우리가 느끼든 느끼지 못하든 모든 사물들은 본래 깨어 있는 존재들이다. 문제가 있다면 사물이 아니라 우리의 기억이 그들의 에너지를 바꿔서 그런 것이다. 정화를 통해 불필요한 기억이 삭제되면 물건도 우리도 본래의 에너지를 회복하게 된다.

케이   왜 물건마다 에너지가 다른 걸까요?

마스터   본래 각 사물은 에너지가 바뀌지 않아요. 사물은 본래 각자 고유의 에너지를 지니고 있어요.

케이   (끄덕이며) 아~ 마치 우리 이름처럼요?

마스터   (웃음) 맞아요~

케이   그럼 그 사물의 에너지는 바꿀 수 없는 건가요?

마스터   가능해요~ 먼저 사물에 대한 나의 기억을 정화해야 해요.

케이   (놀라며) 아니, 사물을 정화하는 게 아니라 나 자신을 먼저 정화해야 한다고요???

마스터   네~ 물건에 대한 나의 기억을 먼저 정화해야 해요. 모든 사물은 나의 기억(에너지)과 연결돼 있어요. 물건의 에너지는 본래 바뀌지 않아요. 바뀐다면 그건 주인의 에너지 영향 때문이죠. 그 에너지는 곧 잠재의식의 과거 기억들이구요~.

케이 (끄덕이며) 아~ 그래서 저번에 제가 방문한 집에서 에너지가 다르게 감지된 거로군요!

마스터 (웃음) 맞아요. 물건의 상태는 본래 바뀌지 않아요. 바뀐다면 그 물건을 쓰고 있는 사람의 기억(에너지)에 따라서 바뀌는 거예요. 물건을 쓸 때마다 기쁜 마음으로 정화하고 스스로도 정화하는 게 중요해요.

케이 아~ 그렇구나! 어쩐지 정화하고부터는 물건도 고장 나지 않고 쓸 때마다 기분이 좋아졌거든요~.

마스터 (웃음) 맞아요~ 물건을 쓰는 사람이 이미 정화가 된 상태라면 그 물건은 '행복'이라는 존재 본연의 상태가 되니까요~.

케이 그럼 정화 말고 물건의 에너지는 어떻게 바꿀 수 있나요?

마스터 물건에 고마움과 사랑을 지속적으로 전하면 돼요. 이를테면 매일 쓰는 물건들에게 '고마워', '사랑해'라고 말해 주는 거죠. 물건에 고마움이나 사랑의 마음을 전하면 에너지가 입혀져요. 마치 우리가 마음에 드는 옷을 입으면 기분이 좋아지듯이요.

케이 그럼 제가 자주 쓰거나 머무는 공간에 고맙다고 말하거나 사랑한다고 말해 주면 좋겠네요?

마스터 (웃음) 맞아요~ 모든 사물이나 공간에 지속적으로 말을 해주면 결국 에너지가 바뀌게 돼요. 마치 나이테처럼 고마움과 사랑 에너지가 입혀지는 것과도 같아요.

케이 아하~ 그렇구나!

마스터 그렇게 되면 조화로운 에너지에 내가 둘러싸여 있게 되죠. 그 조화로운 에너지를 우리 주변에서도 느낄 수 있어요. 절이나 성당에 가면 드는 기분 있죠? 그것도 많은 사람들의 염원과 감사, 사랑 에너지가 그 장소에 입혀진 것과도 같아요.

케이   (끄덕이며) 그래서 제가 그런 곳에 가면 마음이 편해지는 거였군요.

마스터   다시 말하지만 물건 그 자체는 변하지 않아요. 그 물건을 내가 어떤 상태에서 쓰느냐에 따라 에너지가 바뀌는 거죠~.

케이   좋았어. 가만있어보자… (두리번거리며) 내 핸드폰이 어디 갔지?

마스터   갑자기 핸드폰은 왜요?

케이   (장난스러운 눈빛)흐흐흐…. 지금 당장 핸드폰에 저의 뜨거운 사랑 에너지를 입혀 주려구요~.

    예전에 진행했던 오프모임이 생각났다. 한 공간에 많은 사람들이 모이자 뒤죽박죽된 에너지로 인해 머리가 아프기 시작했다.

'갑자기 머리가 왜 이렇게 아프지?'
'뭔가 에너지 정리가 필요할 것 같아.'
    나는 손으로 방과 사람들의 에너지를 감지하기 시작했다.
'어라? 울퉁불퉁하고 뾰족하네?'
'공간 에너지 차이가 너무 많이 나는데?'

    나는 그 즉시 사람들에게 자리를 서로 바꿔보라고 말했다. 서로 에너지가 비슷한 분들끼리 그룹으로 분류하기 시작했다. 사람들의 위치만 바꿨을 뿐인데 방안에 에너지는 금세 활기가 넘쳤다. 그리고 집중도 더 잘되는 것 같았다.

나는 정확히 어떤 원리에서인지는 몰랐지만 내 손은 알고 있었다. 에너지가 정리되자 놀라운 일들이 벌어졌다.

그 날 모임의 기억은 아직까지 생생하다. 갑자기 눈물이 터져 나오는 분도 있었고, 에너지를 느끼는 분도 있었다. 더러는 에너지를 눈으로 보고 내게 말씀을 하시는 분도 계셨다.

'공간 에너지만 정리했을 뿐인데, 신기하네.'
'역시 공간도 미리 정화를 해야 하는구나!'
　어느 날 한 회원분께서 메일을 주셨다.
"혹시 괜찮으시다면 저희 집에서 모임하시는 게 어떠세요?"
"감사하지만 공간 정화를 미리 해야 해서 다음 기회로 미뤄야 할 것 같아요."

공간에는 머무는 사람의 에너지가 그대로 묻어 있다. 그 에너지와 다른 사람들의 에너지가 뒤죽박죽 섞이게 되면 조화롭지가 않다. 즉 편하지 않고 집중도 잘되지 않는다. 우리는 절이나 성당에 가면 절로 숙연해진다. 바로 공간 에너지의 영향 때문이다. 내가 머무는 공간은 나의 에너지의 영향을 받는다. 공간은 또한 많은 물건으로 채워져 있다.

그런데 각기 다른 에너지를 뿜어내고 있다면 어떨까? 불편함 내지는 불안하거나 신경질이 날 수도 있다. 암환자 병동만 가도 그 에너지(분위기)를 느낄 수 있다. 삭막함과 불안함, 그리고 왠지 다운되는 느낌들. 우리는 무의식적으로 에너지를 감지한다. 나처럼 에너지를 감지하지 못해도 상관없다. 그저 주위에 고마움과 사랑을 예쁜 옷 입혀주듯 자주 표현해 주면 된다. 나의 공간도 100% 나의 책임이다. 내가 쓰는 물건들도 100% 나의 책임이다. 우리는 물건이나 공간을 탓하기 이전에 나의 기억부터 정화해야 한다.

정화를 도와주는 도구들

정화에서 중요한 4가지 말(미안합니다. 용서하세요. 감사합니다. 사랑합니다) 외에 정화에 도움이 되는 다른 도구들을 소개한다. 아래의 도구들은 모두 잠재의식을 정화해 주는 데 도움이 된다. 도구들을 호오포노포노와 함께 사용하면 정화를 더욱 활성화 시킬 수 있다.

'하' 호흡법

하와이Hawaii의 '하ha'는 '신성한 영감'이라는 뜻이다. 여기에서 '와이wai'는 '물'을 뜻하고, '이'는 '신'을 뜻한다. '하와이Hawaii'는 '신의 숨결과 물'을 의미하므로 말 자체가 강력한 정화와도 같다. '하Ha' 호흡법은 불필요한 집착, 기대, 고민을 내려 놓는데 효과적이다. '하Ha' 호흡법은 자신의 기억과 장소의 기억도 정화 시켜준다. 집이나 사무실, 작업실, 회의실 등 자주 머무는 공간을 정화할 때 도움이 된다.

1. 의자에 등을 세우고 편하게 앉는다.
2. 무릎 위로 손을 올린다.
3. 양손의 엄지와 검지를 붙여서 동그란 모양을 만든다.
4. 고리처럼 하나의 원안에 다른 원을 겹쳐 넣는다.
   (8자와 비슷한 모양)
5. 4번을 유지한 채로 호흡을 시작한다.
   → 7초간 숨을 들이마신다
   → 7초간 숨을 멈춘다.
   → 7초간 숨을 내쉰다.
6. 정확히 7초가 아니더라도 괜찮다. 자기 페이스에 맞게 7을 세면 된다.
7. 위에 방법을 1세트로 하고 7번을 똑같이 반복한다.
8. 일상에서 '하'호흡이 힘든 경우가 있다. 이럴 때는 '하'호흡을 하는 것을 이미지로 떠올리기만 해도 정화가 된다. (자연에 나가서 4번을 유지한 채 호흡하면서 걸어도 좋다.)

블루 솔라 워터

하와이의 '와이wai'는 물이다. 블루 솔라 워터는 기적의 정화수다. 블루 솔라 워터에는 모든 것을 제거하는 강력한 힘이 있다. 류머티즘, 근육 통증, 고통, 우울한 기분의 정보를 삭제해 준다. 하루에 2리터 정도 마시면 좋다. 마시는 물 말고도 요리나 목욕, 세탁할 때 희석해서 써도 동일한 효과가 있다. 이 물을 만드는 방법은 아래와 같다.

1. 파란색 유리병을 준비한다.
2. 병에 물을 가득 채워준다. 보통 내가 마시는 물이면 된다.
3. 금속을 제외한 나머지 소재로 병 입구를 막아준다.
4. 햇볕이 잘 드는 곳에 병을 30분 정도 놓아둔다.
   백열등 빛도 괜찮다.(단 형광등은 금지)
5. 물은 직접 마시거나 다용도로 활용할 수 있다.
   (요리, 음료수, 목욕물, 화장수, 애완동물, 세탁)
6. 그 외의 방법들
   - 블루 솔라 워터에 레몬즙을 떨어트려 마시면 히스테리를 가라앉히고 우울한 기억을 정화할 수 있다. (마실 수 없다면 마음속으로 마시는 이미지를 떠올려도 좋다.)
   - 블루 솔라 워터를 컵의 3/4쯤 넣어서 컴퓨터 책상 위나 아래에 놓아둔다. 컴퓨터와 관련해서 일어나는 문제들을 정화해 준다.(잔 고장, 업무 방해 메일 등)
   - 물을 만들 수 없는 경우에는 마음속으로 블루 솔라 워터를 마시는 이미지를 떠올려도 좋다.

아이스 블루

　아이스 블루는 빙하의 색깔이다. 식물에게 '아이스 블루'라고 말을 걸면 식물의 고통을 정화해 준다. 영적, 정신적, 물리적, 경제적, 물질적 아픔, 참혹한 학대에 대한 기억을 정화해 준다. '아이스 블루'라고 말하면서 꼭 빙하의 이미지를 떠올리지 않아도 된다. 자신만의 이미지를 떠올려도 좋다. 식물을 만질 수 없다면 마음속으로 식물을 만지면서 '아이스 블루'라고 말하는 것도 좋다. 혹은 식물을 가지고 있는 것만으로도 좋다.

아이스 블루

1. 식물(꽃, 화분, 나뭇잎, 나무)을 쓰다듬으며 '아이스 블루'라고 말한다.
2. 자신이 가지고 있는 문제나 고통을 식물에게 말한다.
3. 마지막은 정화의 4가지 문구로 마무리한다. ('사랑해'만 해도 된다)
4. 정화의 기능이 다른 몇 가지 식물들 (정화를 계속하면서 해야 도움이 된다.)

　• **은행잎** – 간을 해독해주고, 고민과 분노의 감정을 해독해준다. 은행나무 잎을 눌러서 말린 다음 핸드폰, 지갑, 수첩, 다이어리 등 자주 지니고 다니는 물건에 넣어둔다. 그러면 간장의 해독 기능이 개선되는 데 도움이 된다.

　• **단풍나무** – 심장과 호흡기 계통에 도움이 된다. 단풍나무 잎은 빙하의 순수한 공기를 운반해 준다. 셔츠 주머니나 핸드폰, 지갑, 수첩, 다이어리 등 자주 지니고 다니면 도움이 된다.

　• **핑크색 백합, 흰색 카사블랑카 꽃** – 꽃을 보면서 물을 마시는 이미지를 상상한다. 죽음에 가까운 고통과 아픔, 두려움을 정화한다. 가족 중 누군가가 죽어서 슬픔에 잠겨있다면 도움이 된다. 죽음에 대한 걱정

과 공포에 사로잡힌 사람을 치유해 준다.

- **보틀팜**(야자수의 일종) – 경제나 금전 문제의 정보를 삭제하는 데 도움이 된다.

5. 식물이나 꽃의 사진 위에 손을 놓고 '아이스 블루'라고 말한다. 사진 위에 손을 대는 것도 실제 만지는 것처럼 동일한 효과가 있다.
6. 애완동물을 만지기 전에 '아이스 블루'라고 말한다. 내가 먼저 정화가 돼야 오염된 에너지가 애완동물에게 전해지지 않는다.
7. 차가 자주 고장이 난다면 차에게 '아이스 블루'라고 말한다. 차가 주인의 병을 짊어져서 고장이 난 것이므로 타기 전에 정화를 한다.

X(엑스) 말하기

X(엑스)는 중독, 학대, 파멸, 트라우마에 관한 기억을 제거해 준다. X(엑스)에는 '미안합니다, 용서하세요, 감사합니다, 사랑합니다'와 '아이스 블루'를 함께 하는 효과가 있다. 문제와 관련된 경험을 본래의 올바른 시간과 장소로 되돌리는 기능이 있다. X(엑스)라고 말하면 부정적인 기억 때문에 생긴 마음의 부담에서 해방될 수 있다. 또한 마음을 안정시키고 정화를 촉진한다. 다른 정화 도구의 작용을 강화하는 기능도 한다.

1. 어떤 문제가 일어났을 때 자신의 잠재의식 속 정보에 대해 '나는 X(엑스)를 붙인다'라고 말한다.
2. 마음속에 X자나 교차된 모양을 떠올린다.
3. 하루를 시작할 때나, 외출하기 전, 사람을 만나기 전, 만날 장소 등을 향해 한다.

지우개 달린 연필

지우개가 달린 연필이라면 어느 것이든 사용할 수 있다. 주의할 점은 연필을 깍지 않은 상태여야 한다. 문제가 생길 때마다 연필 끝에 달린 지우개로 지우는 이미지를 떠올리면 정화가 된다. 이 방법으로 정화하면 글을 쓸 때 우주의 영감으로 쓰는 것이 가능해진다.

1. 깍지 않은 지우개 달린 연필을 준비한다.
2. 연필을 보면서 마음속으로 'Dewdrop(이슬방울)'이라고 말한다. 이 방법은 연필을 활성화해서 정화 도구로 사용할 수 있게 만들어 준다.
3. 잘 풀리지 않는 생각이나 글을 쓸 때 지우개 달린 연필로 한 번 툭 쳐 준다.
4. 문제가 생길 때마다 연필 끝의 지우개로 지우는 이미지를 그린다. 그리고 잠재의식 속에 있는 원인이 되는 정보를 삭제한다.

집에 돌아가는 이미지를 떠올린다.

집 현관, 주차장에 도착해서 안심하는 순간을 떠올린다.

여행할 때, 학교나 직장에 있을 때, 근처 마트처럼 외출했을 때 마음속으로 집에 돌아가는 이미지를 떠올린다. 우울한 기분이 정화되는데 도움이 된다.

먹으면서 정화하기

먹는 것만으로도 정화를 도와주는 음식들이 있다.

1. 바닐라 아이스크림, 마시멜로

무언가를 생각할 때(사고할 때)나 이야기를 해야 할 때 먹으면 좋다. 생각하거나 말을 할 때는 자연스럽게 잠재의식의 기억이 나오게 된다. 이때 바닐라 아이스크림과 마시멜로를 먹게 되면 기억에 대한 정화가 동시에 되므로 기억이 축적되지 않는다.

2. 딸기, 블루베리

다이어트로 인한 고통이나 인내하면서 발생하는 고통과 우울함을 정화해 준다. (가공된 잼으로 먹어도 된다.)

3. 면류(스파게티, 우동, 국수, 라면 등)

헝클어진 복잡한 문제를 풀어주는 효과가 있다.

4. 껌

생각이 너무 많다면 정신을 정화해 주는 껌을 씹는 것이 도움이 된다.

5. 코코아

경제적인 문제로 인한 초조함이나 돈과 관련된 기억을 정화하는 데 도움이 된다.

6. 작은 새우

알츠하이머병이나 정신분열증과 같은 과거의 기억을 삭제하는 데 도움이 된다.

치포트 상품 몸에 지니기

'치포트Ceeport'는 휴 렌 박사가 영감을 바탕으로 만든 정화 도구다. 제거한다는 의미의 말인 '치Cee'와 항구를 뜻하는 말인 '포트Port'가 합쳐진 말이다. 즉 치포트는 '자신의 원래 항구로 돌아온다'는 뜻이다. 치포트는 기억을 제거해 의식을 제로 상태로 돌리는 정화 도구다. 치포트 상품을 몸에 지니고 있으면 항상 정화하고 있는 것과 동일하다. 그래서 신성한 지혜로부터 영감이 내려오는 것을 도와준다. 늘 지니고 다니면 사랑한다는 말을 계속하고 있는 것과 같은 효과가 있다.

치포트 실

치포트 실을 휴대폰, TV, 컴퓨터, 청소기, 세탁기 등 각종 전자기기에 붙인다. 집, 사무실, 작업실 등 풍수지리적으로 중요한 장소에 치포트 실을 붙여 놓으면 항상 정화를 할 수 있다.

치포트 정화 카드

매일 아침, 저녁으로 카드를 뽑는다. 카드에 적혀있는 말이 정화를 도와주고 깨달음을 주도록 도와준다. 이 밖에도 정화가 필요하다고 느낀다면 언제든 카드를 뽑아본다. 카드에 나오는 말이 문제를 정화하는 데 도움을 준다.

치포트 카드

책, 공책, 서류 사이에 끼워두면 자신에게 필요한 정보만 눈에 들어오게 도와준다. 지갑에 끼워두면 여러 사람의 손을 거친 돈에 대한 기억을 정화해준다.

치포트 핀 배지

옷에 달고 있으면 정화가 된다.

3장
감정을 풀어야 해결된다!

기분이 감정과 에너지를 좌우한다!

자율신경계를 통제하는 곳은 대뇌변연계이다. 대뇌변연계는 '감정의 뇌', '화학의 뇌'라고 불리기도 한다. 대뇌변연계는 감정 총괄 본부이다. 우리가 감정을 느낄 때마다 활성화되고 감정에 상응하는 화학물질을 만들어낸다. 의식적 마음으로는 감정의 뇌를 통제할 수 없다. 감정을 느끼는 순간 감정의 뇌가 자동으로 활동하기 때문이다.

감정을 느낄 때 우리의 몸이 어떻게 변하는지 살펴보자. 감정을 느끼면 우리 몸의 자율신경계가 움직여 화학물질을 만들게 된다. 이 화학물질은 뇌에서 몸으로 전달된다. 그 결과 우리의 몸과 마음은 부정적인 감정을 느낀다고 생각하게 된다. 이것이 부정적인 감정이 만들어지고 작동하는 과정이다.

감정을 지배하는 뇌로 '아미그달라'(편도체)가 있다. 아미그달라는 분노, 증오, 슬픔, 절망, 공포 등 모든 부정적 감정이 들게 만든다. 우리는 5세 이전에 아미그달라를 통해 부정적인 감정을 배우게 된다. 아미그달라는 5세 이후에는 더 이상 발달하지 않는다. 그래서 우리의 부정적인 감정은 5세 유아와도 같다. 어른이어도 부정적인 감정을 표현하는 것은 5세 유아나 다름없는 것이다.

부정적인 감정은 우리 몸의 줄기세포에도 영향을 미친다. 줄기세포는 우리 몸의 조직, 기관, 체계 속에 다치거나 망가진 세포들을 대체한다. 본래는 백지상태로 있다가 뇌가 신호를 보내게 되면 작동하게 된다. 근육 세포, 골세포, 피부 세포, 면역 세포, 심지어 뇌 신경 세포로 바뀌게 된다. 우리가 분노와 같은 매우 부정적인 감정 상태에 있을 때는 줄기세포들이 뇌의 메시지를 잘 전달받지 못한다. 뇌로부터 몸으로 쏟아지는 감정의 화학물질을 다루느라 정신이 없기 때문이다. 그 결과로 우리 몸의 치유는 더디게 되고 뇌는 부정적인 패턴으로 더욱 굳어지게 되는 것이다.

부정적인 감정은 우리의 몸과 마음에 독이나 다름없다. 서서히 끓는 물에 개구리를 넣으면 결국에는 아무것도 느끼지 못하다가 죽게 된다. 마찬가지로 부정적인 감정을 느낄 때 우리는 눈으로 볼 수 없다. 하지만 결국 그 부정적인 감정 때문에 우리의 몸과 마음은 서서히 죽어가게 되는 것이다.

케이 부정적인 감정을 느끼는 사람을 보면 저도 모르게 피하게 돼요. 주변에만 가도 그냥 기분이 안 좋아지더라고요.

마스터 무의식 차원에서 그 에너지를 감지해서 그런 거예요.

케이 무의식이 에너지를 감지해요?

마스터 정확히는 케이의 에너지장이 감지를 하는 거죠~.

케이 어떻게 그럴 수가 있죠?

마스터 우리가 감정을 느낄 때 그것은 에너지장에도 영향을 미쳐요. 알고 있죠?

케이 당연히 알고 있죠~. 우리의 생각과 감정은 모두 에너지장에 저장되잖아요~.

마스터 (웃음) 맞아요. 에너지장은 우리 눈에 보이지 않지만 항시 작동하고 있어요. 부정적인 감정에 휩싸인 사람들은 에너지장이 조화롭지 못하게 되죠. 감정의 상태에 따라 에너지장도 바뀌거든요.

케이 아하~.

마스터 긍정적인 감정일 때는 에너지장이 확장되지만 부정적인 감정일 때는 줄어들게 돼요. 그리고 이것은 곧 몸의 반응으로 나타나죠. 우울할 때 내가 어떻게 되는지 한번 떠올려 봐요.

케이 음… 우울하면 일단 땅만 보게 되고 움직이기가 싫고 그렇죠…. 자꾸 움츠러들게 되고….

마스터 그게 바로 우리의 에너지장의 상태인 거예요~.

케이 오~ 그럼 간단하게는 내 기분 상태로도 에너지장을 파악할 수 있겠네요?

마스터 (웃음) 맞아요~. 우리 모두는 알지 못해도 에너지장의 영향을 늘 받고 있어요. 때문에 부정적인 감정 상태에 있는 사람들 주위의 기분을 감지할 수가 있는 거죠. 어떤 집이나 공간에 갔을 때도 으스스하거나 별로인 기분이 드는 것도 우리의 에너지장과 맞지 않아서 그런거예요~.

케이   아하~ 저 이제 알겠어요! 에너지장은 내가 알든 모르든 작동하고 우리의 기분을 반영한다! 맞죠?

마스터   (웃음) 네~ 잘 이해했네요!

케이   (으쓱) 제가 또 한 이해하죠~. 그럼 이제부터 긍정의 에너지장을 만들어 볼까나?

에너지장은 모든 가능성이 존재하는 곳이다. 우리 몸은 보이지 않는 전자기 에너지장으로 둘러싸여 있다. 뇌와 심장은 끊임없이 전자기장을 만들어내고 에너지장을 형성한다. 전자기 에너지는 우리의 의식적인 의도나 지시를 담고 있다. 간단히 말해 우리의 감정 상태도 에너지장에 영향을 미친다는 말이다.

우리가 생존모드에 있을 때 에너지는 안으로 향하게 된다. 즉 부정적인 감정을 느낄 때 우리는 에너지장에서 에너지를 끌어다 쓰게 된다. 그래서 에너지장이 쪼그라들게 된다. 반대로 긍정적인 감정을 느낄 때 에너지는 밖으로 향하게 된다. 이때 에너지장은 에너지를 끌어 쓰는 대신 공급하게 된다. 그래서 에너지장은 확장이 된다. 기분 좋은 상태에 있는 사람과 부정적인 상태에 있는 사람만 봐도 우리는 단번에 그들의 에너지장 상태를 알 수 있다. 바로 몸이 에너지장의 영향을 받기 때문이다.

우리 몸의 세포도 감정 상태에 따른 에너지장의 영향을 받는다. 세포들도 눈에 보이지 않는 에너지장이 있고 그것이 세포에게 생명력을 준다. 세포들은 실제로 빛의 주파수들을 먹고 산다. 세포가 건강할수록 세포의 에너지장은 일관된 주파수를 내보낸다. 반대로 세포가 건강하지 못하다면 세포의 에너지장은 불균형한 주파수를 내보낸다. 우리 몸의 세포 차원에서부터 감정 상태에 따라 우리의 주파수가 방출되는 셈이다.

우리의 감정 상태도 주파수에 영향을 미치게 된다. 주파수가 빠를수록 더 많은 에너지를 지니게 된다. 부정적인 감정은 에너지가 낮다. 따라서 그 진동수도 낮다. 폭이 넓고 진동하는 횟수도 적다. 반대로 긍정적인 감정은 에너지가 높다. 따라서 진동수도 높다. 폭이 좁고 진동하는 횟수가 많다. 진동수와 주파수는 우리의 에너지 상태를 반영한다. 그래서 주파수가 높으면 좋은 감정과 가능성의 에너지장에 연결된다. 반대로 진동수가 낮으면 부정적인 감정과 함께 가능성의 에너지장은 닫히게 된다.

케이   와…신기하네요! 세포까지 감정의 영향을 받는다는 게~.

마스터   우리 몸의 세포는 또 다른 지성과도 같아요. 우리의 감정을 세포도 똑같이 느끼거든요~.

케이   (골똘히) 가만있어보자… 그럼 감정 상태에 따라 에너지장이랑 주파수가 바뀌는 거잖아요?

마스터   (끄덕이며) 그렇죠~.

케이   그리고 감정 상태는 내 기분을 통해서 알 수 있는 거구요.

마스터   맞아요~.

케이   (혼잣말) 흠… 그렇다면 기분이 제일 중요하다는 건가?

마스터 바로 그거예요!

케이   (화들짝 놀라며) 네?!?!?

마스터 (흥분) 우리의 에너지 상태를 알 수 있는 게 바로 기분이라고요!

케이   움하하하하! (돌아서며 혼잣말로) 역시 난 대단해!

마스터 기분은 우리의 에너지 상태를 알려주는 나침반과도 같아요. (주먹을 불끈 쥐며) 그래서 지금 내 기분만큼 중요한 것도 없죠!

케이   (기침) 으흠…저…지금 기분을 깨서 정말 미안한데요. 그 기분마저도 알아차리지 못하면 어떻게 하죠?

마스터 (주먹을 불끈 쥐며) 그렇다면 몸을 바꾸면 돼요!

케이   (놀라며) 몸을 바꾼다고요???

행동하면 감정이 바뀐다!

대부분의 감정은 무의식 상태에서 일어나게 된다. 우리는 어떤 경험을 할 때 감정을 느끼게 된다. 그러면 그 경험에 대한 감정이 기억되고 무의식 프로그램에 저장된다. 무의식 프로그램에 저장된 감정은 이제 비슷한 사건을 경험할 때마다 자동으로 재생되게 된다. 이렇게 우리는 감정에 대한 기억을 무한 반복 재생하고 있다. 대부분 우리를 불편하게 만드는 감정은 과거 부정적인 경험과 연관되어 있다. 따라서 부정적인 감정을 느낄 때 우리가 무의식 상태에 있음을 알아차려야 한다.

긍정적인 감정은 에너지를 높여주고 몸을 긍정적인 상태로 만들어 준다. 반대로 부정적인 감정은 에너지가 낮아져서 몸을 부정적인 상태로 만든다. 피곤하거나 우울해지면 어깨가 축 늘어지고 근육에 힘이 빠지게 된다. 바로 감정이 우리 몸의 상태를 바꾸기 때문이다.

우리가 긍정적인 행동을 하거나 부정적인 행동을 하는 것은 우리의 감정 상태에 달려 있다. 감정은 또한 우리의 경험에도 영향을 미친다. 우리가 경험을 할 때 몸은 오감을 통해 모든 정보를 뇌로 전달한다. 정보들이 뇌에 도달하면 신경회로들이 몸에 신호를 보내 생리를 바꿀 화학물질을 만들어낸다. 이때 만들어지는 화학물질이 바로 감정이다. 우리가 과거의 사건을 기억하는 것도 사실은 그때의 감정이 어땠는지 기억하기 때문이다. 감정에 따라 경험은 긍정적으로도 부정적으로도 기억하게 되는 것이다. 우리가 지금 머물러 있는 감정 상태는 미래의 생각과 행동에도 영향을 미친다.

케이   (한숨) 아이고 힘들어~ 오늘 왜 이렇게 피곤하지?
마스터   무슨 일이라도 있어요?
케이   (축 처진 어깨) 어제 밤늦게까지 책을 읽어서 그런가 몸이 좀 피곤해서요….
마스터   내 기분 상태가 감정 상태를 바꾼다는 것 기억하죠?
케이   당연히 기억하죠~.
마스터   그럼 지금 일어나서 점프하면서 크게 소리 내서 웃어봐요.
케이   (마지못해) 음하하하…… 음하하하하… (점점 커지는 소리) 음하하하하!! 음하하하하!!!!

마스터　좋아요~ 소리 내서 웃는 것도 우리가 감정을 변화시킬 수 있는 간단한 방법이에요. 웃는 것만으로도 우리 몸과 마음의 상태를 바꿀 수 있어요!

케이　웃으라고 해서 억지로 웃긴 했는데 금세 기분이 달라지는 것 같은데요?

마스터　'빠른 진동은 높은 에너지를 지닌다' 기억나요?

케이　당연하죠~.

마스터　높은 에너지는 우리의 에너지장에 영향을 미치구요~.

케이　(끄덕이며) 넵넵~.

마스터　그 에너지는 에너지장에 연결된 우리 몸에도 영향을 주겠죠?

케이　아……! 알 것 같아요! 크게 웃는다는 건 큰 소리니까 높은 에너지와도 같아요! 그리고 점프를 하는 것도 몸을 움직여서 일부러 높은 에너지를 만드는 거구요!

마스터　(흡족해하며) 맞았어요~.

케이　그렇게 되면 높아진 에너지가 에너지장에 전달되는 거고…… 그 에너지장이 다시 우리 몸에 영향을 주는 거니까 기분이 좋아지는 거로군요!

마스터　(웃음) 바로 그거예요~.

케이　역시 난 대단해~!!! 움하하하하!!!

　　에너지는 늘 순환한다. 우리가 몸을 움직이게 되면 우리의 에너지장도 활성화된다. 부정적인 상태에서 공급받던 에너지가 끊어졌기 때문이다.

　　(부정적인 감정이 내보내는 에너지는 마치 저급 휘발유와도 같다.)

부정적인 감정은 낮은 에너지를 만들어 우리를 낮은 에너지 상태로 만든다. 하지만 높은 에너지의 상태인 운동이나 다른 활동들은 우리를 높은 에너지 상태로 만들어 준다. 몸동작을 크고 빠르게 움직이기만 해도 에너지는 올라간다. 위로 점프를 하면서 크게 웃는 데는 과학적인 증거가 있다.

에너지를 올리기 위해서는 심장의 전자기장을 올려야 한다. 점프를 하는 행위 자체가 심장의 전자기장을 커지게 만들어 준다. 전자기장이 커지면 우리의 에너지장도 동시에 확장된다. 그러면 우리의 에너지는 순간적으로 올라가게 되고 높은 주파수 상태에 있게 된다. 일본 납세액 1위의 부자 사이토 히토리도 진동수를 높이고 싶다면 빠르게 움직이고 크게 말하라고 말한 바 있다. 감정을 조절해서 에너지를 올릴 수 없다면 몸을 의식적으로 움직여서 에너지를 올리면 되는 것이다.

나는 우울증으로 오랜 기간 치료를 받은 적이 있다. 우울증이 심한 당시 나는 늘 소파에서 살다시피 했다. 남들이 부러워하는 독일, 하와이에 살 때도 밖에 나가지 않고 집에만 틀어박혀 지냈다. 아이들을 돌보는 시간을 제외하고 나는 늘 같은 자리에서 TV만 볼 뿐이었다. 그렇게 10년가량을 보내던 나는 그동안 먹던 약도 부작용이 심해서 끊어야 했다. 그때 마지막으로 담당의는 무조건 몸을 움직이라는 처방을 내렸다. 처음에는 집 밖으로 나가는 것조차 힘겨웠다. 하지만 운동을 시작하면서 전보다 긍정적인 기분을 느끼게 됐고 더 활동적으로 바뀌었다. 시간이 지나 더 이상의 약물치료도 상담도 필요 없게 되었다.

내가 심한 우울증 상태에서 전보다 나아질 수 있던 이유는 명확하다. 바로 마음이 아니라 몸을 움직여서 나의 감정 상태를 바꾸기 시작했기 때문이다.

운동은 우리의 기분을 바꿀 수 있는 강력한 방법 중 하나다. 운동을 할 때 뇌는 활기찬 감정을 지속시켜주는 신경전달 물질을 지속적으로 증가시킨다. (의욕 호르몬인 도파민, 행복 호르몬인 세로토닌과 쾌감 호르몬인 아드레날린 등)

운동은 집중력과 기억력을 증가시키며 활기찬 감정을 지속시켜준다. 내가 우울증을 회복할 수 있었던 것도 몸을 통해 나의 감정을 변화시켰기 때문이다.

감정은 행동에 의해 좌우된다. 우리가 느끼는 모든 것은 신체 활동의 결과다. 얼굴 표정이나 몸짓에 일어나는 변화는 그 순간 우리의 감정을 변화시킬 수 있다. 몸의 행동을 바꿈으로써 감정 상태를 변화시키는 것이다.

그럼 지금부터 재미있는 연습을 해 보자. 숨을 크게 들이쉬고 내쉬면서 손을 하늘을 향해 힘껏 뻗으면서 점프해 보자. 그리고 얼굴에는 환한 미소를 띠고 미친 듯이 크게 소리 질러 보자. 아마 우울했던 분들은 전보다 기분이 훨씬 나아진 것을 느낄 수 있을 것이다. 바로 몸의 동작과 속도, 목소리가 순간적으로 우리의 감정을 바꿔 놓기 때문이다.

또 다른 방법도 있다. 화가 머리끝까지 나서 주체할 수 없을 때 두 발을 조금 벌리고 선다. 그리고 5초 동안 할 수 있는 만큼 온 몸의 근육을 바짝 긴장시킨다. 혼자라면 가능한 한 크게 소리를 지른다. 소리를 지를 수 없다면 단숨에 폐의 공기를 비워버린다. 이 방법은 부정적인 감정이 주는 에너지를 단번에 없앨 수 있게 도와준다.

또 다른 방법으로는 우울할 때 하늘을 쳐다보는 것이다. 이 행동은 감정 상태에 머물던 몸을 시각적인 상태로 바꿔준다. (우리의 감각 중 시각이 70% 정도를 차지하기 때문) 그 예로 연말 시상식 때 연예인들을 보면 잘 알 수가 있다. 눈물을 참으려고 울먹이며 수상 소감 중에 고개를 위로 드는 것이다. 이것 또한 행동을 바꿈으로써 감정 상태를 바꾸는 것이다.

감정을 바꿔줄 수 있는 행동들

- 친한 친구와 수다 떨기
- 동호회나 모임에 나가기
- 반려동물과 놀아주기
- 웃기고 재미있는 TV 프로그램 시청하기
- 좋아하는 영화 보기
- 신나는 음악을 틀어 놓고 춤추기
- 운동이나 산책하기

케이　(팔을 휘저으며) 헛둘~ 헛둘~.

마스터　뭐하는 거죠?

케이　의식적으로 높은 에너지를 만들고 있잖아요~.

마스터　(크게 웃으며) 오~ 정말 훌륭한 생각이네요~.

케이　당연하죠! 모든 건 의식에서 나온다고요~.

마스터　(눈썹을 올리며) 오~~ 날로 발전하는 모습이 보기 좋네요.

케이 　잠깐! 지금 뭐였죠? 뭔가 칭찬받는 것 같기도 하고 아닌 것 같기도 한 이 기분은…???

마스터 　(손사래를 치며) 아유~ 당연히 칭찬하는 거죠~. (식은땀)….

케이 　(의심쩍은 눈빛) 으흠~? 그래요? 그렇다면 말입니다……. 저랑 동네 한 바퀴 내기 어때요?

마스터 　(당황하며) 네… 네에?!? 지… 지금요???

케이 　(자신만만한 표정으로) 왜요? 질 것 같은가 보죠? 몸으로 감정을 바꾼다고 알려준 장본인이니까 그 정도는 쉬울 텐데요?

마스터 　(주섬주섬) 하… 이런 복장으로는 쫌….

케이 　어허! 빨리 빨리요~. 우리 몸과 감정의 상태가 달려있는 아주! 아~~주! 중요한 일이라구요!

마스터 　(혼잣말) 그래…… 지금 내 기분보다 중요한 건 없으니까… 일단 뛰는 거야…….

케이 　자, 뛰면서 이렇게 말하는 거예요~. '내 몸이 감정을 바꿀 수 있다!' '내 몸이 감정을 바꿀 수 있다!'

마스터 　(하늘을 보며 주먹을 쥔다) 우주님, 부디 저에게 힘을…!

감정은 무의식 패턴이다

감정은 우리가 5-7세 때 미처 풀지 못한 에너지 패턴이다. 먼저 감정이 어떻게 형성되는지 살펴보자. 감정은 뇌에서 만들어진다. 우리가 어떤 생각을 할 때 뇌는 신경펩티드라고 하는 신경 전달 물질을 만들게 된다. 신경펩티드는 혈류를 타고 흘러 각종 분비샘을 자극하게 된다. 이때 분비샘의 자극으로 호르몬이 만들어지게 된다. 호르몬은 다시 온 몸의 세포에 영향을 주게 된다. 이때 뇌는 우리 몸에 이렇게 메시지를 보낸다.

"내가 보내는 것과 똑같은 것을 느껴줘."

그러면 몸은 화학물질을 통해 감정을 느끼게 된다. 몸의 반응은 다시 뇌로 이어지게 되고 뇌는 곧 기억중추인 해마에서 지금 느끼는 감정과 똑같은 과거의 기억을 재생시킨다. 그러면 우리는 생각의 재생으로 더욱더 감정에 강하게 반응하게 된다.

생각이 감정을 만들고 감정이 또 다른 생각을 불러오게 되는 패턴이 반복되는 것이다. 이렇게 감정은 뇌에서부터 일정한 패턴으로 자리 잡게 된다. 거듭 반복된 생각은 감정이 된다. 거듭 반복된 감정은 우리의 성격이 된다. 거듭 반복된 성격은 습관을 만들게 되고 그것은 곧 우리가 된다.

이런 패턴을 우리는 이미 5-7세 이전에 완성시켰다. 무의식적으로 형성되었기에 우리가 어떤 감정 패턴을 가지고 있는지 모른다. 어른이 되고 나면 우리는 자각하지 못하는 감정에 이끌려 행동을 하게 된다. 행동은 또다시 감정을 불러일으키고 우리는 그 감정 때문에 힘들어하게 된다. 감정은 이렇게 제대로 표현되지 못한 일정한 무의식적 패턴으로 우리 안에 자리 잡게 된다. 이렇게 5-7세 때 형성된 무의식적 감정 패턴이 우리 인생을 지배하게 된다. 감정의 무의식 패턴이 우리의 삶을 움직이는 실제인 셈이다.

케이   무의식 프로그램이랑 감정이랑 다른 줄 알았는데 결국 같은 거였네요!

마스터   (웃음) 맞아요. 정확히 이해했군요!

케이   그럼 감정은 현재 어른인 내가 만든 게 아니라 그 전에 만들어진 거고… 그럼 감정은 어떻게 알아차릴 수 있는 거죠?

마스터   감정이 올라올 때 '아, 프로그램이 재생되고 있구나!'라는 것을 알 아차리는 게 먼저예요.

케이   (끄덕이며) 아~.

마스터   많은 사람들이 무의식적으로 올라오는 감정 때문에 많은 에너지를 소비하고 있어요….

케이   그러니까요! 책도 보고 강의도 듣고 공부하는데도 바꾸기가 쉽지 않거든요….

마스터   감정은 그저 풀려나가기 위해서 모든 상황을 끌어들이는 것 뿐이에요.

케이   (놀라며) 네?

마스터   생각도 감정도 에너지라서 누르려고 하면 할수록 더 커지게 되거든요.

케이   누르는데 왜 커지는 거죠?

마스터   우리가 주의를 두는 모든 것은 사실 에너지를 보내고 있는 거나 다름없어요. 그래서 생각에 집중하게 되면 생각 에너지가 커져서 더 많은 생각이 떠오르게 되는 거죠. 감정도 마찬가지로 누르려고 할 수록 에너지의 압력이 커져서 더 크게 일어나는 거구요~.

케이   맞아요! '생각하지 말아야지!' 하면서도 생각하고 있고, '화내기 싫어' 하면서도 화를 내니까요~.

마스터   그런데 그것보다 더 중요한 게 있어요.

케이   그게 뭐죠?

마스터   바로 우리의 감정이 내가 아닌 걸 아는 거예요.

케이   아…! 저 알겠어요!!! 어차피 감정은 자동 프로그램이고 그건 내가 원해서 다운받은 게 아니라는 거! 그래서 그 감정은 진짜 내 것이 아니라는 거! 맞죠?

마스터	(박수를 치며)	훌륭해요!
케이		그렇게 되면 매번 반복되는 감정 때문에 자책하고 힘들어하지 않아도 되는 거잖아요?
마스터		맞아요!
케이		앗싸! 뭔가 가벼워진 느낌이에요~.
마스터	(웃음)	그렇게 생각하면 다시 에너지가 채워지는 느낌이 들지 않나요?
케이		맞아요~. (주먹을 불끈 쥐며) 감정은 내가 아니다! 감정은 내가 아니다!

우리가 반복하고 있는 감정은 5-7세 이전에 형성된 것들이다. 감정은 주로 가정과 사회의 관습에 의해 형성된다. 어렸을 때 마땅히 표현되어야 할 감정이 거부되었을 경우 감정은 쌓이게 된다. 그리고 그 감정은 우리의 무의식 안에 깊이 자리 잡게 된다. 거부된 감정은 감정의 누적물과도 같다. 이때 형성된 감정의 누적물은 무의식에게는 '괴로운 것'이기에 더욱 깊이 저장된다. 그리고 어른이 된 우리는 의식적으로 괴로운 감정을 누르거나 회피하게 된다.

우리가 감정의 원인을 알 수 없는 것도 바로 그 이유다. 시간이 지나면서 감정의 누적물들은 더욱 압력이 커지게 된다. 커진 압력은 마치 자석과도 같아서 그것과 같은 성질의 감정을 끌어당긴다. '머피의 법칙'이나 '엎친 데 덮친 격', '설상가상'이라는 말이 그 예다.

우리가 경험하는 모든 일은 억눌린 감정이 불러일으키는 에너지일 뿐이다. 어른이 되어서 내가 감정을 통제하고 있다고 생각해도 그것은 착각일 뿐이다. 감정은 무의식 차원에서 프로그램처럼 재생되기 때문이다. 우리는 부정적인 감정을 불편함 내지는 없애야 할 것으로 인식한다. 부정적인 감정 에너지가 억눌리고 막혀 있고 통제된 에너지이기 때문이다. 같은 상황이 반복되면 우리는 이렇게 생각한다.

'왜 자꾸 이런 일이 나에게 일어나는 거지?'
'도대체 뭐가 문제인 걸까?'

감정은 그저 반복되는 무의식 프로그램일 뿐이다. 우리는 그 문제에 집중해서는 안 된다. 우리가 주목해야 할 것은 바로 감정 그 자체다. 어떤 경험이 반복될 때 느껴지는 기분이다. 감정의 누적물은 마치 쓰레기와도 같다. 쓰레기는 치우면 그만이다. 어디서 왔는지 누가 왜 버렸는지는 중요하지 않다. 쓰레기 냄새가 진동하고 있는데 치우지 않는 사람은 없을 것이다. 반복되는 감정의 원인을 찾고 생각하는 것은 에너지 낭비일 뿐이다. 우리가 해야 할 일은 그저 감정을 알아차리고 마주하고 느껴주는 것이다.

마스터 감정이 에너지라는 것은 알고 있죠?
케이 (으쓱) 그럼요~ 당연히 알고 있죠~.
마스터 감정이 에너지장에 저장된다는 건 알고 있나요?
케이 에너지장이요?
마스터 네~. 우리가 생각하고 감정을 느낄 때마다 에너지가 만들어져요. 그 에너지가 에너지장에 저장되는 거고요.
케이 (눈을 반짝이며) 아~.

마스터	그때 에너지는 일정한 패턴을 지니게 되죠. 이 패턴이 우리의 에너지장에 저장되는 거예요~.
케이	정리해 볼게요. 생각과 감정이 에너지를 만들고 그것은 내 에너지장에 패턴으로 저장된다. 맞나요?
마스터	(웃음) 네. 맞았어요~.
케이	그럼 이 에너지장은 무슨 일을 하는 건가요?
마스터	에너지장은 우리의 생각, 감정, 느낌들을 저장하는 도서관과도 같은 역할을 해요. 그래서 사실 우리가 지금 느끼는 감정들은 예전에 형성된 감정의 반복일 뿐이에요.
케이	(놀라며) 아니, 지금 제가 느끼는 감정이 예전부터 있던 거라고요?
마스터	(웃음) 네~. 그래서 저는 이걸 감정의 에너지장이라고 불러요.
케이	감정의 에너지장이라….
마스터	다른 말로는 카르마(업)라고 부를 수도 있겠네요~.
케이	(눈이 동그래지며) 카…카르마요? 카르마라면 그….
마스터	맞아요. 우리의 감정이 반복되는 실체. 그게 바로 카르마예요.
케이	헐… 대박…….
마스터	카르마는 우리가 풀지 못한 숙제와도 같아요. 그 숙제는 바로 우리가 반복하는 감정의 패턴이구요.
케이	(털썩 주저앉으며) 이럴 수가…. 감정이 카르마였다니…….

감정은 전생의 기억에서 출발한다

정화를 계속해 나갈 무렵 내게는 고민이 생겼다.
'하…. 도대체 이건 왜 풀 수 없는 걸까?'

사실 나에게는 시간에 대한 강박증이 있었다.
내가 미군부대에 근무할 때였다. 새로 뽑은 직원이 시간이 됐는데도 문 앞에 나타나지 않았다.. 나중에 그 직원은 헐레벌떡 뛰면서 나타났다.
"아… 정말 죄송합니다! 버스를 늦게 타는 바람에…."

나는 그 즉시 그 직원을 해고했다. 이쯤 되면 '도대체 얼마나 늦었길래?' 해

고를 했을까 궁금할 것이다. 바로 '1분' 늦어서였다. 8시에 출근하기로 한 직원이 1분 늦게 도착해서 해고를 한 것이다. 나에게 시간은 칼같이 지켜야 한다는 믿음이 있었다. 공부를 해 나가면서 그 믿음에 대한 분석도 나름 해 봤지만, 딱히 그 이유를 찾을 수가 없었다.

아이들과 남편에게도 나의 시간 강박증은 고통이 되었다.

"애들아! 빨리 준비 안 하니?"
"이러다가 늦겠어!!!"
"여보! 당신 지금 지금이 몇 신 줄 알아요?"

시간을 어기면 마치 큰일이 날 것 같거나 죽을 것만 같았다. 그래서 어딜 가던 누구를 만나던 나는 죽기 살기로 시간을 지켜야만 했다.
'내가 왜 이렇게 시간에 목숨을 거는 걸까?'

살면서도 늘 이 고민을 안 해 본 적이 없었다. 그러던 어느날 명상 중에 나의 의문은 해결이 되었다. 시대는 2차 세계대전 당시로 거슬러 올라간다.
그때 나는 군인의 복장이었고 한 건물에 대기 중이었다.

전생 케이 (초조한 목소리) 어이! 아직 연락이 없는 건가!

부하   네! 아직 연락이 오지 않고 있습니다!

전생 케이 (시계를 보며) 이런, 젠장! 도대체 뭐하고 있는 거야!

부하   어떻게 할까요?

전생 케이 어떻게 하긴 뭘 어떻게 하나! 조금만 더 기다려! 다들 긴장 놓지 말고 대기해!

부하 넵! 알겠습니다!

전생 케이 (초조하게 밖을 바라보며) 도대체 왜 안 나오는 거야…….

(잠시 후 수신병이 전화기를 들고 헐레벌떡 뛰어온다.)

부하 상부에서 연락이 왔습니다!

전생 케이 뭐라고?

부하 빨리 작전을 수행하라는 명령입니다!

전생 케이 이런 빌어먹을! 아직 저 안에 사람이 남아 있단 말이네! 자네 같으면 동료를 두고 버튼을 누르겠나!

부하 죄… 죄송합니다! 하지만 지금 당장 폭파시키지 않으면 저희가 위험합니다!

전생 케이 (땅바닥을 치며 소리를 지른다) 젠장!!! 젠장!!!

(잠시 후 폭발물이 설치된 작동 버튼을 누른다.)

전생 케이 (울먹이며) 미안하네, 친구… 우리 다음 생에서 만나자고….

그렇게 나의 절친이자 동료는 건물이 폭파됨과 동시에 즉사하게 되었다. 전쟁이 끝난 후 나는 동료를 죽인 죄책감에 후회하며 알코올 중독으로 생을 마감했다. 예상하셨겠지만 그 동료가 현재 나의 남편이다. 남편은 현재 미군 장교로 근무 중이다. 그리고 전생의 영향인지 지금도 귀가 잘 들리지 않는다. 그날 나의 전생을 본 이후로 내가 왜 시간 강박증이 있는지 단번에 이해가 됐다.

'그래…. 시간에 쫓기다 동료를 잃었으니 얼마나 충격이 컸겠어….'

동시에 나의 두 눈엔 눈물이 흘렀다.
'미안해…. 미안해…. 정말 미안해…. 널 죽인 나를 용서해 줘.'

나도 모르게 내 입에서 미안하다는 말과 용서해 달라는 말이 나오고 있었다. 그 날 이후 나의 시간 강박에 대한 모든 것이 이해가 됐다. 아니, 풀리게 됐다. 잘 때도 심지어 샤워할 때도 풀지 않던 시계를 풀게 되었다. 그리고 다른 눈으로 남편을 바라보게 됐다. 이 글을 쓰고 있는 지금도 그때를 생각하면 가슴이 찡하게 아려온다. 그때의 감정이 다시금 되살아나는 것 같다. 워낙 미안한 감정이 컸던 만큼 이번 생에서 부부로 만난 게 아닌가 생각한다.

현생이든 전생이든 내가 느낀 모든 감정은 우주에 기록된다. 내가 전생을 떠올리고 감정을 고스란히 느낄 수 있는 것도 우주에 기록된 감정의 기억 때문이다. 비록 현생에서의 기억은 없을지라도 그 감정은 우주에 고스란히 저장되어 있다. 우주뿐만 아니라 우리에게도 감정을 기록하는 저장소가 있다. 바로 에너지장이다.

UCLA의 발레리 헌트 박사는 인체의 에너지장을 연구해 온 세계 최고의 권위자다. 그녀는 40년 동안 에너지장에 대해 수많은 연구를 해 왔다. 헌트 박사는 사람의 에너지장을 자신이 개발한 오라 측정기 Aura meter로 촬영할 수 있다. 에너지장에는 그 사람의 모든 정보가 들어있다. 오라 측정기로 촬영을 해 보면 에너지장에 전생에서부터 저장된 감정들을 파악할 수가 있다.

그녀는 에너지장에 대해서 이렇게 이야기한다.

"우리가 해결하지 못한 모든 문제에 관한 정보는 모두 에너지장에 저장되어 있다. 정신과 의사들도 원인을 찾을 수 없는 정신적 문제는 대부분 전생까지 거슬러 올라간다. 문제의 원인을 찾아내 이해시켜 주면 에너지장이 변화하고 상처가 완전히 치유된다."

케이   그럼 전생에서부터 기억된 감정이 지금 저의 감정이란 말인가요?

마스터   맞아요. '보통 내가 지금 감정을 느끼고 있으니까~' 라고 생각하겠지만 그렇지 않아요. 그 감정은 에너지장에서 계속 반복 재생되는 프로그램과도 같아요.

케이   (끄덕이며) 아~.

마스터   특히 부정적인 감정의 기억을 풀지 못할 경우 축적이 돼요. 마치 압축된 파일처럼 에너지장 안에 그대로 존재하게 되죠…….

케이   압축된 파일이라….

마스터   그 감정의 파일은 강력한 자석처럼 작용해서 계속 다른 사건들을 불러오게 돼요.

케이   다른 사건이라뇨?

마스터   감정을 풀어버릴 수 있게 도움이 되는 사람이나 상황 또는 사건들을 불러오게 되는 거예요. 이것이 반복된 감정 패턴을 불러오는 원인이구요.

케이   아… 그래서 제가 유독 아빠랑 사이가 좋지 않은 거였군요.

마스터   맞아요. 가족들은 감정의 파일을 풀기 위해 서로 존재해요. 직장 동료나 상사, 친구도 마찬가지구요.

케이   그런 것 같아요…. 다른 사람들하고는 멀쩡한데 아빠만 생각하면 막… 어후…….

마스터 (웃음) 오히려 화가 날 때는 화를 내는 편이 더 나아요~.

케이 (으쓱) 아~. 그런 거에요?

마스터 대부분 사람들은 감정이 풀려나가는 걸 막아요. 감정을 느낀다는 것 자체가 어른스럽지 못하고 고통스럽다고 생각하거든요….

케이 (끄덕이며) 맞아요…. 사실 화내고 짜증내고 이런 건 어른답지 않다고 생각하니까요.

마스터 감정은 지나가기 위해 오는 거예요…. 그런데 지나가야 할 감정을 막아버리게 되면 전보다 더 억눌리고 뒤틀리게 되는 거죠…. 그렇게 되면 감정의 파일은 더 단단해져서 풀기 힘들게 돼요….

케이 (휘둥그레지며) 헉… 그럼 그건 큰일이잖아요?

마스터 (시무룩) 그렇죠…. 결국 감정이 풀려나갈 더 큰 사건을 불러일으키게 되니까요….

감정은 진동하는 에너지이다. 감정은 또한 진동을 방출한다. 방출된 감정 에너지는 그대로 에너지장에 저장된다. 개인의 에너지장에는 모든 정보가 저장되어 있다. 물론 우리의 감정도 마찬가지로 에너지장에 패턴으로써 저장되어 있다. 에너지장은 마치 거대한 거미줄과도 같아서 우리가 보낸 모든 감정 에너지들을 붙잡아 둔다. 우리가 감정을 느낄 때는 에너지가 풀려나가게 된다. 반대로 감정을 억누르려 할 때는 감정이 에너지장에 갇히게 된다.

우리의 감정에 관한 사건이 하나의 파일이라고 치자. 만약 감정이 풀려 나가지 못할 경우 감정의 파일은 추가가 된다. 그렇게 풀지 못한 감정은 결국 계속 쌓이게 되면서 풀기 힘든 압축파일처럼 에너지가 단단해진다. 부정적인 감정의 압축파일은 우리가 매번 감정을 반복하는 원인이다. 우리에게 부정적인 감정의 압축파일은 열기구에 달린 무거운 모래주머니와도 같다. 열기구가 올라가려면 모래주머니를 떨어뜨려야 한다. 그래야 높이 올라갈 수 있기 때문이다.

 우리와 조화를 이루지 못하는 부정적인 감정은 무거운 모래주머니와도 같다. 무거운 모래주머니를 가지고 있어봤자 힘만 들 뿐이다. 결코 우리에게 도움이 되지 않는다. 부정적인 감정의 재생을 막기 위해서라도 우리는 모래주머니를 떨어뜨리는 작업을 해야 한다.
 모래주머니를 놓아주는 작업이 바로 감정을 마주하고 느껴주는 것이다. 감정을 마주하고 느낌으로써 우리는 전보다 훨씬 더 가벼워짐을 느낄 수 있다. 그때 비로소 우리는 존재 본연의 기쁨과 자유를 누릴 수 있다.

감정이 카르마다

어느 날 나는 피곤했는지 이른 저녁잠이 들었다. 일어나 보니 새벽 3시였다.
'뭐야…. 너무 일찍 일어났잖아~. 다시 자야겠어.'
그렇게 다시 잠이 들었는데… 잠시 후 눈앞에 특이한 광경이 펼쳐졌다….

(끝도 없이 펼쳐진 거대한 공간이 눈앞에 나타난다. 사방에서 아름다운 소리가 울려 퍼진다. 여러 부류의 존재들이 저마다 빛으로 된 정보들을 읽느라 분주한 모습이다. 그들과 내가 다른 점이 있다면 실버 코드가 보이지 않는다는 점이다. *실버코드- 육체와 빛으로 된 몸을 이어주는 끈)

케이   (놀라며) 응? 여기가 어디지? 분명 다시 잠이 든 줄 알았는데….

노인   이보게~. 자네!

케이   네? 저… 저요?

노인   그래~. 자네는 실버 코드가 없는 걸 보아하니 지구에서 온 모양인데 거기서 잠깐만 기다리게나~.

케이   근데 할아버지 여기가 어딘가요?

노인   이곳은 우주의 도서관일세. 우주의 모든 정보가 저장되어 있는 곳이기도 하지.

케이   우주의 도서관이요? 혹시 아카식 레코드를 말하는 건가?

(잠시 후 커다란 문이 열리면서 하얀색 긴 복장을 한 노인이 들어온다. 하얗고 길게 늘어뜨린 옷에는 금빛으로 빛나는 정교한 모양이 새겨져 있다. 노인을 처음 보았지만 왠지 익숙한 느낌이 들었다.)

장로   (반가운 목소리) 오, 일찍 도착했군~. 어서 와서 여기 앉게나~.

케이   (두리번거리며) 저… 저기… 근데 여기가 어딘가요 어르신? 제가 왜 여기에 있는 건가요???

장로   (크게 웃으며) 오늘은 자네의 기록을 열람하는 날이네.

케이   기록이요? 무슨 기록 말씀이신가요?

장로   자네의 지난 생과 이번 생의 기록들이지~.

케이   (놀라며) 혹시 이게 그… 카르마라는 건가요?

장로   맞네~ 바로 오늘이 카르마의 균형을 따져보는 날일세!

(잠시 후 갑자기 바닥에서 하얀 테이블이 솟아오른다. 눈앞에 거대하고 투명한 스크린이 펼쳐진다.)

장로 (기침) 에헴… 지난번 자네의 생을 한번 살펴보게~. 지난 3번의 삶에서 자네는 결단력을 배우고자 했어. 그런데 잘되지 않았지. 그래서 이번 생에서는 결단력을 마스터하기 위해 전보다 더 힘든 과정을 일부러 선택하게 되었네.

케이 (놀라며) 세상에나! 저거 나 같은데? 근데 남자였네? 어! 저기선 또 여자고….

장로 자… 그럼 이번 생의 기록을 한번 살펴볼까? 음, 그래. 거기서 정지.

케이 아… 저 장면은 제가 하와이에서 우울의 바닥을 쳤을 때네요….

장로 맞네~. 하지만 자네는 저기서 용기 있는 결단을 내렸고 그게 카르마를 상쇄시켰다네~. 아주 잘했어! (흡족해하며) 이번에 드디어 졸업 과정을 이수할 수가 있겠구먼~.

(멀리 메아리처럼 들리는 노인의 목소리와 함께 휴대폰 알람이 울리고 벌떡 일어난다.)

케이 (갸우뚱) 뭐… 뭐지. 방금 전 그 꿈은?

  우리가 생을 반복하는 이유는 못다 한 숙제가 남아 있기 때문이다. 이 숙제를 다른 말로는 '카르마'라고 한다. 카르마는 우주의 법칙이다. 조화와 균형의 법칙이다. 동양에서는 '인과관계의 법칙' 또는 '인과응보의 법칙'이라고 부른다. 카르마는 종종 오해를 불러일으킨다. '내가 죄를 져서 이번 생에서 갚아야 한다'라고 생각한다. 하지만 카르마는 에너지의 법칙일 뿐이다. 우주에서 죄니 벌이니 하는 것은 없다. 그저 에너지의 균형을 이루고자 하는 법칙만이 존재한다.

카르마는 영혼이 우주의 법칙에 위배되는 선택과 행동을 할 때 생기게 된다. 이때 부정적인 감정 에너지들도 생기게 된다. 여러 생을 거치면서 쌓아온 부정적인 감정 에너지들은 우리의 에너지장에 고스란히 남는다. 그래서 다음 생을 반복할 때 자연히 해소될 수 있도록 영혼의 인생 계획의 재료로 사용된다. 우리가 감정을 느끼지 않을 경우 이것은 삶에서 심각한 결과를 초래한다. 이를테면 삶이 내가 원하는 방향으로 흘러가지 않거나 계속해서 부정적인 감정을 불러일으키는 사건과 마주하게 된다.

무엇 때문에 이런 체험이 반복되는 걸까? 바로 잘못된 선택을 바로 잡고 그와 관련된 감정을 해소하기 위해서다. 나는 이를 카르마를 '감정의 카르마'라고 부른다. 여러 번 상담을 통해 내가 알게 된 카르마는 '감정'이라는 공통된 주제를 지니고 있었다. 카르마는 에너지의 균형을 위해 고안된 우주의 거대한 프로그램이다. 바로 이 거대한 프로그램을 체험하기 위해 우리가 지구별에 머무는 것이다. 우주와 조화롭지 못한 감정은 영혼을 무겁게 만든다. 영혼은 생을 반복하면서 조화롭지 못한(부정적인) 감정을 푸는 작업을 반복한다. 쌓인 감정의 파일을 다 풀 때까지 숙제는 마칠 수가 없다. 숙제를 마치려면 감정을 마주하고 느껴 줘야 하기 때문이다.

케이　(한숨) 그럼 감정을 느끼는 건 피할 수가 없는 숙제인거네요….
마스터　그렇지도 않아요~.
케이　(놀라며) 네? 그렇지도 않다뇨? 아까는 감정을 느껴줘야 숙제가 끝난다면서요?
마스터　(웃음) 사실 우리는 의식적으로든 무의식적으로든 감정을 풀어내는 작업을 하고 있거든요~.

케이   어떻게요?

마스터   먼저 가까운 가족부터 살펴보죠. 가족은 특별한 목적으로 구성되어 있어요.

케이   특별한 목적이요?

마스터   네~. 가족은 나와 비슷한 에너지장을 지니고 있어요. 즉 감정의 카르마를 서로 공유하는 사이라는 거죠.

케이   그래서요?

마스터   그 완벽한 조건이 바로 나의 감정 체험을 불러 일으키게 돼요.

케이   완벽한 조건이라면…?

마스터   생을 반복하면서 압축된 감정 에너지를 풀 수 있게 도와주는 거예요. 가족은 서로 가까운 관계이기에 상처를 줄 수도 사랑을 줄 수도 있죠. 그 안에서 우리는 감정 에너지에 대한 지구의 이원성을 공부하게 되고요. 가족은 많은 면에서 배우고 성장하기 위한 완벽한 시스템인 거예요.

케이   그래서 가족 간에 싸움도 많고 속도 상하고 하는 건가 봐요…. 어제 싸웠는데도 금방 화해하는걸 보면 가끔 어이가 없거든요….

마스터   (웃음) 대부분 가족 간에 느끼는 감정이 서로의 카르마인 경우가 많아요. 풀지 않으면 안 되게 되는 그런 시스템인거죠.

    카르마는 에너지 균형을 위해 존재한다. 가족 가운데 일어나는 모든 감정적인 문제들이 바로 그 예다. 서로의 에너지를 주고받음으로써 우리는 에너지의 균형을 이루게 된다. 사실 에너지 균형을 위한 사전 작업은 우리가 태어나기도 전에 이루어진다. 먼저 학교처럼 영의 교사들과 어떤 방식으로 특정한 과제를 배울 것인가 논의하게 된다. 그 후 그 배움을 하기에 적당한 장소를 정하게 된다. 장소가 정해지면 몸을 완성해 줄 부모를 찾게 된다. 이때 영은 부모의 유전적인 성향까지 고려하게 된다.

이것은 현재 나의 무의식적인 감정 패턴과도 닮아있다. 컴퓨터를 작동시키려면 일정한 프로그램이 필요하다. 마찬가지로 카르마를 풀기 위해서는 무의식이라는 프로그램을 다운 받아야 한다. 그래야 무의식으로부터 기인된 감정을 촉발해서 카르마를 해소할 수 있기 때문이다. 여러 번의 상담과 최면을 거쳐서 내가 발견한 것이 있다. 바로 우리가 그 모든 환경을 선택한 장본인이라는 거다.

영혼은 부모의 가문, 양육 환경, 재정 능력, 기질, 성격 등 모든 것을 고려한다. 그렇게 카르마를 서로 풀 수 있는 완벽한 환경에서 영혼은 육체를 지니고 태어나게 된다. 그래야 영혼이 배우고자 하는 교훈을 얻을 수 있기 때문이다. 사실 우리의 전생은 내가 풀지 못한 감정 드라마의 재생이다. 단지 상황과 등장인물들만 계속해서 바뀔 뿐이다.

카르마를 해소하는 방법은 간단하다. 우리가 인생에서 일어나는 모든 일들이 사실은 나의 감정을 풀기 위해 일어난다는 것을 알아차리는 것이다. 그리고 모든 관계에서 발생된 내 안의 감정을 온전히 허용하고 느껴줘야 한다. 그럴 때 우리는 카르마를 뛰어넘게 된다.

1. 왜 감정 풀기 작업이 중요한가?

감정은 각기 다른 주파수를 지닌다. 감정 주파수들은 특정 메시지를 지닌 진동 에너지이다. 우리가 감정을 느낄 때마다 몸은 감정에 해당하는 에너지들을 활성화시킨다. 그 결과 특정 메세지를 담은 진동을 에너지장에 방출하게 된다. 긍정적인 감정은 우리의 에너지를 활성화시킨다. 하지만 부정적인 감정은 우리의 에너지를 낭비하게 만든다. 부정적인 감정을 습관적으로 느낀다면 감정 에너지는 몸 안에 갇히게 된다. 갇힌 에너지는 더욱 강화되고 그것과 같은 주파수의 감정들을 끌어오게 된다. 그렇게 되면 에너지는 더욱 갇히고 순환하지 못하게 된다. 이것이 우리가 부정적인 감정에서 벗어날 수 없는 이유다.

부정적인 감정이 반복되면 우리의 뇌도 마찬가지로 감정에 해당하는 생각을 만들어낸다. 그 결과 생각과 감정의 자동 반복 시스템이 완성되고 우리는 감정의 악순환에 갇히게 된다. 그리고 곧 그 악순환이 우리의 현실이 되는 것이다. 감정을 풀지 못하고 가둬두게 되면 몸과 연결된 에너지장은 쪼그라들고 현실 창조와는 멀어지게 된다. 감정 풀기 작업은 막힌 에너지들을 풀어주고 순환을 도와준다. 이때 묶인 에너지들이 풀어지게 되면서 몸 안에 에너지의 흐름이 회복된다. 에너지의 흐름이 회복되면 기존에 막힌 에너지로부터 방출되던 에너지는 끊어진다. 기존 에너지의 연결이 끊기면 우리는 더 이상 기존의 감정을 재생시키지 않는다.

감정은 현생에서 전생의 드라마를 재생시킬 때 나타난다. 드라마가 재생

될 때 우리가 해야 하는 것이 바로 '자각'이다. 다른 말로 감정이 일어나고 있음을 알아차리는 것이다. 이때 중요한 것이 하나 있다. 바로 생각을 다루기보다 감정을 풀어내는 것이다. 그리고 감정이 올라올 때 저항하지 않고 허용해 주는 것이다. 생각은 풀지 못한 감정의 반복적인 형태다. 생각이 올라온다면 우리는 그 이면에 숨겨진 감정을 다뤄줘야 한다. 과학적 연구에 따르면 모든 생각은 관련된 감정이 저장되어 마음에서 재생될 때 일어난다고 한다. 생각은 저장된 감정이 일어나기 때문에 떠오르는 것이다. 그렇다면 우리는 생각이 아닌 감정을 먼저 다뤄줘야 한다. 그래야 감정 풀기 작업의 성과도 빠르고 에너지 소모가 덜 되기 때문이다.

여기서 잠깐 나의 예를 들어보겠다. 내 남편은 직업상 비행기를 자주 타야 한다. 그래서 늘 여권을 챙기는 버릇이 있는데 그날따라 찾을 수가 없었다. 비행이 바로 다음날인데 여권을 찾을 수 없으니 초조해지기 시작했다.

'도대체 내가 어디다 둔 거야!'
　여권을 찾으려고 이리저리 생각을 해봤다. 어디에다 두었는지 기억해 보려 해도 도무지 떠오르지 않았다.
'젠장! 잃어버리면 큰일 나는데! 바보같이 어디에다 두고는!'

내가 할 수 있는 것은 비난과 자책뿐이었다. 그러다가 내가 감정에 저항하고 있다는 사실을 알아차리게 됐다. 순간 정신이 번쩍 들었다.
'그래, 이런다고 찾아지는 게 아니야.'
'그래! 이 일이 일어난 건 분명 감정을 풀기 위해서야!.'

'내가 지금 어떤 감정에 저항하고 있는 걸까?'

그러자 바로 어린 시절이 떠올랐다. 물건을 찾지 못해서 칠칠맞다고 혼나던 때가 생각났다. 어린 나는 혼날까 봐 한마디 말도 못 하고 억울함을 꾹꾹 누르고 있었다.

'아! 억울함이었구나!'

나는 여권을 찾지 못해서 화가 난 게 아니었다. 바로 풀지 못한 억울함 때문에 화가 난 거였다. 그 자리에서 나는 어린 시절 나의 억울함을 느껴줬다.

"난 진짜 억울해. 억울해! 억울하다구!"
"내가 일부러 잊은 것도 아니잖아! 억울해… 억울하다구."
나는 그렇게 한참을 억울하다는 말을 내뱉어 줬다.
"괜찮아, 케이!."
"너는 이제 어른이고 이걸 못 찾는다고 더 이상 혼나지 않아."

순간 몸이 떨리고 눈물이 흘러내렸다. 나는 이내 큰 소리로 울기 시작했다.
"내가 잘못한 게 아니야! 내가… 엉엉….."
"내가 일부러 그런 게 아니야…."

한참을 울고 나니 속이 후련해졌다. 막힌 곳이 뻥 뚫리듯 속이 시원해지고 눈도 밝아진 느낌이 들었다. 그러자 그때 신기하게도 테이블 밑에 떨어진 여권이 눈에 들어왔다. 괴롭거나 힘든 상황은 억압된 감정을 풀어낼 수 있는 절호의 기회다. 평소에는 자각하지 못하던 나의 억울함은 긴박한 상황에서 떠올랐다. 아마 평소라면 느끼지 못했을 것이다. 우리는 어떤 일이 일어날 때 생각이나 사건이 아닌 그 이면에 있는 감정을 살펴봐야 한다. 이것만은 꼭 기억하자. 감정이 일어날 때가 기회이다! 우리가 할 일은 감정을 알아차리고 그저 풀어내는 것뿐이다.

케이   그럼 지금 일어나는 감정이 전생의 감정인가요?
마스터   맞아요. 내가 생을 반복하면서 쌓아온 감정인 거죠.
케이   그럼 엄청나게 많겠네요~.
마스터   네~. 감정은 우리의 에너지장에 모두 저장되어 있어요. 각각의 에너지 패턴으로 파일처럼 저장되어 있죠.
케이   우와… 신기하네요~. 감정이 파일처럼 저장돼 있다니….
마스터   (웃음) 우리가 흔히 감정을 쌓아둔다고 하죠? 그게 바로 감정 파일과도 같아요~.
케이   아~ 그렇구나!
마스터   그런데 모든 감정 파일이 다 같지는 않아요.
케이   같지 않다뇨?
마스터   각자 이번 생에서 마스터해야 하는 교훈이나 배움에 따라 감정 파일이 분류되거든요. 풀어야 할 감정 파일에 따라서 우리는 사람이나 상황 사건들을 통해 드라마를 만들게 돼요.
케이   (놀라며) 드라마요?
마스터   우리는 지구에서 일종의 드라마를 통해 감정 에너지를 다루는 작업을 배우고 있거든요~.

케이   그럼 그게 카르나마 전생의 감정도 포함되는 건가요?

마스터   맞아요. 드라마는 특정한 감정 파일을 자극하게 되고 그때 우리는 자의든 타의든 감정 에너지를 풀게 되는 거예요.

케이   (끄덕거리며) 아~.

마스터   여기서 중요한 건 반복되는 사건들에 주의를 기울여야 한다는 거예요!

케이   아하! 저 알겠어요~. 그게 바로 내가 풀어야 할 감정 파일이라는 말이죠?

마스터   (흡족해하며) 맞았어요! 사건이 반복되는 이유는 내가 풀어야 할 감정이 남아 있다는 것을 알려줘요. 그래서 우리는 더더욱 그 사건과 관련된 감정을 느껴줘야 하구요!

우리는 이미 앞장에서 정화를 살펴봤다. 정화의 목적은 우리의 감정 파일에서 발생되는 기억을 최소화 하는데 있다. 기억의 재생을 막고 쌓인 감정 에너지를 좀 더 쉽게 풀기 위한 것이다. 정화는 기억의 삭제와 동시에 자기 사랑과 본연의 에너지를 회복하게 도와준다. 우리 안에 에너지가 바닥난 상태에서는 감정 풀기 작업을 할 수가 없다. 감정을 푸는 작업에도 에너지가 들기 때문이다. 이때 정화가 에너지를 채워줌과 동시에 감정 풀기 작업이 빠르게 진행될 수 있게 도와준다.

정화를 하게 되면 감정의 파일들이 느슨해지게 된다. 알다시피 감정들은 여러 생을 거쳐 단단히 고정되어있는 에너지다. 그래서 본격적으로 풀기 전에 밑작업이 필요하다. 그것이 바로 우리가 감정풀기 작업 이전에 정화를 살펴본 이유다. 정화를 이미 해 온 분이라면 감정 풀기 작업을 바로 진행해도 좋다. 그렇지 않다면 정화를 먼저 해 보고 감정 풀기 작업을 하는 것이 좋다. 동시에 진행할 수도 있지만, 에너지의 충돌을 예방하기 위해 정화부터 시작하는 것을 추천한다. 이제 본격적으로 감정 풀기 작업에 대해 알아보자.

2. 감정 풀기 작업에 대한 이해

감정 풀기 작업은 에너지를 느끼는 작업이다. 정확히 말하면 감정 에너지를 알아차리고 허용하는 작업이다. 대부분의 사람들은 억눌린 감정을 지닌 채 살아간다. 억눌린 감정은 그 자체로 우리를 불편하게 한다. 그런데 우리는 그 불편함이 싫어서 다른 데로 주의를 기울인다. 결국 에너지는 그대로 정체된 채 우리는 불편함을 지니고 살아가게 된다. 감정을 그냥 인정하고 받아들여야 하는데 저항하고 있는 것이다. 불편한 느낌은 저항을 불러일으킨다. 그 저항은 곧 에너지를 더욱 막히게 만든다. 막힌 에너지는 그 자체로 강력한 자성을 지닌다. 그래서 누르려고 하면 할수록 더욱 커진다. 감정 풀기 작업은 감정 에너지를 판단 없이 그저 느껴주고 보내주는 작업이다. 내 안에 불편함을 마주하고 속 시원하게 풀어내는 작업이다.

억눌린 감정들은 마치 흐르는 시냇물 위에 돌무더기를 쌓아둔 것과도 같다. 물이 흘러가야 할 곳에 돌들을 계속 쌓게 되면 물줄기는 약해지고 분산된다. 결국 분산되고 흩어진 물줄기는 탁해지고 마르게 된다. 우리의 감정 에너지도 쌓이게 되면 변형되고 뒤틀리게 된다. 감정 풀기 작업은 막힌 물줄기에 쌓인 감정이라는 무거운 돌들을 발견하고 치우는 과정이다. 에너지 흐름을 막고 있던 돌들을 치우면 본래 에너지가 다시 흐르게 된다. 에너지가 흐르게 되면 삶에 더 많은 에너지가 흘러가게 된다.

　감정은 연료와도 같다. 모든 감정은 우리에게 에너지를 공급한다. 하지만 억눌린 감정은 연료 탱크에 저급 휘발유와도 같다. 고급차에 저급 휘발유를 넣게 되면 엔진이 닳게 된다. 저급 휘발유는 찌꺼기와 불순물이 많기 때문이다. 감정 풀기 작업은 우리 안에 있는 저급 휘발유를 태워버리는 작업이다. 즉 불편한 감정을 느끼고 풀어줌으로써 우리 안을 깨끗이 비우는 작업이다.

케이　　(골똘히) 흠… 저급 휘발유라…….

마스터　뭔가 심각해 보이는데요?

케이　　감정을 태우라는 말이 잘 이해가 안 돼서요…….

마스터　(웃음) 억눌린 감정은 압력이 큰 만큼 강한 에너지를 지니고 있어요. 이것은 마치 자석과도 같아서 그것과 비슷한 주파수대의 다른 감정을 불러오게 되죠.

케이　　헉… 그럼 그건 안 좋은 거잖아요?

마스터　(시무룩) 그렇죠…. 결국 더 많은 드라마(사건)를 통해 감정에너지를 풀어야 하니까요…. 하지만 그보다 더 중요한 게 있어요. 바로 사람들이 드라마가 재생되는 이유는 억눌린 감정 때문이라는 걸 아는 거예요! 거기서부터가 시작이에요~.

케이　　아하~.

마스터　그럼 지금 바로 연습을 해 보도록 하죠!

케이　　(놀라며) 네에??? 지… 지금요?

마스터   최근에 기억나는 사건이 있나요? 한번 떠올려보세요. 내가 풀어야 할 감정과 관련된 사건이 있을 거예요~.

케이   (골똘히) 음… 아빠요! 최근에 꿈을 꿨는데 엄마한테 아빠가 바람핀 걸 말해서 죽을 뻔했거든요….

마스터   좋아요. 그럼 그 사건을 떠올릴 때 어떤 감정이 들죠?

케이   막 분노가 치밀죠! 죽여 버리고 싶고….

마스터   그럼 그걸 말로 해봐요!

케이   (머뭇거리며) 지…지금요? 음… 저~기… 욕이 나올지도 모르는데…….

마스터   (웃음) 괜찮아요. 입에서 나오는 대로 그냥 뱉어보는 거예요!

케이   (잠시 후) 야! 이 ○○○야! 죽어버려! 너는 인간도 아니야! 이런 ○○○ 같으니라구!!!

마스터   더요! 더! 더! 계속해요! 지금 아빠가 앞에 있다고 생각하고 어렸을 때 못한 말을 지금 다 쏟아버려요!

케이   이 ○○ 죽여 버릴꺼야!!! 이씨… 죽어… 죽으라고….

(그렇게 한동안 속 안에 말을 다 쏟아 내는 케이)

케이   (잠시 후…) 무서워… 무서워…… 너무 무서워…….

마스터   계속 말해 봐요! 머리로 말할까 말까 판단하지 말고 그냥 말해야 해요!

케이   (몸이 긴장되며) 으으… 으으… (눈물이 흐른다) 슬퍼… 슬퍼요…. 너무 슬퍼… 죽고 싶어요…. 죽고 싶어… (대성통곡) 으흑… 흑… 흑… 이야!!! 으흑… 흑…… 이야!!!

(케이는 그렇게 한참을 울고 난 후 정신이 든다.)

마스터   이제 다 됐어요~. 정말 잘했어요! 지금 느낌이 어때요? 괜찮아요?

케이   (밝은 표정) 네! 묵은 체증이 다 내려간 것 같아요! 근데 전 그동안 아빠에 대한 감정을 다 풀었다고 생각했는데 그게 아니었어요! 신기하게 한번 풀기 시작하니까 여러 감정들이 나오더라고요~.

마스터   맞아요~. 그동안 억눌러 온 감정이 이번 기회로 풀려 나와서 그런 거예요~.

케이   아무튼 생각지도 못했는데 한결 가벼워진 느낌이에요!

3. 감정 풀기 작업 순서

1. 혼자 조용하고 안전한 공간에서 시작한다. 물과 티슈, 메모지와 펜 등을 미리 준비해 둔다.
2. 어린 시절이나 최근에 겪었던 기억나는 사건을 떠올려본다. (감정을 바로 풀 수 없을 경우 내가 겪은 상황을 기억해 놨다가 메모한다.)
3. 기억을 떠올릴 때 어떤 감정이 드는지 느껴본다. 또는 메모를 찬찬히 읽어가면서 어떤 감정이 느껴지는지 적어본다. (일단 감정을 풀기 시작하면 그 다음 감정이 계속 올라올 수 있으므로 정확하지 않아도 된다.)
4. 어떤 감정이 느껴지든 판단하지 말고 입에서 나오는 그대로 말해 본다. (짜증 나, 무서워, 우울해, 슬퍼, 죽고 싶어, 힘들어, 외로워, 괴로워, 답답해, 싫어, 살기 싫어, 죽이고 싶어!)
5. 감정 몰입을 위해 앞에 사진이나 인형, 쿠션 등을 놓아둔다. (중간에 때리거나 집어 던지는 등의 행동도 감정을 푸는 데 도움이 된다.)

6. 감정을 말로 표현하기 어색한 느낌이 든다면 글로 적어본다. (휴대폰이나 컴퓨터에 떠오르는 말들을 모두 적는다.)

7. 감정 풀기 작업 동안 내가 하는 말과 행동에 대해 일체 판단하고 분석하지 않는다.

8. 몸에 드는 모든 느낌들 (목이 조여 옴, 가슴이 답답함, 머리가 아픔, 몸의 특정 부분의 통증)을 그대로 느껴준다.

9. 더 이상 입에서 말이 나오지 않거나 시작할 때의 감정이 들지 않을 때까지 계속한다.

10. 마지막은 정화의 4가지 문구나 개인 기도로 마무리한다.

11. 감정 일기나 관찰 일기처럼 감정 풀기 작업에 대해 간단하게 적어 놓는다. (나중에 반복적인 감정 패턴을 파악할 수가 있다.)

4. 감정 풀기 작업 안내 지침

• **애쓰지 않는다.**

감정 풀기 작업은 노력이나 애씀 없이 해야 한다. 과정이 힘들다면 그것은 저항하고 있는 것이다. 그저 과정이 흘러가는 대로 내버려 두라. 감정 풀기 작업은 어떤 성과를 이루기 위해 하는 것이 아니다. 감정 풀기 작업은 오직 나를 위한 작업이다. 내 안에 묶인 에너지를 풀어 에너지 흐름을 본래 상태로 회복하기 위한 작업이다. 주위에 사람들과 비교할 필요도 없다. 작업 중 일어나는 모든 일은 나의 경험을 위해 일어나기 때문이다. 애쓰려 하지 말고 그저 과정에만 충실하는 것이 좋다. 다시 말하지만 이것은 오로지 나를 위한 작업일 뿐이다. 과정에 충실하되 감정에 솔직해지는 연습을 한다고 생각하자.

• **저항이 느껴지는 것은 자연스러운 현상이다.**

감정 풀기 작업은 나의 본래 에너지를 회복하기 위해 존재한다. 그래서 작업 과정 중 저항이 일어날 수도 있다. 무의식에 깊이 저장되었던 감정이 의식 표면으로 올라오기 때문이다. 마음속에서 '하고 싶은 마음이 안 들어.' '해봤자 상황은 달라지지 않을 거야.' '이젠 괜찮으니까 그만해도 돼.'라는 생각이 올라온다면 그것은 저항하고 있는 것이다. 저항은 신체 반응으로도 나타날 수 있다. 이유 없이 아프거나, 졸리다거나, 감기, 알레르기, 신체 통증 등으로 인해 작업이 중단되게 한다. 이럴 때일수록 의지를 가지고 감정 풀기를 해보는 것이 좋다. 감정을 풀어낼 방법은 오직 느끼는 방법밖에 없다.

• **감정에 이름을 붙이지 않는다.**

언어는 우리 눈에 보이는 에너지의 형태다. 감정 또한 우리가 자각할 수 있는 에너지일 뿐이다. 그런데 감정에 이름을 붙이게 되면 우리가 자각할 수 있는 에너지가 제한된다. 우리는 언어에 의미를 부여한만큼 밖에는 자각할 수 없다. 예를 들어 내가 '슬픔'을 느끼고 있다고 해 보자. 이때 '슬픔'이라는 이름을 붙이게 되면 내가 느낄 수 있는 감정은 '슬픔' 밖에는 없다고 생각하게 된다. 이것이 감정 에너지를 한계 짓는 우리의 방식이다. 사실 감정은 여러 주파수의 에너지일 뿐이다. 언어는 그저 우리가 편의상 만들어 놓은 틀에 불과하다. 나의 감정 상태에 이름을 붙여 에너지를 가둬두지 말자.

• 일시적인 혼란

정화의 높은 에너지와 억눌린 감정의 에너지는 다르다. 정화와 감정 풀기 작업을 진행할 때 에너지 충돌을 경험할 수 있다. 높은 에너지와 낮은 에너지가 중간에서 만나면서 내면에 이중성 내지는 일시적인 혼란을 경험할 수도 있다. 뇌도 마찬가지로 에너지 충돌에 반응하게 된다. 이때 일시적인 '멍함'이나 '두통'을 경험할 수 있다. 이것은 '에너지 명현현상'이므로 차차 몸이 새 에너지에 적응하면서 없어진다. 과거의 익숙했던 감정 패턴의 변형 시, 뇌는 이것을 '불편함'이라고 해석한다. 이것은 좋은 일이다. 우리가 무의식적인 패턴에서 벗어나 새로운 에너지를 경험 중이기 때문이다.

• 신체적 증상들

묶여 있던 에너지가 풀려 나가면서 오한, 속이 울렁거림, 구토, 설사, 두통, 관절, 근육통, 가슴 부위의 통증을 경험할 수 있다. 이런 신체적 증상들은 막힌 감정 에너지가 풀어지면서 생긴다. 몸의 증상들은 우리 안에 에너지가 변화하고 있음을 반영해 준다. 몸을 따뜻하게 해주면서 충분히 쉬거나 통증이 있다면 가벼운 마사지, 또는 지압을 하는 것도 도움이 된다. 이때 몸의 통증을 마사지나 지압으로 푸는 것은 에너지를 푸는 것과도 같다. 반신욕도 근육이 이완되게 도와주므로 좋다. 보통 3-4일 이내에 증상이 완화되는 것을 느낄 수 있다. 몸의 증상들은 과거에 반복해 왔던 에너지가 새로운 에너지로 바뀌고 있다는 증거다. 과거의 나와 연관된 에너지가 끊어지고 새로운 에너지로 교체되는 과정이니 걱정하지 말자. 그래도 걱정이 된다면 걱정에 대한 감정을 그대로 느끼고 풀어보자. 당황하지 말고 현재 작업에 집중하면 문제는 곧 해결된다.

• 부정적인 감정에 관련된 기억을 다 적어보기

시간이 충분하다면 내가 기억하는 모든 사건들을 적어본다. 기억은 어떤 감정에 대한 나의 경험을 뇌가 오감을 통해 얻은 정보이기 때문이다. 기억을 한다는 말은 감정 에너지에 대한 나의 경험을 뜻한다. 경험이 좀처럼 잊히지 않는 이유가 있다. 그 이유는 경험을 할 때 감정 에너지의 강도가 컸기 때문이다. 이것은 '에너지 충전' 현상이라고 말할 수 있다. 기억한다는 것은 그만큼 감정 에너지도 컸다는 것을 의미한다. 이 말은, 즉 나의 감정 파일을 찾을 수 있다는 말이기도 하다. 의식적으로 나의 기억을 떠올림으로써 감정 풀기 작업을 가속화시킬 수 있다. 이때 기억을 떠올리다 보면 오래된 상처가 올라오는 수가 있다. 이때는 회피하지 말고 감정을 허용하고 풀어줘야 한다. 내가 풀 수 있기 때문에 감정은 올라오는 것이다.

• 부정적인 말을 해서 걱정이라면

"나는 오늘 감정 풀기 작업을 한다."라고 감정 풀기 작업 전에 나의 의도를 우주에게 전한다. 확고한 나의 의도하에 에너지는 움직이고 조율된다. 감정 풀기 작업도 에너지를 다루는 작업이기 때문이다. 주의를 두는 곳에 에너지는 흐른다. 나의 주의가 오로지 감정 풀기 작업에 있다면 부정적인 현실은 창조되지 않는다. 욕을 하거나 부정어를 말해도 나의 의도에 의해 에너지는 작동하게 되어 있다. 언어는 우리가 느끼는 에너지를 형상화한 것일 뿐이다. 말에 의미를 부여할 때 그것은 나의 의도가 되어 버린다. 의도를 정확히 하면 에너지는 의도대로 작동하게 되어있다. 그래도 걱정이 된다면 그 걱정에 대한 기억을 정화를 통해 삭제한다. 혹은 '두려운' 감정에 대해 감정 풀기 작업을 해 본다.

• **상황이 더 악화되는 것 같은 느낌이 들 수도 있다.**

마치 일이 더 커진 느낌이 들 수도 있다. 주위에 사건이나 상황이 더 크게 일어나기도 한다. 이것은 감정의 파일이 드디어 풀어지기 시작했다는 뜻이다. 그동안 억눌려 있던 에너지가 느슨해지고 풀리고 있는 것이다. 이제부터가 본격적인 감정 풀기 작업이다. 당황하지 말고 일어나야 할 일은 일어난다고 생각하는 게 도움이 된다. 컴퓨터 파일처럼 감정도 비슷한 것끼리 분류되어 있다. 하나의 감정 파일이 풀리기 시작하면 그다음 비슷한 에너지가 연동돼서 풀어지게 된다. 그래서 감정 풀기 작업을 하다 보면 계속해서 감정이 연달아 나오기도 한다. 이때는 그저 감사하는 마음으로 푸는 수밖에 없다. 의식적으로 혼자 감정을 푸는 것이 드라마를 겪고 나서 푸는 감정보다 낫다.

• **감정 풀기 작업을 해도 감정이 잘 안 느껴질 때**

그만큼 감정 에너지 파일이 단단하게 쌓여 있다는 뜻이다. 현재의식은 아무 감정도 느끼지 못한다. 감정을 차단하고 저항하고 있기 때문이다. 이것은 무의식적인 자기방어 기제이다. 그래서 의식적으로 감정 풀기 작업을 하는 것이 불편하게 느껴질 수도 있다. 뇌는 고통보다는 즐거운 것을 좋아한다.

뇌는 감정 풀기 작업을 고통이라고 인식하고 거부하기도 한다. 이때 우리는 무의식적인 감정 풀기 작업에 대한 저항을 알아차려야 한다. 저항에 대한 내용을 스스로 질문해 보고 정화로 기억을 삭제해본다. 간혹 오랜 기간 수련으로 인해 감정을 다스린 경우 이런 증상이 나타나기도 한다. 아무리 머리로 다스려도 감정 에너지는 우리의 에너지장에 그대로 남아 있다. 그럴 땐 정화를 통해 더욱 감정이 올라올 수 있도록 풀어주는 밑작업을 한다. 시간이 걸릴 수도 있지만 결국 에너지는 풀리게 된다.

• 감정 풀기 작업을 말로 푸는 이유

그냥 느끼면 되지 왜 굳이 말로 푸냐고 궁금할 수도 있다. 말을 할 때 우리는 그 의미도 알고 있다. 그래서 말의 의미를 떠올리게 되면 자연스레 감정이 떠오르게 된다. 이때 감정을 말로 표현함으로써 감정 에너지를 더욱 활성화시킬 수 있게 된다. 우리가 하는 모든 말은 특정 에너지 코드들이다. 말을 할 때 우리는 감정 파일 안에 있는 특정 에너지 코드를 활성화시키게 된다. 컴퓨터에 저장된 압축파일을 풀 때는 암호가 필요하다. 말로 푸는 과정은 압축파일을 푸는 암호와도 같다. 감정 풀기 작업에서는 감정을 활성화시키기 위해서 말을 사용한다. 감정을 일으키는 말을 반복함으로써 묶인 에너지를 활성화시키고 푸는 작업이 바로 감정 풀기 작업이다.

• 감정 풀기 작업 시 정체기 극복하기

감정을 풀다 보면 정체기가 올 수도 있다. 우리 눈에 보이지 않아도 에너지는 항시 작동 중이다. 이때는 감정 풀기 작업을 통해 나의 에너지가 재정

렬 되고 있다고 생각한다. 감정 풀기 작업은 우리의 에너지장에도 영향을 준다. 바뀐 에너지장은 우리의 몸에도 영향을 준다. 에너지장이 재정비되고 몸에도 적응할 시간이 필요하다. 그럴 땐 잠시 쉬면서 충분한 휴식을 취해 본다. 정화에 매진해 보는 것도 좋은 방법이다. 이때 정화를 통해 '정체기'와 관련된 나의 기억을 삭제해 본다.

• **자연 에너지를 활용해서 감정 풀기**

자연은 그 자체로 높은 에너지를 지닌다. 순수한 에너지의 진동이 에너지 정화와 활성화를 도와준다. 자연의 풍경, 동물, 식물, 꽃 등은 우리의 부정적인 에너지를 정화해 준다. 특히 식물이나 꽃은 우리의 낮은 에너지를 정화시켜주는 기능을 한다. 감정 풀기 작업 전에 식물에게 이렇게 부탁할 수도 있다. "얘들아, 내가 정화할 때 도와줄래?" 밖으로 나갈 수 없다면 가정에서 작은 화분을 활용해도 좋다. 자연은 낮은 에너지를 조화로운 상태로 변형시키는 기능을 한다. 그래서 감정 풀기 작업이 훨씬 수월해진다. 또한 우리의 에너지를 팽창시키고 활성화시키는 기능도 한다. 자연에서 감정을 풀게 되면 정화와 동시에 에너지 충전도 할 수 있으니 일석이조인 셈이다.

• **식습관에 변화가 일어난다.**

에너지가 본래 상태를 회복하는 과정에서 식습관에 변화가 일어날 수도 있다. 낮은 에너지가 처리되면 진동 수준에 맞는 음식이 끌리기 시작한다. 기존에 좋아하던 음식이 갑자기 싫어진다던가 입맛이 바뀌기도 한다. 신선한 야채나 과일과 같은 높은 에너지를 지닌 음식을 선호하게 된다. 에너지가 회복되면서 몸의 느낌을 더 잘 느끼게 되기 때문이다. 몸은 알아서 내가 필요한 음식을 느낌으로 알려 줄 것이다. 느낌이 오면 판단하지 말고 즐겁게 즐기자.

- **주변 사람이나 상황이 바뀐다.**

 감정 풀기 작업을 하면 에너지 순환이 일어나게 된다. 기존에 감정 에너지와 연결된 에너지는 끊기고 새로운 에너지에 정렬되게 된다. 이때는 기존에 알던 사람들이나 사건들과 상황들도 끊어지게 된다. 혹은 에너지장의 공유로 가족이 나와 비슷한 증상을 겪을 수도 있다. 나의 에너지가 바뀌면 외부의 현실도 바뀌게 된다. 바뀐 나의 진동상태와 비슷한 사람들을 만날 수도 있다. 또한 새로운 기회나 제안을 받을 수도 있다. 나의 본래 에너지 회복으로 능력의 발현이 쉬워질 수도 있다. 결핍과 제한의 에너지에서 가능성의 에너지로 변화 중이기 때문이다. 다시 한 번 말하지만, 감정 풀기 작업은 본래 나의 에너지를 회복하는 작업이다. 본래 나의 에너지 상태는 가능성의 상태임을 잊지 말자.

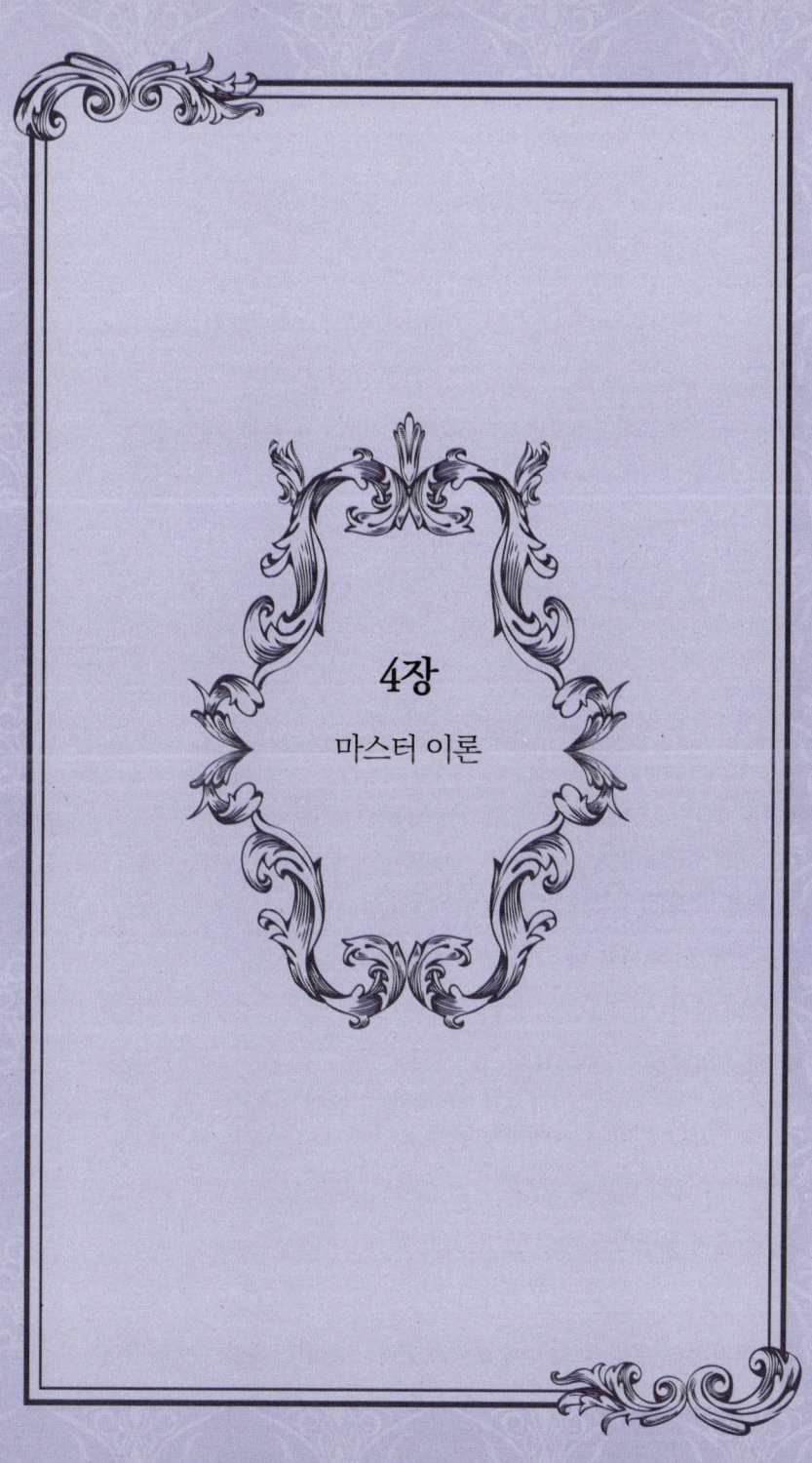

4장
마스터 이론

가능성은 모든 곳에 존재한다

"오늘은 밖에 나가서 산책이나 해 볼까?"

　운동도 할 겸 나는 집 근처 놀이터로 향했다.

"나무야 안녕!"

"바위야 안녕!"

　초여름 산들바람에 흔들리는 꽃들이 아름다워 한참을 바라보게 됐다.

"어라? 내 몸이 어디로 갔지?"

"분명 옆에 꽃이랑 말하고 있었는데…?"

　알록달록한 꽃들은 모양이 흐릿해지더니 온데간데없이 사라졌다.

대신 내 눈앞에는 신기한 빛이 펼쳐지기 시작했다.
"와~ 이 빛의 알갱이들은 뭐지?"
처음엔 꽃 주위에 하얀 막이 보이기 시작했다.
"저게 식물의 에너지장인가?"
이윽고 나도 모르게 그 빛에 빠져들어 갔다.
"뭔가 몸이 점점 가벼워지고 있는 것 같아…."
눈앞에 빛의 알갱이들이 아름다운 빛으로 빛나고 있었다.
"우와…!"
마치 세상에 모든 것이 빛으로 가득 채워진 느낌이었다.
"역시 모든 것은 빛이고 에너지였어!"

우주는 진동하는 에너지로 이루어져 있다. 인간의 몸도 진동하는 에너지로 이루어져 있다. 우리가 보기에 우리 몸은 물질처럼 만져진다. 하지만 사실 우리 몸은 진동하는 에너지 덩어리이다.
"어? 나선형으로 길게 꼬여 있는 저건 뭐지?"

초정밀 전자현미경으로 몸을 확대해서 보면 근육 섬유들이 활발하게 움직이는 것이 보인다. 그 가운데 하나를 더 확대해 보면 근육 섬유들이 길게 꼬인 분자들의 모임이라는 사실을 알게 된다. 여기서 더 자세히 확대해 보면 결국 원자가 빠른 속도로 진동하는 것이 보인다.
"아하~ 우리 몸은 원자들의 집합체로군!"
그런데 여기서 원자들을 더 확대해 본다면 어떻게 될까?
"어라? 원자핵이 어디로 갔지?"

원자핵은 사라지고 원자의 전자도 결국 사라진다. 더욱 자세히 보니 작게 진동하는 에너지 덩어리만 보인다.
"와! 내 몸이 알고 보니 에너지 덩어리였구나!"

우리의 신체에서 가장 작은 단위는 세포이다. 세포를 쪼개고 쪼개면 원자가 된다. 원자를 쪼개고 쪼개면 결국 빛과 에너지가 된다. 결국 우리 몸은 에너지와 빛으로 이루어져 있다. 에너지는 정보와 빛으로 진동하며 모든 곳에 존재한다. 모든 것은 다양한 주파수대에서 정보와 에너지장을 방출한다. 인간도 마찬가지로 다양한 주파수와 에너지적 정보를 방출한다.

물질을 이루는 가장 작은 단위인 원자도 정보와 에너지장을 방출한다. 각각의 원자마다 주파수로 코드화된 정보가 저장되어 있고 일정한 에너지장을 방출한다. 우리 눈에 보이지 않지만 엑스선, 감마선, 자외선, 적외선들도 다양한 주파수를 가지고 있고 정보와 에너지장을 방출한다.

원자들은 다양한 주파수로 진동하면서 전자기장을 만든다. 원자의 진동이 빨라질수록 강한 전자기장이 방출된다. 반대로 진동이 느려질수록 약한 전자기장이 방출된다. 모든 물질은 원자의 진동과 주파수에 따라 그 형태가 달라진다. 고진동 상태(높은 주파수)에서는 입자가 되고 저진동 상태(낮은 주파수)에서는 물질이 되는 것이다.

(뭔가에 홀린 듯 입을 벌리고 영화에 초집중 중인 케이)
케이   우와… 정말 저렇게 보인단 말이지?

마스터 뭘 보고 있는 거죠?

케이 여주인공이 나무를 쳐다보는데 온통 빛으로 보고 있어요~.

마스터 (소파 옆에 앉는다) 아~ 저건 당연한 건데요?

케이 (잠시 후) 오…!!! 대에박…!!!

마스터 (깜짝 놀라며) 또… 또 뭐죠?

케이 (흥분) 루시가 차 안에서 사람들을 보고 있는데 사람들 핸드폰에서 나오는 빛을 해독하고 있잖아요! 어떻게 저럴 수가 있지???

마스터 빛은 수많은 정보 파일을 압축해 놓은 것과도 같아요~.

케이 오… 그리고요?

마스터 우리 눈에 보이지 않지만 모든 빛은 암호화된 코드로 채워져 있죠~.

케이 (눈이 둥그레지며) 암호화된 코드요?

마스터 빛은 무한한 주파수로 이루어져 있어요. 각 주파수들은 압축된 정보 파일을 지니고 있고요. 사실 우주 자체가 거대한 정보의 에너지장이나 다름없어요.

  영화 〈루시〉처럼 우리 눈에 보이지 않는 정보의 세계가 존재한다. 모든 사람, 장소, 물건들은 암호화된 정보를 주고받는다. 주파수는 우주의 암호가 걸린 정보 파일과도 같다. 우리가 주파수의 암호를 찾아내어 누르기만 하면 정보는 곧 우리 것이 된다. 모든 주파수는 정보를 전달한다. 주파수는 라디오처럼 특정 채널에 맞추면 들을 수 있는 것과도 같다. 우리가 그 주파수를 잡아낼 수 있다면 우리는 우주의 정보를 열 수가 있다.

그런데 인간이 지각할 수 있는 주파수 영역대는 한정적이다. 감마선, 엑스선, 자외선, 적외선, 라디오 전파 중 우리가 지각할 수 있는 영역은 1%도 되지 않는다. 즉 우리를 포함한 모든 공간에 정보가 넘쳐도 알아차릴 수가 없다. 이 정보는 우리가 눈으로 볼 수 없다고 존재하지 않는 것이 아니다. 오히려 보이지 않는 영역에 더 많이 존재한다.

우주는 우리와 하나의 정보의 장(양자장)을 공유하고 있다. 이 정보장은 생각과 에너지(주파수, 파동)로 구성되어 있다. 이 정보의 장에서 모든 원자는 자신만의 에너지장을 가지고 정보를 공유한다. 원자들은 각자 독특하게 결합된 고유의 에너지 패턴을 방출한다. 우리도 마찬가지로 고유의 에너지 코드를 지니며 에너지장을 방출한다. 원자와 우리가 다른 점이 있다면 생각으로써 주파수를 바꿀 수 있다는 점이다. 주파수가 바꾸게 되면 우리는 다른 전자기 에너지 정보를 방출하게 된다. 그리고 우리의 존재 상태도 바뀌게 된다.

실제로 주파수가 바뀌면 우리 몸의 원자와 분자도 바뀌게 된다. 분자가 바뀌면 화학물질과 호르몬, 신경계, 뇌가 다 바뀌게 된다. 바로 마음 자체가 바뀌는 것이다. 그 영향으로 우리 몸은 더 빠르거나 느리게 진동하게 된다. 바뀐 진동 에너지는 곧바로 우리 주변의 에너지장에 영향을 주게 된다. 우리가 의식적으로 창조할 때 에너지장이 활성화된다. 이때 몸은 물질 상태보다 미립자 상태에 가까워진다. 우주의 모든 정보는 미립자 상태로 존재한다. 우리가 미립자 상태에 가까워질 때 우주의 모든 정보와 접속할 수 있게 된다.

케이   (심각한 얼굴로) 흠….

마스터   무슨 생각을 그렇게 골똘히 하는 거예요?

케이   모든 게 에너지고 주파수로 이뤄진 정보로 돼 있다고 했죠?

마스터   그렇죠~.

케이   그렇다면 어떻게 하면 제가 모든 주파수에 접속할 수 있을까요?

마스터   (박수치며) 아주 훌륭한 질문이에요! 이것만 기억하면 돼요~. '나는 에너지를 인식하고 창조한다.'

케이   (시큰둥) 흠, 그건 이미 책에서 질리게 봤는데요? '내가 현실을 창조한다' 이런 거랑 같은 의미잖아요?

마스터   대부분의 책은 에너지의 원리에 대해서 설명하고 있어요. 과학자들도 마찬가지로 그렇고요. 그 이유는 바로 인간이 끊임없이 스스로를 몸에 속한다고 생각하기 때문이에요. 그렇게 되면 현실을 창조할 에너지가 부족하게 되죠…. 우리는 에너지를 다루는 창조자지 에너지 소비자가 아니에요….

케이   아… 맞아요…. 우리가 현실을 창조한다는 건 알지만 딱히 마음에 다가오지 않거든요….

마스터   우리는 에너지를 다루는 창조자예요. 니콜라 테슬라가 이 말을 했죠. '우주의 비밀을 밝혀내고 싶다면 에너지, 주파수, 진동의 관점에서 생각하라.' 그는 에너지의 원리를 완벽하게 이해한 사람 중 하나예요.

케이   오~ 니콜라 테슬라. 저도 잘 알아요! 프리 에너지를 개발한 그분 맞죠?

마스터   맞아요~. 테슬라는 모든 것을 에너지로 생각했어요. 그렇기에 우주의 정보를 다운받아서 프리 에너지도 개발할 수 있었던 거죠.

케이   오… 역시…….

마스터   그래서 일단 에너지를 인식하는 게 중요해요!

의식적인 현실의 창조자 되기

주의를 두는 것은 마음에서부터 시작된다. 마음은 두뇌가 만드는 생각으로 가득 차 있다. 주의를 둔다는 것은 생각을 집중한다는 말과도 같다. 우리의 생각을 따라 에너지는 이동한다. 우리가 주의를 두는 곳에 에너지는 흐른다. 우리는 매일 아침 일어나자마자 '해야 할 일'을 생각한다. 미래에 해야 할 일은 에너지를 미래에 머물게 한다. 그 결과 내 안에 현실을 창조할 에너지는 부족해지게 된다.

우리는 그저 생각하는 대로 에너지를 낭비한다. 생각이 나의 에너지를 소비하게 내버려 둔다. 무의식적으로 생각하고 무의식적으로 창조한다. 무의식적으로 에너지를 소비했기에 현실을 바꿀 에너지가 부족하게 된다. 그렇게 되면 우리는 똑같은 일상을 반복할 수밖에 없다. 그리고 우리는 곧 마구잡이 현실의 창조자가 된다. 그렇다면 의식적인 창조는 무엇일까? 어떻게 해야 에너지를 낭비하는 대신 현실을 창조하는데 쓸 수 있을까?

'주의 깊게' 라는 말을 들어보았는가? '주의 깊게' 라는 말은 곧 생각을 잘 살피라는 말과도 같다. 우리의 주의가 에너지의 방향을 결정한다. 내가 지금 하고 있는 생각이 에너지의 흐름을 결정한다. 무의식적인 생각은 불균형적인 주파수를 보낸다. 반대로 의식적인 생각은 일관된 주파수를 보낸다. 어제와 같은 생각은 어제와 같은 주파수를 만든다. 그리고 곧 어제와 같은 현실을 창조하게 된다. 우리는 이때 '에너지 창조자'가 아닌 '에너지 소비자'가 된다.

케이 혹시 이게 '지금을 살라' 라는 말과 같은 뜻인가요? 책을 보면 '지금에 모든 힘이 있다' 라고 하는 말이 많이 나오거든요~.

마스터 (끄덕이며) 맞아요~. 이 말은 곧 외부로 향한 에너지를 내 안으로 모아야 한다는 말과도 같아요.

케이 아~ 그렇구나!

마스터 과거와 불안한 미래에 집중하면 에너지는 분산돼요. 내가 지금에 산다고 하더라도 그것은 과거와 미래에 사는 것과 같아요.

케이 그렇다면 그건 '미래를 창조할 에너지가 부족하다'는 말하고도 같은 거잖아요?

마스터 맞아요! 내가 모든 주의를 지금으로 거두어들일 때 모든 에너지도 지금에 있게 돼요!

케이   오~ 그럼 우리가 현실을 창조할 에너지가 충분하다는 말이 되겠네요?

마스터   (끄덕이며) 네~.

케이   이 말은 곧 무의식 프로그램을 알아차리라는 말과도 같고요?

마스터   네! 맞아요!

케이   (혼잣말) 근데… 내가 이걸 어떻게 알지? 허 참 신기하네…….

    무의식 프로그램대로 산다는 것은 에너지 낭비와도 같다. 무의식 상태에서 하는 생각, 말, 행동 모든 것이 에너지 활동이다. 대부분의 에너지 활동은 무의식 프로그램을 기반으로 한다. 왜냐하면 무의식은 내게 입력된 정보와도 같기 때문이다. 우리는 마치 컴퓨터에 입력된 프로그램대로 살고 있다. 우리가 어떤 생각을 할 때를 살펴보자. 먼저 머릿속에 생각을 떠올린다. 생각에 기반하는 감정이 자동으로 떠오른다. 이때 감정과 연결된 과거 경험들도 자동으로 떠오르게 된다.

    우리는 결국 생각할 때 무의식이라는 자동프로그램을 다시 쓰게 된다. 지금 내가 하는 생각도 사실 무의식 프로그램의 재생이다. 이것은 마치 착각과도 같다. 현실의 창조자가 무의식 프로그램에 기반해서 창조를 하는 것이다.

    지금에 주의를 기울이라는 말은 무의식적으로 생각하지 말라는 말과도 같다. 늘 같은 패턴대로 주의를 기울인다면 어떻게 될까? 내 눈앞에 같은 현실이 반복되게 된다. 새로운 운명을 창조하고 싶다면 무의식 프로그램을 알아차려야 한다. 그리고 외부로 향한 나의 주의를 내부로 돌려야 한다.

익숙한 환경을 벗어나면 우리는 바로 불편함을 호소한다. '왠지 아닌 것 같은데….' '내가 잘하고 있는 거겠지?' 이것은 단지 두뇌의 불편함일 뿐이다. 우리의 두뇌는 불편함보다 익숙함을 좋아한다. 그래서 나는 두뇌를 '게으른 거인'이라고 부른다. (웃음) 새로운 환경에 적응할 때 두뇌는 더 이상 무의식 프로그램을 작동시키지 않는다. 이때 뇌에 새로운 회로와 뉴런들이 만들어지고 신경체계도 자극된다. 그러면 우리 몸도 새로운 환경으로 인식하고 새로운 경험을 하게 된다.

경험이 곧 나의 감정이다. 우리가 감정을 느낀다는 것은 곧 경험을 했다는 말과도 같다. 조 디스펜자Joe Dispenza도 '감정은 경험의 화학적 잔여물'이라고 말했다. 똑같은 상태로 생각하고 느끼면 그것은 경험의 반복이 된다. 과거 경험의 반복은 곧 무의식 프로그램이 된다. 무의식 프로그램은 새로운 현실을 창조할 수 없다. 지금에 머무는 나는 새로운 미래를 창조할 수 있다. 우리는 익숙한 환경을 버리고 새로운 경험을 해야 한다. 새로운 경험은 우리의 주의를 지금으로 불러온다. 우리의 주의를 지금으로 불러오는 것. 그것부터가 의식적인 창조의 시작이다.

케이	(고개를 가로저으며) 으… 역시… 무서운 무의식 프로그램…….
마스터	그건 그래요~. 근데 딱 이것만 기억해도 모든 게 해결될 텐데 말이죠….
케이	(눈이 휘둥그레지며) 그게 뭔데요? 아 갈증 나니까 빨리 좀 말해 봐요!!!
마스터	(차분한 목소리로) '생각과 감정은 내 것이 아니다' 바로 이거예요~.
케이	오…!!! 듣고 보니 맞는 말 같아요! 어차피 지금 생각을 통해 경험하

고 느끼는 감정도 사실 무의식 프로그램에 기반을 둔 거니까요! 그 짧은 말에 이런 뜻이 있었을 줄이야…!

마스터   이 말에는 또 하나의 의미가 있어요~.

케이   네? 또 무슨 의미가 있는데요?

마스터   '우리의 한계는 없다'

케이   우리의 한계는 없다…? 아…! 저 이해했어요! 본래 내 생각과 감정들은 진짜 내 것이 아니니까 그 틀을 벗어나면 우리는 자유롭네요! (벌떡 일어나며) 나는 자유인이다~! 나에게 한계는 없다~!!!

마스터   (박수치며) 잘 이해했네요! 애초부터 우리의 생각이나 감정은 없었던 거예요. 그저 생존을 위해 다운받은 프로그램이었던 거죠. 이것을 깨닫고 나면 우리의 힘은 지금으로 돌아오게 돼요!

케이   (흥분) 앗싸~! 대박~! 오예~!!! 어차피 생각이랑 감정은 내 것이 아니니까 이제부턴 내가 하고 싶은 생각만 하면 된다~. 두려워도 불안해도 어차피 그건 내 것이 아니다~. 그러니까 걱정 따윈 옆집 개나 주고 지금 내가 하고 싶은 생각만 하면 된다!!!

마스터   (미소) 그래요! 바로 그거예요! 그게 바로 진짜 창조주 의식을 지닌 우리의 모습이에요!

생각과 감정 에너지의 힘

케이	(씩씩 거리며) 아놔! 아니 왜 남의 집 앞마당에 쓰레기를 버리고 가냐고!
마스터	지금 뭘하고 있는지 알고 있어요?
케이	제가 뭘요? 화가 나서 화난다고 말한 것밖에는 없는데요?
마스터	지금 어떤 느낌이 들죠?
케이	(이글거리는 눈빛) 속에서 막…! 분노가 이렇게 막~ 느껴지죠!
마스터	그럼 그다음에도 분노가 계속 이어지겠군요~.
케이	네? 그게 무슨 말이에요? 어차피 조금 있으면 나아질텐 데요 뭘~.
마스터	아직 모르고 있군요~.
케이	네?

마스터　우리는 무의식 프로그램 말고도 감정 에너지의 영향을 받게 되어있어요. 감정은 눈에 보이지 않지만 느낌으로 알 수 있죠. 모든 감정에는 창조를 할 수 있을 만큼의 에너지가 들어있어요. 그런데 케이는 지금 그 에너지를 낭비하고 있는 거라구요.

케이　아….

마스터　우리가 느끼는 감정들은 에너지와 주파수를 지녀요. 내가 보내는 감정 주파수를 우주는 거울처럼 그대로 돌려줄 뿐이죠. 그렇게 되면 결국 우리는 똑같은 감정을 반복하게 되는 거구요.

케이　(끄덕이며) 아… 그렇구나…….

마스터　우리가 일상에서 주의를 기울일 때마다 에너지가 흐르게 돼요. 사실 우리 일체의 모든 활동이 에너지 활동인 셈이에요. 하지만 우리의 존재 상태에 따라 그 에너지는 달라지게 돼요.

케이　존재의 상태에 따라 에너지가 달라진다고요?

마스터　(단호한 표정) 네. 의식 상태에 따라 창조주 의식을 지닌 인간으로 살지, 에너지 희생자로 살지가 정해지는 거예요.

케이　헐… 창조주랑 에너지 희생자는 엄청나게 다른 느낌이예요…. (잠시 후) 그럼 어떻게 하는 게 창조주 의식을 지닌 인간으로 사는 방법일까요?

마스터　(주먹을 불끈 쥐며) 바로 의식적으로 생각과 감정 에너지를 다루는 거예요!

우리가 원하는 현실을 창조하는데 필요한 것은 딱 두 가지이다. 바로 '생각'과 '감정(느끼기)'이다. 생각과 감정(느끼기)가 왜 중요할까? 일단 생각의 원리에 대해서 알아보자. 우리가 생각을 할 때 전하電荷electric charge가 만들어진다. 뇌의 신경네트워크들이 바로 전하를 만들어낸다. 생각은 곧바로 우리 몸에 화학 반응을 일으키게 되고 이때 감정(느낌)이 만들어진다. 감정(느낌)은 자하磁荷magnetic charge를 만들어낸다. 이때 생각과 감정이 만나면 전기와 자기가 합쳐져 전자기장electromagnetic field이 만들어진다. 아마도 여기서 여러분은 의아해할 것이다. "그래서 뭐요?" "전자기장이 뭐가 어떤데요?"

전자기장이 만들어지면 곧바로 파동이 만들어진다. 그리고 우리는 진동하게 된다. 여기서 중요한 것이 있다. 바로 존재하는 모든 것은 진동하고 에너지장을 방출한다는 것이다. 진동할 때 우리는 특정 주파수 상태에 놓여 있게 된다. 우주는 주파수로 이루어진 무한한 정보의 장이다. 그럼 이제 이해가 되지 않는가? 우리의 생각과 감정은 바로 우리가 우주로 보내는 신호인 것이다!

생각과 감정이 진동을 만들고 주파수의 상태를 결정하게 된다. 우리가 의식적으로 생각과 감정을 다룰 수 있는 것이 이렇게나 중요하다! 나의 주파수 상태가 곧 나의 현실이 되기 때문이다. 에너지는 같은 성질끼리 끌어당긴다. 나의 주파수와 일치하는 정보가 나의 현실을 만들게 된다.

예수도 이렇게 말한 바 있다.
"주어라. 그러면 너희도 받을 것이다."
"내가 보내는 대로 내가 받는다."
이것이 우주의 법칙이다. 나는 내가 정확히 보내는 대로 받는 것이다.

케이   (하늘을 보며) 나는 행복하다~. 나는 운이 좋다~. 나는 신이다~. 나는 사랑이고 빛이다!

마스터   (흡족한 표정) 왠지 뭔가 의도적인 설정 같은데요?

케이   (째려보며) 쉿! 지금 생각하는 대로 감정을 느끼려고 집중해야 한다고요! 그래야 제가 보낸 대로 그대로 받을 수가 있죠~.

마스터   (고개를 갸웃거리며) 네???

케이   (머리를 긁적이며) 그게 우주의 법칙이라면서요? 아닌가…?

마스터   (웃음) 그냥 말한다고 다 작동하는 건 아니에요~. 진실된 감정이 필요한 거라구요~.

케이   아하! (정색) 근데 저 방금 엄청 진지했는데요?

마스터   (이마에 손을 얹으며) 신이시여….

생각은 감정을 만든다. 감정은 움직이는 생각으로부터 나온다. 그래서 감정은 움직이는 에너지이다. 모든 감정은 다른 주파수를 만들어낸다. 기쁨, 행복, 사랑, 감사와 같은 감정은 높은 에너지를 지닌다. 높은 에너지는 좁고 빠른 주파수를 만들어낸다. 반대로 분노, 우울, 짜증, 두려움, 불안과 같은 감정은 낮은 에너지를 지닌다. 낮은 에너지는 넓고 느린 주파수를 만들어낸다.

우주는 빠르게 진동하는 눈에 보이지 않는 에너지 정보로 가득 차 있다. 만약 우리가 우주의 가능성에 접속하고 싶다면 우리의 진동을 우주처럼 높여야 한다. 오직 빠르게 진동하는 상태여야 우주의 정보장에 연결이 된다. 그렇다면 빠르게 진동하는 상태는 어떤 상태를 말하는 걸까? 바로 위에 설명한 긍정적인 생각과 감정들이다. 우리 눈에 보이지 않는 생각과 감정 상태가 우리의 주파수를 결정한다. 그런데 매일 같은 생각과 같은 감정을 느낀다면 어떻게 될까? 매일 똑같은 에너지 상태에서 똑같은 주파수를 보내고 있는 상태가 된다. 같은 에너지 상태에서는 같은 정보밖에 받을 수 없다. 그래서 우리가 똑같은 미래를 계속 창조하는 것이다.

천재들이 영감을 얻는 순간의 주파수는 평균 7.8헤르츠다. 기적적인 치유가 이루어지는 주파수도 역시 7.8헤르츠다. 그럼 우주는 어떨까? 우주도 역시 7.8헤르츠다. 생각과 감정의 반복에서 벗어나서 마음을 비울 때 우리의 뇌파도 7.8헤르츠가 된다. 즉 우리의 뇌파가 우주의 주파수와 일치되는 것이다. 우리가 반복되는 생각과 감정을 비워내고 우주의 주파수와 일치되면 가능성에 접속할 수 있다. 우리가 과거와 미래에 집중하지 않을 때, 우리 안에 에너지는 채워지게 된다. 이 에너지는 곧바로 나만의 전자기장을 만들게 된다. 이때 우리는 우리가 원하는 미래를 현실에서 창조할 수 있게 된다.

우리가 원하는 미래는 어디에도 없다. 오직 '지금의 순간에' 우리가 원하는 미래가 존재한다. 과거도 미래도 지금보다 중요하지 않다. 생각과 감정의 프로그램을 알아차리고 벗어날 때 우리는 진짜 지금을 살 수가 있게 된다.

(긴장감이 넘치는 배경음악이 흐른다: 빠람~빰 빠람~ 빰빠람~ 빰빰빠라빰~!)

케이   (두 주먹을 불끈 쥐며) 그래! 결심했어!

마스터   뭘 말이에요?

케이   저 지금을 살기로 결심했어요!

마스터   (웃음) 그래서 어떻게 할 건데요?

케이   무조건 생각과 감정이 나타나도 이 말만 하는 거예요~.

마스터   무슨 말이요?

케이   (자신감 넘치는 얼굴로) 나는 모른다! 아이 돈 노우 I don't know~.

마스터   (놀란 표정) 와우~ 놀라운데요? 그걸 어떻게 알아낸 거죠?

케이   (으쓱) 에헴~ 그러니까 무의식 프로그램이 내가 아니잖아요? 내 안에서 무의식 프로그램을 빼면 나는 없는 거구요. 근데 그 상태를 전 아직 뭔지 모르잖아요? 그래서 일단 '나는 모른다'라고 한거죠~.

마스터   케이, 이건 정말 중요해요! '나는 모른다'라는 말이 곧 나의 존재의 상태를 나타내요~.

케이   응? 존재의 상태 뭐시기요?

마스터   (웃음) 무의식 프로그램은 생존을 위해 지구에서 필요한 시스템이에요. 그런데 역설적이게도 의식적인 창조를 하려면 무의식 프로그램을 알아차려야 하죠.

케이   알아요~. 지구는 이원성을 경험하는 세상이니까요~.

마스터   네~. 그리고 '나는 모른다'의 상태가 무(無) 또는 무아(無我)의 상태이기도 해요. 이것은 우주의 영점장(Zero Point)과도 같은 상태죠. 모든 가능성과 정보로 존재하는 에너지의 장이자 무의 공간! 그것을 알아차릴 수 있는 말이 바로 '나는 모른다'인 거예요!

    우리의 생각이란 그저 이해하는 것에 불과하다. 생각은 사실 무의식 프로그램의 반복일 뿐이다. 무의식 프로그램은 68%가 부정적이다. 그래서 머릿속 생각을 이해하려 하면 할수록 더욱 부정적인 주파수만 끌어당길 뿐이다.
    숭산 스님은 이렇게 말했다.
    "모르는 마음은 생각을 끊어 버립니다. 그것은 생각 이전입니다."

'생각 이전은 무엇을 말하는 걸까?'

　바로 '나'라는 존재도 '언어'도 뛰어넘은 상태를 말한다. 바로 내가 우주와 하나가 된 상태인 것이다. 생각도 감정도 진짜 내 존재의 모습은 아니다. 나는 본래 우주와 하나인 존재다. 생각과 감정을 넘어설 때 우리는 무한한 우주와 연결될 수 있다.

우리 몸의 에너지센터

감정은 그 자체로 큰 에너지를 지니고 있다. 감정들은 우리 몸의 특정한 지점과 연결되어 있다. 사람마다 활성화된 지점은 다를 수 있다. 그 지점을 잘 활용할 수 있을 때 우리의 창조 활동도 쉬워지게 된다. 고대 인도의 요가 전통에서는 우리 몸에 7개 지점이 있다고 했다. 이것을 '에너지센터' 혹은 '차크라Chakra'라고 부른다. 차크라는 산스크리트어로 '바퀴'라는 뜻이다. 에너지센터는 바퀴가 회전하듯이 에너지를 끌어당기거나 밀어낸다. 우리의 몸에는 7개의 에너지센터가 있다. 에너지센터는 우리 몸의 주요 에너지를 조절하는 역할을 한다. 7개의 에너지센터들은 몸의 척추를 따라 꼬리뼈부터 머리끝까지 이어져 있다. 몸의 중요한 장기와 에너지센터들이 연결되어 있으며 뇌처럼 마음을 지니고 있다. 그래서 각 센터는 뇌처럼 고유한 분비선, 호르몬, 화학물질, 신경총을 갖고 있다. 각각의 에너지센터들은 다른 주파수를 방출하며 송수신기 역할을 한다. 각자의 배움이나 경험에 따라 활성화된 에너지센터는 다를 수 있다. 이중 가장 활성화된 에너지센터는 창조의 시작점이 될 수 있다. 나의 예로 들자면 나는 5번째 센터(목)가 활성화되어 있다. 그래서 혼자 말을 하다 보면 저절로 정보가 주어지게 된다. 내가 5번째 센터에 집중해서 활성화시킬 때 우주 정보장에 쉽게 접속되는 것이다.

마스터   에너지센터를 이해하는 것은 정말 중요해요.

케이   왜요? 주파수를 송수신하는 역할을 해서요?

마스터   물론 그것도 맞아요. 하지만 에너지센터들은 각각의 인생 교훈을 담고 있어요. 우리 몸은 우주의 원리를 담고 있죠. 일정한 주기를 가지고 각 에너지센터에 해당하는 주제를 우리가 경험하게 돼요.

케이   오~ 그 일정한 주기라는 게 어떤건데요?

마스터   매년 그리고 그것이 모여 7년을 주기로 계속 반복돼요. 이 주기는 우리에게 인생의 교훈을 배울 기회를 제공하죠. 각 에너지센터마다 주제가 다르지만, 그 배움은 우리가 알든 모르든 진행돼요.

케이   송수신기 역할만 하는 줄 알았는데 에너지센터에 그렇게 깊은 뜻이 있는 줄 몰랐어요….

마스터   에너지센터는 송수신기 역할도 하지만 각 에너지센터에 해당하는 마음에 대해 마스터하게 해 줘요.

케이   아! 에너지센터는 뇌처럼 마음이 있다고 했었죠?

마스터   맞아요~. 그래서 우리가 생각과 감정으로 특정 마음 상태가 되면 그것에 해당하는 에너지센터가 활성화되는 거예요. 그렇게 해서 우리 마음 상태에 해당하는 주파수와 정보를 외부로 방출하게 되죠. 그 결과 우리가 보낸 주파수에 해당하는 경험을 하게 되는 거고요~.

케이 　(박수치며) 와우~!

　　에너지센터가 활성화될 때 우리는 외부로 특정 정보나 의도를 내보내게 된다. 그런데 우리가 생존 모드일 경우 반대로 에너지장으로부터 에너지를 끌어다 쓰게 된다. 결과적으로 우리가 창조할 에너지는 모자라게 되고 에너지센터는 막히게 된다. 이때 아래 3개의 에너지센터는 주로 에너지 소비에 쓰이게 된다. 스트레스나 지나치게 생존에만 몰두할 때 우리는 창조자에서 에너지 소비자로 바뀌게 된다. 그 결과 우리 몸을 둘러싼 에너지장은 쪼그라들게 되고 약한 신호를 보내게 된다. 이 상태는 마치 방전된 배터리와도 같다. 배터리를 계속해서 쓰게 되면 결국 닳게 된다. 결국 배터리의 에너지는 부족해지게 되고 제대로 기능을 하지 못하게 된다.

　　에너지센터로부터 지나친 에너지 소비는 결국 우리가 보내는 신호를 약하게 만든다. 약해진 신호는 낮은 주파수를 방출할 수밖에 없다. 낮은 주파수는 우리 몸의 균형을 깨뜨리고 질병의 원인이 된다. 또한 우리가 원하는 현실을 바꿀 에너지도 모자라게 된다. 우리가 특정 마음 상태일 때마다 에너지센터는 에너지를 소비하고 축적하려고 한다. 그 결과 에너지센터는 정체되고 막히게 된다. 막힌 에너지센터는 결국 그와 비슷한 신호만 보내게 된다. 그래서 우리가 같은 현실을 반복하게 되는 것이다.

지금 해결하려고 애쓰는 문제나 감정이 있다면 떠올려보자. 바로 그곳이 여러분의 에너지가 묶여 있는 곳이다. 하지만 에너지가 묶여 있어도 그 에너지는 여전히 사용할 수 있다. 묶인 에너지는 창조에 사용할 연료 탱크와도 같다! 우리가 해야 하는 일은 바로 묶인 에너지를 풀어주는 것이다. 제대로 비워야 제대로 받을 수 있다. (감정 풀기 작업 참고) 묶인 에너지가 풀리면 그만큼 우리가 창조에 쓸 에너지도 커지게 된다. 아래는 에너지가 정체될 때 일어나는 우리의 상태를 보여 준다. 현재 나의 문제는 곧 삶을 통해 배움을 하라는 메시지다. 우리가 배움을 허용할 때 에너지도 활성화된다.

에너지센터가 나타내는 삶의 교훈 및 정신적, 신체적 증상들

1번 에너지센터 (물라다라 차크라, 붉은색, 후각, 흙)

- **위치** 척추 끝 꼬리뼈
- **기본 원리** 존재의 육체적인 의지
- **삶이 주는 교훈** 모든 것은 하나다. / 부족에 대한 공부
- **신체 증상** 만성 요통, 좌골신경통, 정맥류, 직장 종양/암, 우울증, 면역 체계 이상
- 성적 타락, 성적 중독, 성적 불안, 성적 혼란/고통, 성적 학대로 인한 트라우마, 가족과 집단으로부터의 안전, 생활에 필요한 것을 공급하는 능력, 자립 능력, 사회나 가족 간의 법과 질서

2번 에너지센터 (스와디스타나 차크라, 오렌지색, 미각, 물)

- **위치** 아랫배의 단전 부위

- **기본 원리**   존재의 창조적 재생
- **삶이 주는 교훈**   서로를 존중하라. / 관계에 대한 공부
- **신체 증상**   만성 요통, 좌골신경통, 생식기 문제, 골반/요통, 성적인 힘, 소변 이상
- 죄책감, 슬픔, 두려움, 우울, 수치심, 고통, 무가치함, 낮은 자존감, 결핍, 희생자 느낌, 책임감과 죄의식

3번 에너지센터 (마니푸라 차크라, 노란색에서 황금색, 시각, 불)

- **위치**   태양신경총 부위, 명치에 자리
- **기본 원리**   존재의 형성
- **삶이 주는 교훈**   자기 자신을 존중하라. / 개인적인 힘에 대한 공부
- **신체 증상**   관절염, 위/십이지장 궤양, 결장/장 이상, 췌장염, 당뇨, 급성/만성 소화불량, 식욕 부진/항진, 간 기능 이상, 간염/부신의 기능 장애
- 경쟁, 통제, 성급함, 자기 과장, 분노, 공격성, 좌절감, 통제욕, 자존심, 신뢰, 남을 판단하는 자만심, 결정에 따른 책임감, 개인의 명예

4번 에너지센터 (아나하타 차크라, 녹색, 분홍색과 황금색, 촉각, 공기)

- **위치**   가슴 부위의 중심에 위치
- **기본 원리**   헌신, 자기 포기
- **삶이 주는 교훈**   사랑은 신성한 힘이다. / 정서적인 힘에 대한 공부
- **신체 증상**   심장 기능부진, 심근경색, 심장마비, 심전도 이상, 천식/알러지, 폐암, 기관지 폐렴, 유방암

- 사랑과 증오, 원한과 비통, 슬픔과 분노, 자기 중심성, 외로움과 몰입, 용서와 연민, 희망과 신뢰

5번째 에너지센터 (비슈다 차크라, 옅은 파랑, 은색 또는 녹색을 띤 파란색, 청각, 에테르)

- 위치 목에 위치
- 기본 원리 존재의 울림
- 삶이 주는 교훈 자신의 의지를 신의 의지에 복종시켜라. / 의지력에 대한 공부
- 신체 증상 뻐근한 목, 만성 인후통, 입의 궤양, 잇몸 이상, 턱관절 이상, 후두염, 내분비선 이상, 갑상선 이상
- 선택과 의지력, 개인적인 표현, 꿈의 성취, 창조를 위한 힘의 사용, 판결과 비판, 신뢰와 지식, 결정하는 능력

6번째 에너지센터 (제3의 눈/아갸나 차크라, 남색, 노란색이나 보라색, 초감각적 인식과 감각)

- 위치 미간에 위치
- 기본 원리 존재의 지식
- 삶이 주는 교훈 오직 진리만을 추구하라. / 마음의 작용에 대한 공부
- 신체 증상 뇌종양, 뇌출혈, 뇌졸중, 신경 교란, 시각/청각 장애, 척추 이상, 학습 장애, 중풍 발작
- 자기 평가, 진실, 지적인 능력, 직관, 경험에서 배우는 능력, 생각에 대한 개방성, 지성

7번째 에너지센터 (왕관 차크라/사하스라라 차크라, 보라색, 흰색과 금색)

- 위치　　　　머리 꼭대기 정수리 중심에 위치
- 기본 원리　　가장 순수한 존재
- 삶이 주는 교훈　현재 이 순간에 살아라. / 영혼에 대한 공부
- 신체 증상　　우울증, 에너지 교란, 신체 증상과 무관한 만성 피로, 빛/소리에 민감
- 삶에 대한 신뢰, 가치, 윤리, 용기, 이타심, 인도주의, 확장된 의식, 신뢰와 영감, 영성과 헌신

1) 에너지센터 상태 진단해보기
(이때 테스트를 도와줄 상대방이 필요하다.)

1. 오른손을 몸의 한 에너지센터에 놓는다.
2. 에너지센터에 오른손을 놓은 상태에서 왼쪽 팔을 어깨높이로 옆으로 뻗는다.
3. 테스트를 도와주는 사람이 왼손을 당신의 오른쪽 어깨에 놓고 '버티세요.'라고 말한다.
4. 내가 팔을 올린 상태에서 상대방이 손목 위 부위를 검지와 중지로 꾹 눌러 내려본다.
5. 에너지센터가 활성화돼있다면 뻗은 팔은 손목을 내리는 힘에 저항할 것이다. 반대로 팔이 힘없이 쭉 내려간다면 에너지센터가 정체돼 있거나 막혀 있을 가능성이 있다.

2) 막힌 에너지센터 풀어주기

1. 에너지센터 설명을 보고 자신의 감정적 문제나 경험하고 있는 주제와 관련된 곳을 선택한다.
2. 해당 에너지센터가 있는 신체 부위에 주의를 끌고 가만히 느껴본다.
3. 호흡하면서 신체 부위에서 느껴지는 느낌에 더 자세히 집중해 본다.
4. 불편한 느낌이 나타나면 그곳에 더 집중해 본다.
5. 불편한 느낌이 더 확장될 수 있도록 허용한다. 이때 몸 밖으로 불편한 느낌을 확장해보는 상상을 함께 한다. (몸 밖으로 이 느낌이 비눗방울이 점점 커진다고 상상한다.)
6. 확장된 에너지가 흩어질 때까지 호흡과 함께 그대로 느껴준다.

> 7. 에너지가 흩어지고 나서 그 자리에 새로운 에너지가 흘러들어 온다고 상상한다.
> 8. 정수리에서부터 강력한 흰빛이나 황금색 빛을 받는다고 상상한다. 그리고 이 빛을 점점 넓게 만들면서 몸 전체로 확장 시킨다.
> 9. 실제로 답답한 부분이 시원해진다거나 압력이 느껴지면서 에너지가 채워지는 기분이 들 수 있다.
> 10. 에너지가 막힌 느낌이 들거나 답답할 때 감정 풀기 작업과 함께 1-8번 과정을 반복한다.

에너지가 정체되어 있을 경우 나타날 수 있는 예를 들어보겠다. 어느 날부터 나는 목 주변이 답답한 느낌이 들었다. 마치 알사탕이 목구멍 전체를 막은 듯 답답했다. 누가 목을 조르고 있는 것처럼 압력이 느껴졌다.
'이상하다… 목이 왜 이러지?'
고등학교 때도 나는 똑같은 증상을 경험한 적이 있었다. 그래서 이때 당시의 상태를 떠올려 봤다. 스트레스와 불면증, 감정 표현의 결여…. 이때 가장 큰 스트레스는 할 말을 못 하고 꾹 참는 것이었다.
나는 다시 현재 나의 상태를 떠올려 봤다.
'가만있어보자… 내가 목과 관련된 스트레스가 있나?'
그러자 그 이유가 생각이 났다. 방송을 6개월 정도 진행할 무렵 나에게는 고민이 있었다.
'하… 더 이상 책의 내용만 소개하고 싶지 않아….'
'내 의견도 얘기해주고 싶은데 그러면 영상이 길어져서 안 되겠지?'
책 소개에 질려 있던 나는 단지 영상을 짧게 만들어야 한다는 생각 때문에 할 말을 막고 있었다. 그러자 내 목의 에너지 정체로 증상이 나타난 것이었다. (목의 증상은 '자기표현의 부족'을 나타낸다.)

우리는 정체되고 막힌 에너지센터들을 통해 현재 어떤 문제를 해결해야 하는지 알 수 있다. 나의 감정 상태와 신체적 증상들은 곧 나의 에너지 상태를 반영한다. 우리 몸은 우리의 마음보다 훨씬 더 높은 지성을 가지고 있다. 내가 이성적으로 생각할 수 없는 마음의 상태도 몸은 알고 있다. 위에 테스트를 통해서 에너지 상태를 점검하거나 내가 해결해야 할 문제들을 알 수 있을 것이다. 우리가 정서적, 신체적 증상들을 자각하기 시작하면 에너지의 흐름은 바뀌게 된다. 에너지센터는 정보를 송수신함과 동시에 우리 안의 마음을 비춰주는 거울 같은 역할을 한다. 자신의 감정에 솔직해질 때 에너지센터들도 제 기능을 할 수 있게 된다. 더불어 우리가 원하는 미래도 창조할 수 있게 된다.

뇌와 심장의 일치가 현실을 바꾼다

케이	(고민하는 표정) 흠… 일단 의도적인 생각은 적어놨고, 그다음은 어떻게 한다…?
마스터	(불쑥) 뭐하고 있어요?
케이	(놀라며) 어이쿠! 깜짝이야~. 기척 좀 하고 나타나요! 아이고 내 심장이야….
마스터	(노트를 보며) 아까 보니까 생각 다음에 어떻게 해야 할지 고민하는 것 같던데요?
케이	(끄덕이며) 맞아요! 감정을 느끼라는데 그 부분이 영 진도가 안 나가네요….

마스터 흠… 그 부분에 대해서는 이미 예수가 설명한 바 있어요~.

케이 예… 예수님이요? 갑자기 웬 예수님이요???

마스터 오래전 예수가 이런 말을 했죠. "네가 그 둘을 하나로 만들면… 네가 '산아 물러가라!'라고 말하면, 산은 물러갈 것이다."

케이 (고개를 갸웃거리며) 응? 둘을 하나로 만들면 산이 물러간다고요?

마스터 (웃음) 여기서 둘을 하나로 만들라는 것이 바로 뇌와 심장의 일치를 말하는 거예요~.

케이 아~ 뇌랑 심장이요~ (진지한 표정) 근데 뇌랑 심장은 어떻게 일치시켜야 하는데요?

마스터 먼저 의도적인 생각을 떠올려야죠~. 그다음은 생각에 관련된 감정을 진심으로 느껴보고요~. 여기서 중요한 게 있는데 진심으로 느낀다는 말은 '강력한 믿음'과도 같아요!

케이 강력한 믿음이요?

마스터 네~ 구하는 것이 무엇이든 간에 이미 받았다는 적극적인 믿음이요!

케이 (탁자를 '탁' 치며) 아하! 저 알 것 같아요! 이미 받았다는 건 감사와도 같은 거잖아요?

마스터 (웃음) 맞아요~. 드디어 이해했군요!

우주는 에너지로 진동하는 정보의 장이다. 진동하는 모든 것들은 전자기장을 방출한다. 물질의 최소 단위인 원자도 끊임없이 진동하며 전자기장을 방출한다. 우리 몸의 뇌와 심장도 진동하며 전자기장을 방출한다. 뇌는 생각과 감정을 통해 심장에게 의도를 전달한다. 심장은 뇌가 보낸 감정 에너지 정보를 해독해서 다시 뇌로 명령을 내린다. 뇌는 심장이 보낸 명령을 받아들이고 감정을 '느낌'으로 입력한다. 느낌은 생각과 감정의 에너지가 합쳐져 고유의 에너지 코드를 지닌다. 강력한 느낌은 고유의 에너지 코드를 전자기장의 형태로 만들고 외부로 방출한다. 뇌는 생각과 감정을 결합하고 심장은 그 둘의 에너지를 융합하는 역할을 한다. 눈에 보이지 않는 에너지를 융합하는 심장은 사실 뇌보다 훨씬 더 많은 전자기장을 내뿜는다.

미국 하트매스 연구소에 의하면 심장의 전기적 강도는 뇌보다 60배 이상 높으며, 자기장은 뇌보다 5천 배 이상 강하다고 한다. 심장은 그저 우리 몸에 피를 펌프질하는 기관이 아니다. 심장은 뇌의 사령탑처럼 신경계, 호르몬, 화학물질 생성, 전자기장에 지시를 내린다. 우리가 무언가를 강력하게 느낄 때 뇌는 사실처럼 받아들이게 된다. 그 이유는 심장이 뇌에게 느껴야 할 감정에 해당하는 호르몬과 화학물질을 명령하기 때문이다. 우리는 보통 뇌가 우리 몸에 명령을 내린다고 생각한다. 하지만 '느낌'이 심장에서 활성화되면 그 반대로 심장이 뇌에게 명령을 내리게 된다. 뇌는 생각하지만, 심장은 그냥 안다. 심장은 그 자체로 고유의 지성을 지니고 직관적 앎에 관여하기 때문이다.

뇌파는 빠른 차례로 감마파, 베타파, 알파파, 세타파, 델타파의 5가지가 있다. 뇌와 심장의 일치를 만드는 뇌파는 '알파파'다. 알파파는 정중앙 스펙트럼의 뇌파다. 위로는 베타파와 감마파, 아래로는 세타파와 델타파를 이어준다. 베타파는 의식적인 마음의 뇌파다, 세타파와 델타파는 잠재의식(무의식)의 뇌파다. 알파파는 베타파의 마음(생각)과 세타파, 델타파의 잠재의식(무의식)을 연결해 준다. 이 상태를 알파 브릿지Alpha Bridge라고 부른다.

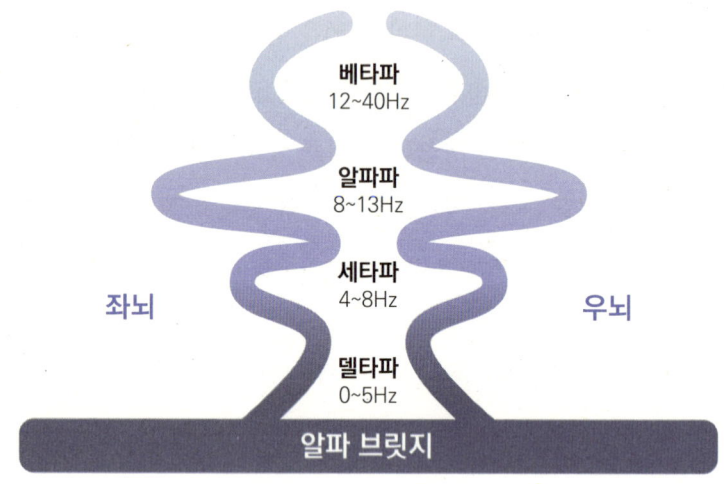

　알파 브릿지 상태에서는 모든 수준의 마음을 통합시킨다. 생각과 감정을 통합하고 강력한 느낌을 무의식에 전달한다. 강력한 느낌은 고유의 에너지 코드를 가지게 된다. 에너지 코드는 우리의 소원을 현실로 만들 모든 정보를 담고 있다. 무의식에 전달된 느낌은 심장에게 에너지 코드를 전달한다. 심장은 강력한 느낌의 에너지 코드를 정보화하고 심장에 입력한다. 입력된 정보는 뇌로 전달되고 뇌가 느낌을 사실로 받아들이게 된다. 이때 뇌와 심장의 일치로 강력한 전자기장이 방출된다. 뇌와 심장이 일치되면 느낌이 곧 우리의 미래가 되는 것이다.

케이　느낌이 에너지 코드라···.

마스터　느낌은 인간이 설명할 수 없는 압축된 정보와도 같아요. 에너지 코드는 느낌을 압축해 놓은 파일과도 같구요. 케이, 지금 느낌을 만드는 과정을 한번 상상해 봐요~.

케이　음··· 일단 생각을 하고 감정을 느끼고···.

마스터   거기서 잠깐!

케이   아니, 왜… 왜요?

마스터   감정을 느낄 수 있다는 부분이 중요하거든요~. 감정은 모든 경험의 총합이에요. 우리는 여러 경험을 통해 다양한 감정을 느끼게 되죠. 감정을 통해 만들어진 모든 느낌은 우리 몸의 세포에도 새겨져요. 실제로 두뇌에는 여러 세포군이 있어요. 이들은 각각 다른 느낌을 코드화해서 저장하고 있죠.

케이   와… 감정을 느낀다는 것이 왠지 엄청 대단하게 느껴져요!

마스터   (웃음) 감정도 에너지예요~. 느낌은 그보다 더 압축된 에너지고요~.

케이   그게 맞는 것 같아요. 왜냐하면 느낌이라는 건 말로 딱히 설명할 수가 없더라고요~.

마스터   느낌은 마음이 관장하는 부분이 아니니까요. 강력한 느낌은 심장에서 시작하거든요~.

케이   심장에서 시작한다고요?

마스터   네~. 심장은 느낌이라는 암호화된 에너지 코드를 해독하는 역할을 해요. 코드를 해독하고 파일을 일정 순서로 정리해서 기록하는 역할을 하죠~.

케이   (깜짝 놀라며) 네에?!? 심장이 그… 제가 아는 그 심장이 맞는 거죠?

마스터   (웃음) 심장은 우리의 영이 머무는 신성한 곳이에요~. 영은 심장에서 우리를 느낌으로 도와주고 있죠. 영은 모든 것을 알고 있어요. 그러니까 느낌은 심장으로부터 나오는 앎이에요!

케이   (물개 박수) 와아…. 정말 멋져요!

'바람'은 생기 없는 감정이라고 부른다. 인간의 바람은 외부 현실을 바꿀 힘이 없다. 우리가 생각과 감정의 관계를 이해하기 전까지는 말이다. 우리가 생각에 관한 감정(사랑, 두려움)을 결합하면 느낌이 만들어진다. 느낌은 '생각과 감정의 결합'이다. 느낌은 뇌에서 시작해서 심장에서 형성된다. 뇌와 심장의 일치를 이루는 감정은 '사랑, 감사, 행복, 만족, 평안' 등이다. 이 중에서 감사는 대표적으로 뇌와 심장의 일치를 보여 준다. 《심장공식의 해법》의 작가 칠드리 박사와 하워드 마틴 박사는 "우리가 감사를 느낄 때 뇌파와 심장 박동수가 일치하게 된다"라고 말한다. 감사의 느낌은 뇌와 심장을 정확히 0.1헤르츠의 주파수로 일치시킨다.

정신과 의사인 에릭 레스코위츠Eric Leskowitz는 하트 매스 연구소에서 심장의 율동성을 지속적으로 확인하고 있었다. 여기서 심장 율동성은 알파파의 증가와 관련이 있다. 심장 율동성은 사랑과 연민 같은 긍정적인 감정에 의해 만들어진다. 연구팀은 숙련된 명상가들에게 그가 모르게 뒤에서 그의 심장을 조율하는 상태에 들어가도록 했다. 그러자 레스코위츠의 심장의 율동성이 증가했다. 명상가들은 접촉하지 않고도 레스코위츠의 심장 율동성을 바꾼 것이다.

후속 연구에서도 심장 율동성에 대한 실험을 했다. 140회 반복된 실험에서도 25명의 자원자로부터 같은 효과를 측정해 냈다. 원거리에서도 전 실험과 같이 똑같은 효과가 측정됐다. 연구자는 실험 결과를 이렇게 적었다. "동조된 에너지장이 참여자들의 의도에 의해 증강되거나 생성될 수 있다. 이것은 참여자들의 심장에서 심장으로 생물학적 소통이 일어날 수 있는 가능성을 뒷받침해 준다." 뇌와 심장의 일치된 주파수는 강력한 전자기장을 형성한다. 강력한 전자기장은 우리의 에너지장을 바꾸고 외부 현실을 바꾼다.

노벨상 수상자인 피에터 제만Pieter Zeeman은 "외적인 자기장 안에 놓였을 때 원자의 에너지는 변한다."라고 말했다. 즉 우리의 전자기장이 바뀌면 주위의 원자도 바뀌고 물리적 현실도 바뀌게 된다는 말이다. 뇌와 심장의 일치는 강력한 전자기장을 만들고 에너지장을 바꾼다. 바뀐 에너지장은 강력한 자석처럼 작동한다. 느낌은 강력한 자석과도 같다. 내가 경험할 사건들을 느낌(에너지 코드)에 맞게 끌어온다. 뇌와 심장은 느낌을 만들어내는 신의 도구다. 느낌은 강력한 신의 언어와도 같다. 뇌와 심장을 일치시킬 때 우리는 에너지장을 바꾸고 현실을 바꾸게 된다.

뇌파의 여러 종류와 기능들

감마파(40-100Hz)

감마파는 가장 주파수가 높은 뇌파이다. 뇌가 학습하고 정보를 통합할 때 가장 잘 나타난다. 뇌가 감마파를 만들어 낼 때는 높은 자각 의식 상태이다. 승려가 연민의 마음으로 명상을 할 때 발견되는 뇌파이기도 하다. 감마파는 우주의 의식과 일치가 될 때 극치 상태, 혹은 통달의 상태의 느낌과 연관이 있다.

베타파(12-40Hz)

베타파는 높은 베타파와 낮은 베타파가 있다. 높은 베타파는 부산한 마음과도 같은 상태이다. 불안하고 욕구불만과 스트레스를 받고 있는 상태에서 나타난다. 스트레스와 부정적인 감정을 느낄 때 높은 베타파가 작동하게 된다. 이때 베타파는 합리적인 사고와 관련된 뇌 부위의 작용을 정지시킨다. 낮은 베타파는 신체의 자동기능과 동조하는 뇌파다. 베타파는 정보처리와 기능적인 사고를 위해 필요하다. 문제 해결, 목적지까지 경로 찾기, 블로그 작성하기, 수업 듣기 등을 할 때 베타파가 나타난다.

알파파(8-13Hz)

알파파는 뇌가 가장 이상적으로 기능할 때 나타나는 뇌파이다. 알파파는 높은 주파수와 낮은 주파수를 연결해 주는 다리 역할을 한다. 의식적인 마음과 잠재의식을 연결해 주는 뇌파이기도 하다. 알파파는 세로토닌 같은 기분 좋은 호르몬의 수치를 높여준다. 해마와 연관된 뇌의 학습 기능과 기억 회로의 기능을 증가시켜 준다. 유전자 발현을 촉진시키고 기분을 좋게 해줘서 뇌가 최상의 기능을 할 수 있게 도와준다.

세타파(4-8Hz)

얕은 수면 상태일 때 주로 나타나는 뇌파이다. 생생한 꿈을 꿀 때, 최면의 상태, 치유가, 높은 창조력의 발현, 무아지경의 상태가 이 뇌파에 해당한다. 좋거나 나쁜 감정적 경험의 회상도 세타파를 유발할 수 있다. 세타파는 노화와 가장 밀접한 관련이 있다. 활성산소를 중화시키고 항산화제의 활동을 증가시킨다.

델타파(0-5Hz)

가장 느린 주파수의 뇌파이다. 깊은 수면의 상태나 우주와의 합일을 느낄 때 나타난다. 명상가, 직관적인 사람, 치유가 등은 훨씬 더 많은 델타파를 만들어낸다. 작곡가나 놀이에 집중한 아이에게도 많은 델타파가 발견된다. 델타파는 텔로미어를 성장시키고 성장호르몬을 증가시키며 신경 세포를 재생시킨다.

평행우주와 무한한 가능성의 장

몇 년 전 한 여성을 상담할 때였다. 그때의 나는 평행우주니 그런 것에는 전혀 관심도 없었다. 그런데 상담을 하면서 나의 인식이 송두리째 흔들리게 됐다. 30대인 그녀는 현재 삶에 대해 고민이 많았다. 어떤 일을 해야 할지 부모님과 계속 살아야 할지 등등의 고민이 있었다. 상담을 진행하면서 그녀는 자신의 삶에 대해 이해하기 시작했다. 왜 자신이 이런 인생을 택했고 무엇을 배워야 했는지를 알게 되었다. 그렇게 우리는 앞으로의 삶에 대한 이야기를 이어 나가고 있었다. 그리고 삶의 인과법칙에 대해서 설명을 하고 있었는데… 나의 의식은 또다시 다른 차원으로 이동되었다!

케이 그러니까 예전의 삶으로 돌아갈지 아닐지를 결정해야 해요. 지금처럼 생각을 유지한다면 변화는 더딜 뿐이에요!

상담자 (머뭇거리며) 아, 네….

케이 에너지는 내가 보낸 만큼 돌아오게 되어 있어요. 지금 내가 아무것도 하지 않으면 에너지는 움직이지 않아요. 먼저 에너지를 보내야지 내가 받을 수 있어요! 그러니까 지금 선택하세요!

상담자 네, 알겠습니다!

케이 아니, 알겠다는 거 말고 선택을 하셔야죠~.

상담자 (웃음) 아, 네! 선택합니다!

케이 좋아요~ 선택하면 에너지는 바로 바뀌게 됩니다! 눈에 보이지 않아도 에너지는 늘 작동해요~.

상담자 네~.

케이 (멍해지더니) 어… 근데… 이게 뭐죠? 이 슬라이드들은 도대체 뭐지? 도대체 얼마나 많은지 가늠할 수도 없잖아! 오 마이 갓!

상담자 (놀라며) 네???

케이 아니 ○○씨가 선택한다고 하자마자 그걸 기준으로 무한한 슬라이드가 펼쳐지고 있어요. 근데 그 슬라이드 이미지가 하나씩 다 살아서 움직이는데… 잠깐만요… 헐…… 이미지 하나에 인생의 끝까지가 다 들어있어요! 근데 그게 수도 없이 나뭇가지처럼 펼쳐져 있어요! 이게 뭐죠? 허, 참 신기하네….

나는 그 장면이 아직도 잊혀지지 않는다. 나의 지식으로는 이해하기가 불가능했다. 그 무한히 펼쳐지는 각각의 이미지들은 무수히 많은 ○○씨로 보였다. 그런데 지금의 ○○씨 뿐만이 아니라 다른 차원의 ○○씨를 모두 포함한 것 같았다.
'이게 가능키나 한 얘긴가?'
'내가 지금 뭔가 잘못 본 건가?'

　아마 한 번이었으면 착각이라고 생각했을 거다. 그런데 늘 상담자들이 의식에 변화가 있거나 선택을 할 때마다 똑같은 장면이 펼쳐졌다. 의식 상태, 즉 그들의 에너지가 바뀌면 우주에 있는 모든 그들도 바뀌는 것이다!

　우리는 매 순간 평행우주 속의 가능성을 선택하고 있다. 내 경험이 믿기지 않더라도 우리는 늘 선택이라는 것을 한다. 삶은 끊임없는 선택의 연속인 것은 부인할 수 없다. 무수히 많은 선택이 모여서 우리의 삶을 만든 것이다.
　우주는 무한한 가능성으로 이루어진 거대한 정보장과도 같다. 우리가 상상한 그 모든 가능성은 이곳에 존재한다. 우주는 모든 가능성이 동시에 존재하는 곳이다. 과거와 현재 미래의 모든 것이 저장되어 있다.

　알렌 구스Alan Guth 교수는 "미립자는 한순간에 여러 곳에 동시에 존재할 수 있다. 한 우주에서 일어나는 일은 다른 우주에도 일어난다."고 말했다.
　미립자는 거리도 공간도 전혀 구애받지 않는다. 빛보다 빠른 속도로 오고 간다. 미립자가 여러 곳에 존재한다면 우주 또한 무한한 개수로 존재할 수밖에 없다. 그렇다면 나는 어떨까? 내 몸도 쪼개고 쪼개면 미립자가 된다. 하나의 미립자는 동시에 여러 곳에 존재할 수 있다. 당연히 나도 동시에 우주 여러 곳에 존재할 수 있다. 따라서 수많은 가능성도 존재하게 된다. 그 가능성들은 우주에 수많은 '나'들이 한 선택이다. 우리의 운명은 수많은 생각의 선택으로 이루어져 있다. 지구에 사는 나는 그저 수많은 생각들 중 하나를 선택해서 살고있는 것에 불과하다.

MIT 물리학자인 맥스 테그마크Max Tegmark 교수는 "나와 똑같은 외모, 이름, 기억력을 가진 사람들이 또 다른 지구에 살고 있다."라고 말했다. 내가 상담을 하면서 본 수많은 슬라이드들은 개인의 무한한 평행우주와도 같다. 평행우주에서의 간격은 1밀리미터 밖에 되지 않는다고 한다. 그렇다면 1밀리미터 간격으로 우주 곳곳에 다른 '나'가 있다는 말이 된다. 또 다른 '나'는 지금의 '나'가 될 수도 있다. 내가 할 일은 그저 그중에 마음에 드는 하나를 고르는 것이다. 이런 상상을 해 보자.

- 당신은 평범한 주부로 아이 셋과 함께 행복하게 살고 있다.

- 당신은 속 썩이는 남편과 아이 셋과 힘들게 살고 있다.

- 당신은 속 썩이는 남편과 이혼해서 혼자 살고 있다.

- 당신은 아이 없이 남편과 행복한 주부로 살고 있다.

- 당신은 비혼주의자로 혼자 살고 있다.

여러분이 상상하는 모든 것은 가능하다. 그것은 우리 눈에 보이지 않지만 실재한다. 이 지구에 살고 있는 나는 주부일 수도 있고, 비혼주의자일 수도 있다. 노벨 물리학상 수상자인 와인버그Steven Weinberg는 이런 가능성에 대해서 이렇게 설명한다. "당신이 살고 있는 공간은 수십 개의 방송국에서 송출한 전파들로 가득하다. 그러나 당신은 그 가운데 한 가지만을 선택할 수 있다. 나머지 전파들은 가능성으로 존재하다가 당신이 채널을 돌리면 현실로 나타난다." 우리가 상상할 수 있는 모든 가능성은 이미 존재한다. 내가 가능성에 조율되면 그것은 곧 나의 현실이 된다.

《트랜서핑》의 저자 바딤 젤란드는 우주 정보장을 '가능태 공간'이라고 표현했다. 가능태라는 개념은 평행우주와도 동일하다. 가능태 공간은 시간과 공간을 초월한다. 무수히 많은 가능성들이 우주에 저장되어 있다. 내가 가능성들에 조율할 수 있다면 그것은 곧 나의 현실이 된다. 우주의 가능성들은 컴퓨터의 하드디스크처럼 섹터로 분류되어 있다. 마치 좌표처럼 하나의 특정 값을 지니고 있다. 내가 상담 때 본 수많은 슬라이드 이미지들은 특정 섹터와도 같다. 잘 정리된 파일이 끝없이 펼쳐진 곳이 바로 '우주 정보장'이다.

우주 정보장은 무한한 시나리오 파일들을 가지고 있다. 각각의 시나리오는 무한한 수의 가능성을 지니고 있다. 하나의 시나리오를 선택하면 뒤이어 다른 시나리오가 펼쳐지는 것과도 같다. 내가 선택한 시나리오에 따라 가능성은 무한대로 펼쳐지게 된다. 우리가 다른 무대에서 다른 연기자로 살 수 있는 모든 가능성은 우주 정보장에 이미 존재한다.

인생을 살다 보면 사소한 사건 하나가 운명을 결정짓기도 한다. 운명을 탓하면서 살기에는 수많은 가능성이 아깝지 않은가? 우리가 할 일은 그저 사소한 사건을 마음에 드는 시나리오로 교체하는 일 뿐이다.

어느 날 나는 평행우주라는 개념을 사용해 보기로 작정했다. 나름의 인생 대본을 적어가며 내가 원하는 미래의 나를 상상하기 시작했다.

"그래, 내가 여기 말고 또 다른 곳에 존재한다면 가능할지도 몰라."
"그렇다면 내가 원하는 나를 상상해 보자!"
"나는 자신감이 넘치고… 글도 잘 쓰고… 돈도 잘 벌고 있어."

한참을 흥미진진하게 상상을 했다. 얼마나 리얼했는지 히죽히죽 웃기도 하고 눈물을 흘리기도 했다. 점점 상상 속의 또 다른 '나'가 지금의 '나'가 된 기분이었다.

'거참 오늘 이상하게 피곤하네…?'
'오늘은 그냥 일찍 자야겠다~.'

그렇게 만족스런 기분으로 나는 일찍 잠자리에 들게 됐다. 그날은 왠지 다른 날과 다르게 너무 피곤했다.

(하얗게 눈부신 공간에 여러 명의 마스터들이 회의로 분주하다. 그들 앞에는 체스판처럼 생긴 투명한 여러 겹의 판이 공중에 떠 있다. 이 판에는 영혼의 인생 계획이 담겨있다. 마스터들은 판들을 올리거나 내리면서 케이의 인생 계획 내용을 수정하느라 분주하다.)

마스터1 이 영은 이번 삶에서 좀 더 적극적으로 살아야 해요. 그렇게 되면 지구에서의 작업 후 차원 상승도 가능할 것 같구요. 다른 선택들은 없나요?

마스터2 (투명한 판을 가리키며) 음… 여기 이건 어떤가요? 지금보다 살짝 다르긴 한데 뭔가 현재 상황을 다르게 볼 수 있을 것 같아요. 장애물도 꽤 많지만, 경험이 많은 영이라 가능할 것 같습니다.

마스터1 (진지한 눈빛) 흠… 아직 도착하지 않았나요?

마스터3 조금 있으면 도착할 겁니다!

마스터1 지구에서 바꾸면 다른 상위차원도 다 수정해야 하는데… 차원별 분류목록이 어디 갔더라… (자리에 앉으며) 일단 기다려보도록 하죠.

마스터2 그럼 제가 다른 그룹에 가서 혹시 참여할 생각이 있는지 알아보고 오겠습니다!

마스터1 좋아요. 일단 본인의 선택이 중요한 거니까 우리는 그 밑 작업만 해두도록 하죠.

마스터3 지금 방금 도착했답니다!

마스터1 그럼 회의를 시작해보도록 하죠~.

(문을 열고 들어가니 하얀 방에 대형 스크린이 공중에 떠 있다. 아래로는 원형의 작은 테이블이 솟아 있고 그 테이블 뒤로 여러 마스터들이 앉아 분주하게 회의 중이다.)

케이 (당황) 여… 여긴 어디지? 아…! 내가 회의를 하러 왔나 보구나.

마스터1 계획보다 빨리 선택을 했더군요. 그래서 우리가 다른 시나리오를 몇 개 준비해 봤어요. 한번 보고 의견을 말해 주세요. 추가 지원자들도 지금 오고 있는 중이니까 천천히 확인해보세요.

케이 (잠시 후) 음… 전 3번이 좋을 것 같아요. 여러가지 해야 할 게 많지만 더 많이 배울 수 있을 것 같아요. 제 성격하고도 잘 맞고요. 이번이 마지막이라 조금 욕심을 부려서라도 지구에서의 에너지 작업은 마무리하고 싶어요.

마스터1 좋아요, 그럼 잠깐만 기다리세요. 지금 다른 그룹에서 지원자들이 오고 있거든요. 서로 상의한 후에 일을 진행시켜 보도록 하죠.

마스터2 6차원과 플레이아데스에서 지원이 가능하답니다. 회의는 화상으로

　　　　　진행하시죠.
마스터1　좋습니다. 연결시키세요.

(방의 중앙에 홀로그램처럼 투명한 스크린이 뜬다. 스크린의 주위로 빛의 입자가 다른 영혼들의 형상을 만들기 시작한다. 이내 영상은 양쪽으로 나뉜다.)

지원자1　전 좋습니다. 이미 지구에서 함께 작업해 본 경험도 있고요. 마침 저도 변화가 필요한 시점이어서요. 이번에도 같이 작업하면 재밌을 것 같아요.
지원자2　저도 이번 계획에 동참하고 싶어요. 현재 제가 하고 있는 작업과도 맞물리고요. 이번 계획으로 조금이나마 지구 진동 상승에 기여할 수 있을 것 같습니다. 그게 우리 행성이 바라는 일이기도 하고요.
케이　　저도 좋아요~. 전에 함께 작업해 본 경험이 있어서 재밌을 것 같아요. 잘 부탁드립니다!
마스터1　좋습니다! 그럼 다들 동의하신 걸로 하고 회의를 마무리하도록 하죠.

　　내가 지금 지구에서 한 선택은 다른 차원에도 영향을 미친다. 지구에 사는 내가 선택을 하고 결정을 내릴 때마다 다른 차원의 나도 달라진다. 각자가 내리는 결정 하나하나마다 다 다른 차원이 존재한다. 영혼은 하나만 있는 것이 아니라 전 차원에 존재한다. 그 수는 셀 수 없이 많다. 영혼은 시간과 공간의 제약을 받지 않는다. 따라서 그 모든 곳에 존재할 수 있다. 지구에 사는 나는 그저 하나의 빛 조각에 불과하다.

인생에서의 선택도 영혼에게는 배움을 위한 경험일 뿐이다. 모든 경험은 나에게 가르침이 되고 성장의 씨앗이 된다. 현재 나의 삶이 마음에 들지 않는다면 그저 다른 시나리오를 선택하면 된다. 하나의 초점에 맞추어진 생각 때문에 우리는 가능성을 보지 못한다. 우주의 무한한 가능성에 나를 열어 놓으면 삶의 선택도 무한해질 수 있다.

소리 에너지

케이   (걸어 다니며) 나는 신이다… 나는 신이다… 나는 신이다.

마스터   지금 뭐하고 있는 거예요?

케이   아~ 얼마 전 책을 읽었는데 '신God'이란 말이 진동이 제일 높대요!

마스터   (웃음) 그건 맞아요. 그래서 계속 '나는 신이다'를 반복하고 있었던 거예요?

케이   당연하죠~. 이렇게 계속 말하다 보면 에너지가 쌓여서 진동이 올라갈 거예요~.

마스터   (팔짱) 그냥 '신'이라는 말만 해도 되는데 왜 '나는I AM'을 붙여서 하는 걸까요?

케이   (망설이며) 음… 그건…'나는'… 이라는 말이… 그러니까….

마스터   '나는 I AM'은 모든 창조가 시작되게 하는 말이에요. 우주에서 가장 강력한 말이기도 하죠. 이것은 신의 명령과도 같아요.

케이   (끄덕이며) 아~ 그렇구나!

마스터   우리 모두는 신의 창조력을 부여받은 인간의 형상을 한 신이에요. 신은 우리에게 무한한 창조력을 주었죠. 바로 '나는 I AM'이라는 말로요. (시무룩) 그런데 우리는 그 말에 대한 힘을 잘 알지 못해요…. 말하면서도 그게 창조라는 것을 인식하지 못하고 있죠….

케이   아… 그건 그래요…. 사람들은 '지겨워', '짜증 나' 이런 말을 아무렇지도 않게 하더라고요….

마스터   말은 그저 하나의 에너지 형태에 불과해요. 모든 에너지의 시작은 의식이에요. 내가 의식하는 것이 생각이 되고 생각이 곧 말이 되고 행동으로 표현되죠. 이 과정 전체가 창조과정이에요!

케이   (잠시 후 놀라며) 오 마이 God! 그럼 우리가 사는 그 자체가 전부 창조활동인 거예요???

    우주의 일체 모든 작용은 신성에서 비롯된 것이다. 그중에 가장 위대한 이름은 '신God'이다. '신'이란 말은 1초에 186조의 속도로 진동한다. 그 모든 말을 통틀어 '신'이란 말의 진동이 가장 높다. 나는 지금도 '나는 신이다'라는 말을 만트라처럼 한다. 이 말을 하기 시작하면 몸에 세포들이 먼저 반응한다. 그러고 나서 몸이 진동하고 의식이 고양된 느낌을 받는다. 과학자들은 우리의 DNA 구조 안에서도 '신'이란 말을 발견했다. 그렉 브레이든의 책 《The God Code》에서 그는 이렇게 말한다.

"고대 언어들은 특정 수에 입각해서 만들어졌다. 숫자의 반복은 우연이 아니다. 우리는 그 숫자가 우리의 DNA 안에도 반복되고 있음을 발견했다. DNA에서 반복되는 코드를 분석하자 우리는 모두 놀라움을 그치 못했다. 바로 '우리 몸 안에 영원한 신 God eternal within the body'이라는 말이 DNA 코드에 새겨져 있었기 때문이다."

'사랑이라는 말은 '신'이라는 말과 가장 가까운 진동을 가지고 있다. '사랑'이라는 말을 하게 되면 조화로운 진동이 우리의 몸을 감싸게 된다. '사랑해'라고 말해 주면 몸의 세포들의 치유력도 증가된다. '사랑'이 지닌 에너지는 우리의 에너지장에도 영향을 준다. 그 에너지장으로 인해 일어난 치유의 사례도 많이 발견된 바 있다.

텍사스에 살고 있는 다섯 살짜리 소녀는 사랑으로 치유하는 능력이 있다. "여러분 주위에도, 내 주위에도 사랑이 보여요."
소녀는 만나는 사람마다 '나는 당신을 사랑해요!'라고 말한다. 소녀가 들어서면 누워있던 병자도 치유되어 병상에서 일어난다. '사랑'이란 말이 소녀의 에너지장에 강하게 형성되어 있기 때문이다.

네덜란드에도 이런 소녀가 있다. 이 소녀는 누구에게나 '사랑한다'라는 말을 한다. 네덜란드에는 클로버가 많은데 40센티 정도 높이 자란다. 그런데 이 소녀는 발이 닿지 않고 클로버 위를 걸을 수 있다. 어떻게 그렇게 할 수 있냐고 물으니 소녀의 대답은 간단했다.
"나도 몰라요. 나는 그저 모든 것에 사랑을 줄 뿐이에요. 클로버를 사랑하니까 클로버가 나를 들어 올려요."

고타마 붓다는 이렇게 말했다.
"단 5분이라도 참되고 신성한 사랑을 주는 것이, 가난한 사람에게 음식 천 사발을 주는 것보다 더 큰 일이다."
'사랑'이라는 말을 할 때 우리는 우주의 모든 영혼을 돌보는 것과도 같다.

우리가 어떤 생각을 하든 그것을 말로 하면 에너지가 생긴다. 말은 생각의 에너지가 압축된 덩어리와도 같다. 말을 반복하면 에너지가 응축되어 결국 물질화가 된다.

생각 (비물질)
▼
말 (반물질/50%물질화)
▼
말의 반복/행동 (최종 에너지100%)
▼
100% 물질화

확언이나 기도도 이런 원리에 의해 작동된다. 치유의 사원이란 곳이 있다. 이곳은 건립 때부터 생명, 사랑, 조화, 평화라는 말만 되뇌어왔다. 오랜 세월 동안 쌓인 말의 힘 덕분에 지나가는 사람은 누구든 치유되었다. 생명, 사랑, 조화, 평화라는 말이 강력한 치유 에너지장을 형성했기 때문이다. 치유의 사원에는 또 다른 신기한 점이 있다. 조화롭지 못하거나 불완전한 말은 사원에서 전혀 작동이 되지 않는다. 조화롭지 못한 말은 아예 입 밖으로 나오지도 못한다. 그런 말을 내뱉으려고 시도해도 실패한다고 한다. 생명, 사랑, 조화, 평화가 지닌 소리 진동이 사원에서 강력하게 작동하기 때문이다.

소리는 들을 수 있는 에너지다. 소리는 주파수(진동)의 파동으로 이루어져 있다. 예로부터 신비주의자들은 이런 소리의 작용을 일찍이 이해하고 적용해 왔다. 소리를 의식의 조화, 치유, 에너지를 확장시키기 위한 수단으로 썼다. 그 대표적인 예로 만트라Mantra가 있다. 만트라는 신성한 어떤 단어를 반복적으로 소리냄으로써 힘을 얻는 것이다. 만트라의 단어들은 특정 주파수(진동)를 일으킨다. '옴'이 만들어내는 소리는 우주 근원의 소리와 일치한다. 그저 '옴'을 반복함으로써 우주 근원의 에너지와 일치를 이루게 한다. 만트라는 반복해서 말할 때 생기는 파동으로 말하는 사람을 정화해 주기도 한다. 만트라의 파동이 그 사람의 에너지장에 전달되기 때문이다.

만트라는 우리 주변에서도 많이 볼 수 있다. 불교에서 염불이나 불경을 외는 것이나 교회의 찬송가, 기도문 암송도 만트라와 같다. 불경이나 찬송가의 일정한 말과 음의 반복이 진동을 증폭시킨다. 우리는 절이나 교회, 성당에 가면 마음이 편안하고 경건해진다. 그 이유는 말의 파동이 쌓여서 그 장소에 특정 에너지장이 형성됐기 때문이다. 소리도 에너지다. 그래서 모이고 쌓이게 되면 물질을 바꿀 만큼 힘이 강력해진다. '말이 씨가 된다'라는 속담이 있다. 계속해서 반복해서 말하면 결국 소리 진동이 모여 물질이 된다는 말이다. 에너지는 임계점을 넘게 되면 반드시 어느 순간에 작용하게 되어있다. 기도나 확언이 작용하는 이유도 소리 진동의 에너지 임계점 때문이다.

케이	선생님 만트라 아시죠?
호운 선생	그럼 알다마다요~. 그런데 만트라는 왜요?
케이	아니 만트라도 계속 말하면 기운(에너지)이 붙는다는데 사람 이름은 어떤가 해서요~.
호운 선생	당연히 이름도 똑같이 기운이 붙죠~. 이름 자체가 소리잖아요? 소리도 에너지니까 당연히 이름도 많이 불러주면 에너지가 붙게 되죠. 그리고 이름에도 기운이 있어서 음과 양의 기운이 조화로운 이름이 좋아요.
케이	오~. 그럼 연예인들은 이름이 많이 불리니까 에너지가 엄청 크겠네요! 그래서 연예인들이 아우라가 다른 건가???
호운 선생	그렇죠~. 이름은 곧 그 사람이기도 하니까 많은 사람들이 불러준다면 그 힘은 어마어마해질 거에요~.
케이	근데 혹시 그 이름이 안 좋은 이름이면 어떡해요? 전에 제 이름의 운이 저랑 맞지 않는다고 하셨잖아요.
호운 선생	물론 타고 난 운을 바꾼 사람도 있어요. 케이님처럼요. 하지만 이름도 잘 바꾸면 그 사람의 에너지에 영향을 줘서 운도 바뀌게 되어 있어요~.
케이	오~ 그럼 혹시 성격이나 외모, 재력, 요런 것도 바뀔까요?
호운 선생	(웃음) 당연히 바뀌죠~. 모든 건 에너지니까요~.

위대한 신비가나 교사들은 본명의 발음과는 다른 이름을 사용한다. 우리가 그들의 이름을 부르는 것만으로도 에너지적인 방해를 받을 수 있기 때문이다. 이름은 진동과 부호와 화음으로 구성되어 있다. 이름 자체가 화성적

진동의 조합이다. 이름은 우리의 우주적 신분을 함축해 놓은 것과도 같다. 나의 타고난 천성과 성격, 재능 생김새, 운명 등이 다 포함되어 있다.

성명학도 소리 진동의 원리를 이용한 학문 중에 하나다. 이름은 누구나 부를 수 있는 강한 에너지의 조합이다. 이름을 바꾸는 것만으로 그 사람의 인생에 영향을 줄 수 있다. 이름은 글자가 아니라 에너지 그 자체다. 에너지를 변형시키면 물질 몸에도 변화가 나타난다. 실제로 이름을 바꾸면 명현현상이란 것이 나타난다. 명현현상은 신체적 증상이나 여러 사건들로 나타난다. 기존 이름이 가진 에너지와 새 이름의 에너지의 충돌이 일어나기 때문이다. 좋은 이름은 많이 불러주면 좋다. 하지만 그렇지 않을 경우 반대로 내가 이름이 지닌 에너지의 영향을 받게 된다. 올바른 말의 조합과 소리는 그만큼 강력한 에너지를 지니고 있는 셈이다.

우리가 일반적으로 듣는 음악들도 소리 진동이다. 노래가 주는 소리 진동에 따라 우리의 기분이 달라지기도 한다. 노래는 단순히 음에 가사를 붙인 게 아니다. 노래의 일정한 가사나 음은 소리 진동을 우리의 에너지를 증폭시킬 수 있다. 그래서 기분이나 정신에도 영향을 주게 된다. 우리가 듣는 모든 음악은 특정 주파수를 가지고 있다. 음악을 듣는다는 것 자체가 주파수를 조율하는 작업과도 같다. 외부 주파수인 음악에 나의 주파수를 조율시키는 것이다. 내가 듣는 음악의 주파수가 곧 내가 되는 것이다. 그래서 우리는 음악을 들을 때 의식적으로 에너지 작용까지 고려해서 들어야 한다. 바로 나의 에너지의 흐름을 변형시킬 수 있기 때문이다.

우리가 평소에 좋아하는 음악을 듣는 이유가 있다. 그 음악이 지닌 소리 진동이 나의 에너지를 높여주기 때문이다. 내가 좋아하는 특정 가수의 목소리도 소리 진동이다. 목소리는 그 사람의 에너지가 특정한 암호처럼 코딩되어 있는 것이다. 그래서 듣는 사람으로하여금 에너지가 활성화되게 한다.

감동을 받거나 눈물을 흘리게 만드는 것도 목소리가 지닌 에너지 때문이다. 음악을 들어야 한다면 긍정적인 가사나 아예 가사가 없는 노래가 좋다.

고전 음악이나 자연의 소리는 우주와 일치하는 음계를 지닌다. 그래서 우리의 심신을 안정시키고 이완시키는데 좋다. 음악도 에너지기에 의식적으로 사용해야 한다.

케이   (걸어 다니며) 나는 신이다~. 신인 나는 풍요롭다~. 나는 조화롭다~. 나는 지혜롭다~.

마스터   (웃음) 오호~ 업그레이드가 됐네요~.

케이   우주의 모든 걸 받아들이려면 스케일이 더 커져야죠 흐흐흐….

마스터   맞아요. 말은 본래 한계가 있지요. 우리가 하는 말은 한정되어 있어요. 한정된 말로 우주의 자유롭게 흐르는 공급을 막는다면 그건 공급이 아니라 한계를 짓는 거죠.

케이   역시 말은 이 삘~삘Feel을 못 따라 간다니까요! 느낌 한방이면 그냥 뚫!

마스터   느낌 이전에 그 무엇보다 우리 자신이 근원과 하나임을 인식해야 해요. 인식하는 자가 의식의 힘을 제대로 쓸 수 있는 법이죠~.

케이   오~ 뭔가 스케일이 엄청 커지는 기분인데요? (물개 박수) 멋져요! 멋져~!!!

마스터   우리가 우주의 풍요를 누리지 못하는 이유는 딱 하나예요. 바로 우리 자신이 그 풍요를 받아들이지 않아서예요. 내가 본래 풍요한 존재임을 인식하면 우주의 풍요가 흘러 들어갈 거예요!

케이   (하늘을 향해 두 팔을 벌리며) 우주의 모든 풍요여 나에게로 오라~! 컴온~!!!

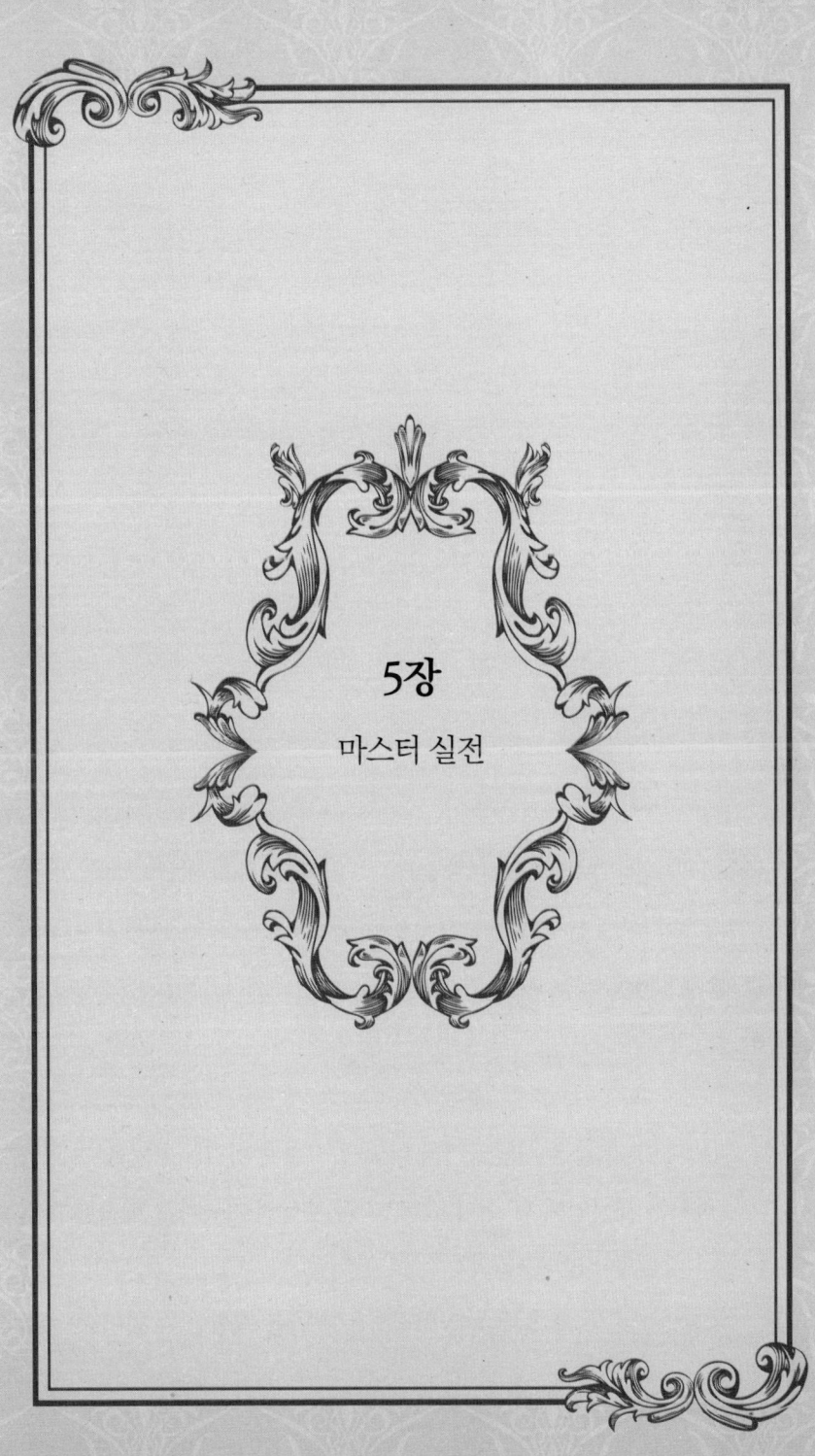

5장
마스터 실전

생각의 비밀

(뉴스에 같은 민족끼리 영토를 차지하기 위해 싸우는 모습이 나온다. 도시는 폐허가 되고 잔해에 깔려 집을 잃고 울부짖는 사람들이 보인다. 전쟁으로 집을 잃은 난민들과 아이가 배고파도 아무것도 줄 게 없어서 눈물을 흘리는 엄마의 모습이 나온다. 엄마의 품에 안겨있는 아이들의 눈빛에는 희망이 보이지 않는다.)

케이   (흥분) 아니, 같은 사람들끼리 어떻게 저럴 수가 있죠? 먹을 게 차고 넘치는 세상인데 다 어디 갔데?!? 왜 세상엔 가난하고 배고픈 사람이 이렇게나 많냐고요?!?

마스터   (차분한 목소리) 케이, 우리는 인식하는 것만을 경험할 수 있어요.

케이 그게 무슨 소리에요?

마스터 우리가 인식하는 대로 우리는 경험이란 걸 할 수 있어요. 우리 안에 없는 걸 경험할 수 없어요. 좋다, 나쁘다고 말하는 것도 내 안에 그것과 상응하는 것이 있기 때문에 가능한 거죠.

케이 (놀라며) 그럼 제 안에 싸움과 가난과 배고픔이 있다는 얘긴가요?

마스터 네. 인식할 수 없는 것은 내 안에도 없어요. 우리가 인식하는 모든 것은 사실 프로그램의 재생이니까요. 인간은 수많은 생을 거치면서 에너지장에 인식의 정보를 축적하죠. 그 인식의 정보들은 다시 우리 삶의 경험의 재료가 되는 거예요.

케이 헐······. 그럼 우리가 인식한다는 것 자체가 프로그램인 거네요.

마스터 우리가 무언가를 인식할 때는 반드시 그것에 대한 정보가 무의식에서 떠오르게 돼요. 그러면 우리는 무의식의 정보(생각)를 받아들이고 감정이라는 에너지를 불어넣어 느낌을 만들죠. 그러면 그게 우리의 경험이 되는 거예요. 즉 인간의 인식하는 활동은 미래의 경험을 위한 창조활동의 재료인 셈이죠.

케이 오··· 전혀 생각지 못한 전개네요···. 인식이 미래의 경험을 위한 창조활동의 재료라니···.

마스터 어려울 것 없어요. 인식은 그저 체험을 위한 프로그램 중 하나예요.

주의를 두는 것은 인식하고 있는 것과도 같다. 인식은 잠재의식의 수많은 정보와도 같다. 우리는 인식하는 것만을 경험할 수 있다. 우리가 어떤 대상을 인식할 때 비로소 생각이나 아이디어를 떠올릴 수 있기 때문이다. 내 안의 무의식적인 정보가 나의 인식을 결정한다. 나의 주의가 잠재의식의 정보를 재생하게 한다. 주의를 기울임으로써 인식의 정보를 깨우게 되는 것이다. 깨워진 정보는 다시 우리의 경험을 위해 생각으로 표현된다. 생각은 비로소 고유의 주파수를 지니고 창조를 시작하게 된다.

인식을 할 수 없다면 창조활동도 시작될 수 없다. 우리가 인식할 때마다 생각은 물질화되어 현실에 나타난다. 생각, 감정, 느낌이 합쳐져 에너지가 응축된다. 결국 응축된 에너지는 현실세계에서 견고한 물질이 된다. 우리의 인식 자체는 창조활동을 위한 밑재료일 뿐이다. 다만 우리가 인식을 할때마다 나의 주의가 어디로 가는지를 살피는 것이 중요하다.

외부 환경에 주의를 두는 것은 무의식적으로 주파수를 맞추는 작업이다. 자신의 내부에 주의를 두는 것은 의식적으로 주파수를 맞추는 작업이다. 우리 모두는 고유의 주파수를 가지고 있다. 고유 주파수는 나의 경험의 질을 결정한다. 내가 행복한 마음의 상태라면 행복을 경험한다. 내가 불행한 마음의 상태라면 불행을 경험한다. 반대로 마음뿐만 아니라 내가 경험하는 것도 나의 주파수 상태를 결정한다. 의식적인 경험은 나의 고유 주파수를 회복하게 한다. 우리는 본래 높은 조화 상태의 주파수를 지녔다. 우리가 해야 할 일은 의식적으로 높은 주파수에 동조하는 것이다. 의식적으로 평화, 사랑, 행복, 감사, 기쁨, 연민, 봉사와 같은 생각을 떠올리는 것만으로도 우리는 조화로운 주파수 상태에 머물 수 있다.

모든 생각은 에너지를 지닌다. 각각의 생각은 고유의 주파수를 지닌다. 우리의 주파수는 항상 일정한 것이 아니다. 우리가 생각할 때마다 주파수도 계속 변화하게 된다. 그래서 우리는 생각을 의식적으로 할 필요가 있다. 매 순간 나의 생각을 관찰하며 원하는 것에만 생각을 집중해야 한다. 우리가 의식적으로 생각을 하는 이유는 무엇일까? 바로 우리가 원하는 경험을 할 수 있기 때문이다. 우리가 원하는 경험은 곧 특정 주파수와도 같다. 한 곳에 주파수를 고정할 때 그 경험의 속도도 빨라질 수 있다. 그런데 우리의 주위는 각종 광고, 뉴스, 라디오 등의 소음으로 가득하다. 눈에 보이지 않는 주파수들은 우리의 신호를 방해한다. 이렇게 우리의 주변은 온통 생각을 집중하지 못하게 하는 신호들로 가득하다.

생각의 주의가 가는 곳에 나의 에너지는 흐르게 된다. 의식하든 의식하지 못하든 에너지는 흐르게 되어있다. 우리는 생각하는 대로 개개인의 경험을 창조하고 있는 것이다. 우리가 주의를 두는 곳이 에너지를 두는 곳이다. 내 주의를 끄는 것이 있다면 나는 그것과 공명하고 있는 것이다. 공명하는 것은 주파수를 맞추는 것이다. 주파수를 맞추는 것은 공명하고 끌어당기는 것이다. 내가 원하는 것을 이미 얻었다고 생각하는 것이 바로 공명하는 것이다. 그래서 굳이 끌어당길 필요가 없다. 나의 존재 상태가 이미 내가 원하는 것을 이룬 상태가 되면 된다.

원하는 상태를 이루고 싶다면 가장 먼저 생각부터 바꿔야 한다. 내가 본래 지닌 인식의 정보들은 바꿀 수가 없다. 우리가 해야 할 것은 의식적으로 떠오르는 인식의 정보, 즉 생각들을 관찰하는 일이다. 원하는 것이 있다면 말만 하지 말고 생각부터 바꿔야 한다. 생각이 모든 현실 창조의 시작이다. 생각을 관찰함으로써 우리에게 필요한 경험의 재료를 고를 수 있다. 굳어진 습관과 행동은 무의식적인 생각에서 비롯된 것이다. 즉 몸이 생각의 주인이 되어서 만들어진 현실이다. 의식적인 생각이 현실의 주인이 돼야 한다.

몸이 생각의 주인이 되게 하면 내가 원하는 현실은 만들어질 수 없다. 생각을 주의 깊게 하지 않는 사람은 눈을 뜨고 현재에 살아도 잠을 자고있는 것과도 같다. 주인이 강도를 만났는데 그저 눈 뜨고 지켜보고 있어서 되겠는가? 우리가 바로 현실의 주인임을 인식하고 생각에 주의를 기울여야 한다.

한곳에 모아진 생각은 레이저 빔과도 같다. 레이저의 빛이 한곳으로 모이면 강철도 자를 만큼 강해진다. 우리의 생각도 마찬가지로 한곳에 강력하게 집중할 때 못 이룰 것이 없다. 우리가 의식적으로 생각한다면 반드시 현실에서 놀랄만한 결과를 만들어 낼 수 있다.

케이   그런데 말이죠. 생각과 감정이 물질을 만든다고 하잖아요? 과학적으로는 알겠는데 당최 머리로는 이해가 안 돼요. 대체 생각하면 어떻게 물질이 된다는 걸까요???

마스터   (웃음) 이해해요. 창조과정을 눈으로 볼 수 없기 때문에 많은 사람들은 헛소리로 생각하기도 하죠. 그럼 오늘은 물질 창조과정이 에너지 차원에서 어떻게 일어나는지 설명해보도록 하죠.

케이   (흥분) 오…! 드디어 봉인해제 되는 건가요???

마스터   일단 모든 것은 우리 내부에서부터 시작돼요. 생각과 감정을 통해서 사념체라는 것이 만들어지게 되죠. 사념체는 에너지체로 우리 몸을 이루는 여러 차원에서부터 모아져 만들어지게 돼요. 즉 생각이 형태를 띤 에너지 덩어리 상태가 된 거죠. 이렇게 생각을 통해 만들어진 사념체는 하나의 인격을 지니게 돼요.

케이   (놀라며) 네!?! 인격을 지닌다고요? 어떻게요???

마스터 만든 사람의 성격을 닮는다고 하는 게 더 가까운 설명이 되겠군요. 사념체는 사람의 욕망을 반영해요. 욕망을 따른 생각을 자주하게 되면 그것은 사념체를 자라나게 하죠. 하지만 대부분 사람들의 사념체는 만들어지고 잠재의식에 머물게 돼요. 그저 잠깐 스치듯이 생각하기 때문이죠. 사람들이 오랫동안 원하는 것에 집중할 수 있다면 그 힘은 물질을 만들고도 충분할거예요.

케이   그럼 평소에 제가 자주하는 생각들도 사념체인 건가요?

마스터 네~. 생각을 할 때마다 사념체는 생각이 주는 먹이를 먹게 되죠. 생각 자체가 에너지니까요. 그다음 사념체는 눈에 보이지 않는 차원으로 돌아가서 대기하고 있게 돼요. 그 주인이 사랑으로 사념체에게 다시 먹이를 주고 깨우기 전까지는요.(웃음)

케이   네에??? 그럼 우리가 하는 모든 생각이 사념체를 만드는 활동이란 건가요?

마스터 네~. 그래서 늘 의식적으로 생각하고 느끼는 게 중요해요~. 에너지는 보낸 사람에게 반드시 돌아가기 때문이에요. '보낸 대로 받는다!' 이것이 우주의 법칙인 걸 잊은 건 아니겠죠?

케이   아뇨~. 그럴 리가요! 근데 사념체에게 먹이를 준다는 건 무슨 뜻인가요?

마스터 한번 만들어진 사념체는 그 목적이 달성될 때까지 사라지지 않아요. 선한 의도의 생각은 주인을 섬기지만 그렇지 못한 의도는 결국 주인을 공격하게 되죠. 원하는 바를 이루더라도 그 반대 에너지의 영향을 반드시 받게 되어있어요.

케이   (놀란 표정) 헐… 지금부터라도 생각 줄을 똑바로 잡아야겠어요. 세상에나. 사라지지 않는다라니….

마스터   그래서 생각에 늘 주의를 기울여야 해요. 생각할 때 최대한 선함을 잊지 말아야 하죠. 그렇지 않으면 육체적 욕망을 따라 만들어진 사념체와 언젠가는 마주쳐야 할거에요. 바로 이게 우리가 생각과 감정에 주의를 기울여야 하는 이유예요. 이번 삶뿐만이 아니라 염체는 다음생 또 그 다음 생에도 이어지게 되니까요.

감정 안내시스템

케이   (소파에 누워) 하아… 만사가 다 귀찮네~ 요즘 따라 의욕도 없고 내가 왜 이러지?

마스터   (옆에서 지켜보며) 흠… (전화기를 든다) 응, 난데요, 도움이 필요할 것 같아요~.

케이의 가이드   아, 네 알겠습니다. 지금 당장 그리로 가죠!

마스터   케이, 지금 어떤 기분이 들죠?

케이   그냥 요즘 따라 아무것도 하기 싫고. 저도 제가 왜 이런지 잘 모르겠어요. 뭔가 예전과 다른 느낌이에요. 뭐가 문제인 걸까요?

마스터   흠. 감정 안내시스템이 고장 났나 보군요. (전화기를 든다) 난데요, 지금 중앙 관리 시스템 한 번만 점검해 보세요. 문제가 생긴 것 같아요. 에너지 연결을 보수해야 할 것 같아요.

케이 　(벌떡 일어나며) 잠깐! 뭐가 고장 났어요? 어디가요? 심각해요?!?

마스터 　(심각한 얼굴로) 흠… 케이의 감정 안내시스템에 오류가 난 것 같아요.

케이 　(놀라며) 네에???

마스터 　잠깐만 기다려요. 가이드가 곧 도착할 테니~.

케이의 가이드 　(헐레벌떡) 문제가 있다고요? 어디부터 시작하면 될까요?

마스터 　먼저 1번과 3번 에너지센터부터 시작해보죠. 그리고 전체적으로 한번 튜닝을 다시 해야 할 것 같아요. 요즘 지구의 진동이 빨라지는 바람에 오래된 바디(Body)들은 적응에 버퍼링이 걸리고 있다는 보고를 들었거든요. 필요한 프로그램들은 다 들고 왔죠?

케이의 가이드 　네! 최신형으로 준비했습니다!

마스터 　좋아요~. 그럼 작업을 시작해봅시다.

(가이드는 손에서 하얀빛을 뿜어내며 케이의 에너지센터에서 오류가 나는 프로그램 칩들을 교체 중이다. 새로 교체된 프로그램 칩들은 빛으로 된 각각의 얇고 투명한 선에 연결되어 있다.)

케이의 가이드 　아, 여기 에너지 줄 연결이 꼬였었네요~. 아마 미아즈마(빛이 굳어진 결정체) 때문인 것 같습니다. 이렇게 되면 에너지 공급이 원활하지 않게 돼서 가끔 감정 시스템에 오류가 나기도 합니다. (잠시 후) 이제 교체 작업을 해 놨으니 괜찮을 겁니다!

마스터 　좋아요~. 이제 감정 안내시스템을 다시 재부팅 해 보도록 하죠.

(여러 가닥의 투명하고 선명한 색의 선들이 케이의 몸에 연결된다. 선들을 통해 연결된 케이의 에너지센터들이 힘차게 돌아가기 시작한다. 갑자기 주위가 밝아지면서 큰 진동이 주변을 감싼다.)

케이   (놀라며) 어라? 이상하네??? 아까랑 기분이 달라진 것 같아요!

마스터   이제 됐군요. 감정은 우리의 현재 에너지 상태를 반영해 줘요. 감정 안내시스템은 창조과정에서 가이드 역할을 해 주죠. 불편한 감정은 내가 옳은 길로 가고 있지 않다는 신호예요. 영혼의 생각과 조화를 이루지 못하게 되면 감정 안내시스템이 작동하기 시작해요.

케이   아~ 그럼 감정이 주는 느낌에 집중하면 창조과정이 훨씬 더 쉬워지겠어요!

마스터   맞아요. 감정 안내시스템은 지구에서 더 나은 창조를 위한 훌륭한 도구인 셈이죠.

    우리는 생각과 감정을 통해 현실을 창조하고 있다. 감정은 생각의 진동과 주파수 상태를 실시간으로 알려주는 역할을 한다. 생각은 고유의 정보와 메시지를 에너지로 감정에게 전달한다. 감정은 생각이 보낸 에너지를 심장으로 전달하는 역할을 한다. 곧이어 심장은 감정이 보낸 생각의 에너지를 해석하고 느낌을 일으킨다. 이때 일어나는 느낌이 바로 우리의 감정 안내시스템이다.

    감정 안내시스템은 우리에게 느낌을 통해 신호를 전달한다. 생각의 선택이 올바를 때는 좋은 기분을 느낄 수 있다. 하지만 선택이 올바르지 않을 때는 불편한 느낌을 느끼게 된다. 불편한 느낌을 에너지적으로 설명하자면 이렇다. 서로 다른 진동과 주파수는 에너지적인 충돌을 일으키게 된다. 생각과 감정도 에너지이므로 일치되지 않을 때 에너지는 충돌하게 된다. 에너지의 충돌은 곧 불편한 느낌을 통해 육체에 전달된다. 이때 불편한 느낌이 바로 감정 안내시스템이 보내는 신호이다. 불편한 느낌이 있다면 우리의 생각과 감정의 진동을 바꿀 필요가 있다. 감정 안내시스템은 최단경로를 알려주는 내비게이션과도 같다. 생각과 감정에 드는 에너지를 최소화하고 현실 창조의 길을 빠르게 안내해 준다. 영혼은 감정 시스템을 통해 우리의 생각이나 의도를 수정하게 한다.

우리가 감정이 주는 느낌에 솔직할 때 에너지 손실은 최소화가 된다. 동시에 현실 창조에 드는 에너지는 최적화가 된다. 컴퓨터로 따지면 최적화 프로그램이 감정 안내시스템인 것이다. 감정 안내시스템이 주는 신호에 귀 기울일 때 우리는 현실 창조의 최적코스를 밟게 된다. 그렇다면 왜 우리는 이 신호를 듣지 못하는 걸까? 바로 마음의 잡음 때문이다. 마음은 늘 생각으로 창조하려 한다. 마음이 이끄는 창조는 결코 완벽할 수 없다. 오히려 힘만 들 뿐이다. 마음과 가슴이 일치할 때 우리는 완벽한 창조를 하게 된다. 힘들이지 않고 우리가 원하는 현실을 창조할 수 있게 된다.

우리가 감정 안내시스템의 신호를 듣기 위해서는 먼저 마음의 생각을 가라앉혀야 한다. 생각은 잠시 접어두고 내면의 느낌에 집중해야 한다. 불편한 느낌에 집중하고 그것을 신호로써 받아들여야 한다. 그저 좀 더 기분 좋은 생각을 하거나 지금보다 기분 좋은 감정을 선택하면 된다.

감정 안내시스템은 우리의 창조활동을 돕기 위해 존재한다. 우리가 감정 안내시스템의 신호에 귀 기울일 때 삶은 좀 더 쉽고 만족스럽게 흘러가게 된다.

케이   (키보드를 탁탁 친다) 에잇! 또 안 되네! 이씨… 역시 난 기계친가 봐… (한숨) 어휴~.

마스터 (불쑥) 지금 굉장히 풀이 죽어 있는 것 같은데요? (혼잣말로) 아직 시스템이 안정화되지 않은 건가?

케이   (놀라며) 아유~ 깜짝이야~. (흘깃 쳐다보며) 풀이 죽긴 누가 죽었다고 그래요? 그냥 기분이 좀 별로인 것뿐이에요.

마스터 (확고한 목소리) 결정해요! 지금 당장!

케이   (당황) 네? 뭐 뭘요???

마스터 기분 좋아지는 걸 선택할지 아니면 계속 쳐지고 우울해 있을 건지 선택하라고요!

케이   (우물쭈물) 지. 지금 꼭 선택해야 하나요…?

마스터 (단호) 어허! 감정의 선택은 늘 둘 중 하나밖에 없어요! 여기가 이원성의 지구인 걸 잊었어요? 늦기 전에 빨리 선택해요! 빨리!

케이   (혼잣말) 흠. 좋은 게 좋은 거니까~ (자신 있게) 그럼, 기분 좋아지는 걸 선택하겠습니다!

마스터 좋아요! 그럼 지금 당장 기분 좋아지는 건 뭐든 시작하세요. 그래야 우주와 연결된 에너지의 흐름이 끊기지 않아요!

케이   (장난스런 눈빛) 흐흐흐. 정말 뭐든지 괜찮은 거죠? 제가 아주~ 기가 막힌 아이디어가 방금 떠올랐거든요~.

마스터   (망설이며) 서 설마? 이번에도? 그 공(유)…?

케이   (너스레를 떨며) 에이~~ 저도 그 정도 센스는 있다고요~. 절 뭐로 보시고!

마스터   (안도의 한숨) 네, 뭐 그렇다면야~. 어디 한번 들어나 보죠.

케이   (잠시 후 느끼한 목소리로) 나랑~ 별 보러 가지 않을래에~~. 우우우~~~ 별 보러 가지 않을래에~ 우후~~. (적재의 노래 〈별 보러 가자〉의 가사 중 일부분 참고)

마스터   (당황) 지 지금 뭐하는 거예요???

케이   노래 부르고 있잖아요? 요즘 이 노래만 부르면 기분이 그렇게 좋더라고요! 나~랑 별 보러 가지 않을래. 우우우~~.

마스터   (황급히) 지금은 충분히 괜찮아진 것 같으니까, 벼 별은 다음에 보도록 하죠! (후다닥 도망간다)

케이   (따라가며 계속 노래 부른다) 어디 가요? 노래 아직 다 안 끝났단 말예요! 안 들어주면 나 삐질 거예요!!! 같이 가요~~~~.

감정 안내시스템의 다양한 형태들

- 에너지가 약하거나 수축되고 떨어지는 느낌이 든다.
- 신체에 불편한 증상이 나타난다.
  (통증, 오한, 속 쓰림, 두통, 목과 복부의 답답함 등)
- 불안하거나 두려운 과거의 기억이 떠오른다.
- 우울해지거나 무기력해지고 움직이기가 싫어진다.
- 해야 할 일을 미루거나 망설이게 된다.
- 진행 중인 일이 갑자기 중단되거나 중간에서 방해를 받게 된다.

- 인간관계에서 실망할 일이 생기거나 충격적인 사건이 일어난다.
- 누군가에게 할 연락이나 통화를 미루게 된다.

어떤 일이 일어나든 그것은 모두 우리를 위한 것이다. 전보다 더 나은 생각과 감정을 선택하라는 영혼의 신호로 받아들여야 한다. 감정 안내시스템은 우리의 온전한 현실 창조를 위해 존재한다. 사실 이원성의 지구에서 감정은 두 가지 면밖에 없다. 편한 것 vs 불편한 것. 우리는 이 둘 중에서 하나를 선택하면 된다. 망설이거나 고민할 필요 없다. 그저 한쪽을 선택하기만 하면 된다. 편한 느낌과 불편한 느낌을 둘 다 느끼는 사람은 없다. 그것은 불가능하다!

〈스타워즈 : 제국의 역습〉에서 요다가 주인공 루크 스카이워커에게 한 말이 있다. "한다do, 아니면 하지 않는다do not 두 가지뿐이야. 애를 써 본다try는 없어." 요다의 말처럼 생각도 감정도 유지한다 vs 바꾼다 둘 중 하나밖에 없다. '나는 지금보다 더 기분 좋은 것들을 느낄 자격이 있다'고 결심하고 선택하자. 나에게 도움이 되지 않는 것들은 그저 알아차리고 바꾸면 되는 것이다. 불편함은 곧 편함을 배우기 위한 길이다. 지금 나의 불편함은 오히려 우리에게 기회이다. 감정 안내시스템을 신뢰할 때 우리는 원하는 현실에 한 발 더 가까워질 수 있다.

현실 창조 도우미 '의' 3형제

　양자물리학을 대표하는 '이중슬릿 실험'이 있다. 이것은 '관찰자 효과'라고도 불린다. 이 실험에는 우주의 모든 원리가 담겨 있다. 만물은 미립자로 되어있다. 그런데 이 미립자가 바라보는 사람의 의도대로 움직인다면 어떨까? 과학자들은 벽에 두 군데의 슬릿(가늘고 긴 틈)을 만들었다. 그리고 미립자 알갱이를 슬릿을 향해 발사했다. 발사된 미립자 알갱이들은 과학자들의 생각대로 슬릿에만 자국을 남겼다. 그런데 과학자들이 잠시 자리를 비운 사이에 미립자들은 다른 모습을 보였다. 미립자들은 바라보고 있으면 직선으로 알갱이 자국을 남겼지만 바라보지 않으면 물결처럼 퍼져나가는 자국을 남겼다.

관찰자의 의도대로 미립자들이 움직인 것이다. 관찰자는 바라보는 자이다. 바라보는 자의 무엇이 미립자를 움직이게 했을까?

양자물리학자인 아미트 고스와미 Amit Goswami 박사는 이렇게 말한다. "의식이 전자의 가능한 단면들 중 한 단면을 선택함으로써 가능성이 물결을 붕괴시키면 그 단면은 현실이 된다." 가능성을 현실로 바꿔 놓는 중재자는 바로 의식이다. 의식을 지닌 우리가 관찰할 때마다 가능성의 물결이 현실로 나타나게 되는 것이다. 미립자로 이루어진 공간을 현실로 바꾸는 것이 바로 의식이다. 의식이 관찰함으로써 현실을 만드는 것이다.

마스터   우주는 하나의 거대한 의식과도 같아요. 만물을 끊임없이 창조하게 하는 그 근원이 바로 의식이에요.

케이   오… 그런 의식이 우리에게도 있다는 거잖아요?

마스터   네~. 의식은 인간을 비롯한 모든 만물에 다 깃들어 있어요. 의식이 없다면 우주도 우리도 존재하지 않아요. 의식은 모든 힘의 근원이죠.

케이   그럼 의식을 에너지라고 생각해도 될까요?

마스터   네~. 의식은 에너지 그 자체예요! 의식은 자각이기 때문에 에너지를 반드시 포함해요. 무의식적인 에너지란 건 있을 수 없으니까요.(웃음)

케이   (웃음) 듣고 보니 그러네요.

마스터   결국 현실이란 것은 우리 스스로를 자각하는 것과도 같아요. 모든 것은 내가 바라볼 때만 현실로 존재해요. 에너지로 존재하는 가능성을 의식이 현실로 만드는 거예요.

케이 (흥분) 오~. 대단해요! 의식이 나의 현실을 만든다니!

마스터 의식이 모든 창조의 시작이예요~. 내가 나를 의식하는 대로 현실은 창조되니까요!

의식은 시간과 공간을 초월한다. 의식은 깨어 있으며 형상으로 나타나지 않은 공간이다. 우리 안에 의식은 형상으로써 인간의 몸으로 창조되었다. 인간의 형상을 통해 우주의 창조라는 높은 목적을 표현하기 위해서다. 의식의 진정한 깨어남은 우리 스스로를 자각하는 것이다. 우리 모습의 본질을 인식하고 인정하는 것이 창조의 시작이다. 우리 스스로를 자각할 수 있을 때 우리는 우주 근원과 연결될 수 있다. 우주 근원의 힘과 더불어 창조하는 것이 우리의 능력이다. 그렇게 될 때 우리는 진정 원하는 현실을 창조할 수 있게 된다.

우리는 우주 의식의 부분이며 전체이다. 의식하는 우리는 생각함으로써 창조를 시작한다. 우리는 생각과 더불어 오감을 통해 생생한 현실을 창조하고 있다. 깨어있는 의식으로 창조하기 위해서는 우리의 생각을 관찰해야 한다. 의식적인 생각하기를 통해 원하는 현실을 창조할 수 있기 때문이다. 그러나 대부분의 사람들은 아직도 무의식 상태에 머물러 있다. 무의식 상태에서는 의식적인 창조를 할 수가 없다. 의식적인 창조는 무의식 프로그램을 알아차리는 것과 같다.

무의식 프로그램은 육체와 연결된 생존 본능의 감정을 통해 알아차릴 수 있다. 두려움, 불안, 슬픔, 분노와 같은 감정들은 무의식 프로그램을 기반으로 한다. 우리가 의식적으로 생각하는 것이 힘들다면 무의식 프로그램의 감정을 알아차리면 된다. 불편한 감정들은 과거 기억의 재생이며 무의식 프로그램의 재생이다. 우리는 앞장에서 무의식과 잠재의식, 그리고 내면아이를 살펴봤다. 그 이유는 깨어 있는 의식의 자각을 위해서였다. 우리가 누구인지 의식하지 못하면 창조 근원과 연결될 수 없다. 모든 것들 이전에 의식이 제일 먼저다. 의식이 모든 창조의 근본이다. 매 순간 생각과 감정을 알아차리는 것이 바로 깨어 있는 의식으로 창조함의 시작이다.

(잠을 보러 마스터와 케이는 근처 미트로 향하고 있다. 차를 타고 가던 중 케이는 마음의 수다를 듣게 된다.)

케이	(마음의 수다) 이러다가 저번처럼 차가 또 고장날 거야. 고장 나면 큰일이잖아? 안 그래? 아냐, 이건 위험해! 위험하다구!!! 갑자기 앞차가 끼어들기라도 하면 어떡해? 차선 바꾸지 말고 그냥 가자. 바꾸다가 옆에 차가 끼어들면 사고가 날지도 몰라! 어떡하지?
마스터	(곁눈질) 또 시작됐네요~.
케이	(고개를 가로저으며) 그러니까요~. 얘는 왜 만날 이렇게 걱정도 많고 불안도 많은지~ 알아차리고 달래줘도 뭐 줄줄이 사탕마냥 계속 나오네요. 마음아~. 괜찮네. 괜찮아~. 진정해~. 내가 잘 보살펴 줄 테니까 걱정 넣어둬~. 넣어둬~. 오케이?!?
마스터	(웃음) 인간의 육체는 두려움과 불안, 걱정이 기본이니까요.
케이	그래도 어쩌겠어요. 알아차리고 그마저도 사랑해줘야죠~. 제가 이 몸을 선택했잖아요.

마스터	우리가 지구에서 사용할 몸을 선택할 때는 굉장히 신중하게 작업을 하게 돼요. 몸의 모든 구성들도 미세하게 조정해서 태어나게 되죠. 심지어 성격도 그렇게 만들어져요. 물론 부모님과 가문의 유전자 정보도 참고하고요.
케이	(놀라며) 헐… 제가 그냥 나온 게 아니네요?
마스터	당연하죠. 그래서 절대적으로 우리의 몸을 사랑해줘야 해요~. 우리가 기억해야 할 건 몸도 우리의 선택이라는 거예요. 영혼은 각자 배우고 싶은 교훈에 맞는 무의식 프로그램을 지닌 몸을 일부러 선택하기도 해요.
케이	흠… 배움을 위해 몸도 일부러 선택한다면, 그냥 지금의 나 자체가 숙제인 셈이네요~.
마스터	맞아요. 몸도 성격도 두려움도 불안도 성장과 진화를 위해 필요한 조건이죠. 우리의 본질인 사랑을 기억해 내기 위해서는 이런 감정들을 겪는 것이 필요해요. 그래야 잊혔던 우리의 본질을 깨달을 수 있거든요. 우리는 사랑 그 자체예요!
케이	(느끼한 목소리) 몸아, 몸아~. 사랑스런 나의 몸아~. 알라뷰~ 쪽쪽쪽~!!!
마스터	(먼 산을 바라 보며) 우주님……!

　우리의 의도는 의식(에너지)의 흐름을 결정한다. 인간의 의도는 두 가지가 있다. 육체의 욕망을 따른 의도와 우주의 영감을 따른 의도이다. 욕망을 따른 의도는 개인의 의식(분별심)을 반영한다. 반면 영감을 따른 의도는 우주의 전체의식을 반영한다. 우주는 공동창조를 기반으로 한다. 욕망을 따른 의도

는 우주 근원의 에너지를 공급받을 수 없다. 개인이 아닌 공동의 선을 위해 우주 근원의 창조의 힘은 존재한다. 그래서 우리의 의도는 개인적인 욕망이 아닌 공동의 선을 위해 세워져야 한다. 우리가 올바른 의도를 지닐 때 그것은 우주 근원과도 일치하게 된다. 올바른 의도는 창조과정에서 힘을 들이거나 애씀이 없다. 우주 근원의 에너지와 연결되어 있기 때문이다. 개인의 창조가 우주의 창조 근원과 일치할 때 우리의 창조과정은 조화롭게 된다. 우주의 에너지는 조화와 균형의 법칙에 기반을 둔다. 깨어 있는 의식과 올바른 의도를 지닐 때 우리의 현실도 온전하게 창조될 수 있다.

의도란 우리가 원하는 것을 선언하는 것이다. 우리는 세상에 구하지 않고 명령해야 한다. 구하는 것은 창조주 의식을 지닌 우리의 참모습이 아니다. 우리의 의도는 단호하고 명확해야 한다. 의도는 의식을 지닌 에너지다. 우리의 의도가 불분명하다면 에너지는 흩어지게 된다. 명확한 의도는 에너지를 한곳으로 모아 물질화를 실현시킨다. 에너지가 한 곳으로 모이고 응축되는 과정에서 가장 중요한 것이 바로 명확한 의도다. 명확한 의도가 에너지를 붙잡아 두고 형태를 이루는 틀이 되어준다. 명확한 의도가 없다면 에너지의 형태도 없게 된다.

모든 의식 창조의 기반은 생각이다. 우리는 생각을 통해 의도를 만든다. 명확한 의도를 지닐 때 우리의 생각은 힘이 커지고 정확한 틀을 결정짓게 된다. 우주에는 수많은 가능성이 존재한다. 명확한 의도는 수많은 가능성 중 내가 원하는 현실 창조를 가능하게 한다. 명확한 의도가 없는 의식은 무의식적 삶을 창조하게 한다. 의도는 누구라도 정할 수 있다. 그러나 명확한 의도는 의식적으로 생각을 하는 이에게만 있다. 우리는 깨어 있는 의식을 지니고 명확한 의도로 현실을 창조해야 한다.

케이	(고민) 올바른 의도라…….
마스터	올바른 의도란 머리와 가슴의 일치를 말해요. 생각이 아무리 훌륭한 의도라고 가슴에게 속삭여도 가슴의 느낌을 속일 수는 없어요. 느낌은 영혼으로부터 오는 대답과도 같거든요~.
케이	흠. 느낌은 영혼으로부터 오는 대답이다. 그럼 그게 우리가 추구해야 할 의도인가요?
마스터	영혼에게 있어서 옳고 그른 것은 없어요. 단지 모든 것은 경험일 뿐이거든요. 설령 올바르지 않은 의도라도 그것을 통해서 영혼은 배우고 성장하기를 원해요. 하지만 우리의 의도가 영혼이 원하는 의도인지 아닌지 알 수 있는 방법은 있죠.
케이	오! 그게 뭔데요?
마스터	우리의 의도가 영이 원하는 것과 일치한다면 반드시 기분 좋은 느낌을 받게 될 거예요.
케이	기분 좋은 느낌이요?
마스터	네~. 의도도 에너지예요. 에너지마다 고유 진동과 에너지 코드가 존재해요. 에너지 코드는 파일처럼 나의 의도를 저장하고 있어요. 의도의 에너지 코드가 영혼의 고유 진동과 일치하게 된다면 우리의 에너지도 올라가게 되어있어요. 영혼과 우리(인간)는 에너지로 이루어진 줄로 연결되어 있거든요.
케이	(무릎을 탁 치며) 와…. 대박…!!!

마스터　영혼의 본래 에너지의 상태는 '기쁨'과도 같아요. 그 상태와 나의 현재 의도가 일치할 때 연결된 에너지 줄을 통해 기쁨의 에너지가 전달되게 되죠. 그게 바로 우리가 느끼는 기분 좋은 느낌이구요~.

케이　오… 그렇구나! (종이에 끼적인다) 으하하하~ 다 됐어요! 영혼을 위한 올바른 나의 의도!

마스터　(의심의 눈초리) 뭐, 뭔데요?

케이　잘 먹고, 잘 자고, 잘 놀고, 많이 웃기~!

마스터　(웃음) 간단해서 좋네요.

케이　아니~ 지금 행복한 걸 느끼는 게 제 의도라고요~. 저는 지금만 사는 사람이거든요~ 뭣이 중헌디~. 크하하하!!!

지구는 행동의 별이다. 지구에서의 창조 활동은 곧 행동하는 것과도 같다. 행동을 위해서 우리가 갖춰야 할 것이 바로 '의지'이다. 의지는 의식, 의도와 더불어 지구에서의 창조 핵심 요소이다. 의지 없이는 지구에서의 창조 활동은 불가능하다. 왜냐하면 의지는 마음의 영역(육체)이기 때문이다. 마음은 정신과 더불어 육체 활동을 관장한다. 의지는 마음의 정신 활동을 통해서 육체로 전달된다. 우리의 의식이 육체의 오감과 더불어 의지를 창조하게 된다. 의지를 발현하는 것 자체가 이미 창조 활동의 시작인 셈이다. 그만큼 의지 자체는 큰 에너지를 지니고 있다.

지구라는 물질 세상에서 물질을 창조하려면 최종적으로 의지가 필요하다. 의지가 올바른 의도를 만나 행동할 때 우리의 에너지는 확장된다. 이때 의지는 더 이상 마음이 아니라 깨어 있는 의식이 하는 행동이 된다. 의지는 행함

없이 하는 행동이 된다. 의지를 통해 우리는 노력이 아니라 우주 창조의 근원과 연결된다. 진정한 의지는 마음의 비어 있음 상태와도 같다. 깨어 있는 행동을 통한 의지는 곧 창조의 일부분이 된다. 우리가 깨어 있는 의식으로 올바른 의도와 의지를 지닐 때 우리의 온전한 창조는 이루어지게 된다.

인생 대본 수정하기

　우리는 우주의 일부분이며 전체이다. 우주는 무한한 창조 공간과도 같다. 우주에는 무수히 많은 가능성들이 존재한다. 우주가 바다라면 우리는 하나의 물방울과도 같다. 우리는 우주라는 수많은 가능성의 일부분이며 전체를 이룬다. 지구도 마찬가지로 우주의 일부분이며 전체를 이룬다. 우리는 지구라는 특별한 무대를 통해 가능성의 일부분을 경험하고 있다. 우리의 현실은 수많은 가능성으로 이루어진 부분적인 선택에 불과하다.

　3차원 지구에서는 시간이 흐르는 것처럼 느껴진다. 우리의 과거와 미래는 시간과 공간의 개념이 있기에 존재한다. 과거와 미래는 그저 시간선상에서 존재할 뿐이다. 우주라는 큰 틀 안에서 보면 과거, 현재, 미래는 동시에 존재한다. 때문에 우주에서 시간이라는 개념은 존재하지 않는다. 우주는 시간과 공간을 초월하며 모든 가능성들이 존재한다. 우주의 일부분인 우리의 가능성도 모든 차원에 존재한다. 우리의 모든 가능성은 바로 지금 여기 이곳에 존재한다. 우리가 아무도 아닌 존재가 될 때 우리는 모든 가능성과 연결된다. '나'라는 개념을 버리고 가능성만을 바라볼 때 우리의 선택은 무한대가 된다.

우리는 매 순간 수많은 가능성 중 하나를 선택하고 있다. 그 선택에 따라 우리의 현실도 매 순간 바뀌게 된다. 우리는 지구에서 각자 인생 드라마를 펼치고 있는 주인공들이다. 드라마의 주인공인 우리는 인생 대본을 언제든지 수정할 수 있다. 드라마가 마음에 들지 않으면 수정하면 그만이다. 우주에는 수많은 가능성의 드라마가 존재하기 때문이다. 우리는 그저 그 가운데 마음에 드는 드라마를 선택하면 된다. 좁은 시야에서 벗어나 전체를 인식할 때 우리는 무한한 가능성과 연결될 수 있다.

케이　우리가 지구에서 드라마를 찍고 있는 거라면 드라마의 대본은 어디서 나오는 걸까요?

마스터　우리는 우주와 똑같이 매 순간을 창조하고 있어요. 바로 우리 몸과 마음 그리고 의식을 통해서요. 우리는 세 가지의 세계를 동시에 경험하고 있어요. 물질 몸의 세계, 감각과 정서의 세계, 생각의 세계. 바로 이 세 가지 세계가 우리의 드라마 대본을 완성시키는 곳이에요.

케이　(놀라며) 네에?!? 우리가 세 가지 세계에 동시에 살고 있다고요???

마스터   (웃음) 정확히 말하자면 다른 진동 수준을 지닌 물질 우주죠. 우리 몸을 둘러싼 다른 진동 수준의 에너지이기도 해요. 그래서 다른 말로 세 가지 에너지 몸이라고도 하죠. 이곳은 우리의 모든 생각과 감정 기억의 저장소와도 같아요.

케이   그럼 이곳에서 우리의 드라마 대본도 만들어지는 건가요?

마스터   맞아요. 특별히 감각과 정서의 세계에서 만들어지죠. 이곳은 다른 말로 아스트랄 세계라고도 불려요. 아스트랄 세계에서는 영혼의 모든 정보가 존재해요. 매번 다른 생을 계획할 때마다 이곳의 기록을 참고하기도 하죠. 우리가 알고 있는 카르마도 다 이곳에 에너지 파일로 저장되어 있어요.

케이   (시무룩) 헐… 그럼 전 어떡하나요? 제가 그곳에 가서 바꿀 수도 없잖아요….

마스터   (웃음) 그렇지도 않아요. 이 세 가지 세계는 3개의 거울과도 같아요. 각자의 세계를 가지고 있지만 동시에 서로의 세계를 비춰주죠. 하나의 세계가 변하면 나머지 세계도 바뀌게 돼요. 우리가 '나'라고 생각하는 현재인격은 이 세 가지 세계를 모두 포함해요. 그래서 현재인격을 지닌 '나'가 의식적인 생각과 행동을 하게 되면 나머지 세 가지 세계도 바뀌게 되죠.

케이   아~ 그럼 어쨌든 현재인격을 지닌 '나'만 바꾸면 되겠네요!

마스터   맞았어요!

아스트랄 세계에서 저장된 다양한 정보들이 곧 우리의 현재 인격이 된다. 이 정보들은 수정되기 전까지는 그대로 유지된 채 우리의 현실로 구현된다.

우리가 현실을 바꾸기 어려운 이유는 바로 고정된 인생의 정보 때문이다. 우리의 현실은 잠재의식에 저장된 정보를 바탕으로 한다. 현재 인격의 95%는 잠재의식으로 이루어져 있다. 우리가 곧 잠재의식이라는 말과도 같다. 잠재의식을 바꾸면 우리의 현실도 바뀌게 된다.

잠재의식은 우리의 믿음의 총합과도 같다. 믿음은 곧 신념이 되고 신념이 곧 우리의 현실이 된다. 신념은 우리가 인생을 바라보는 필터와도 같다. 우리는 각자 지닌 신념의 필터에 따라 현실을 경험하고 있다. 신념을 바꿀 수 있다면 우리의 현실도 바뀌게 된다. 보통 우리의 현실은 부정적이고 제한적인 신념에 기반을 둔다. 부정적인 신념의 필터를 바꾸면 우리의 현실 즉 드라마도 바뀌게 된다. 그렇다면 우리는 어떻게 부정적인 신념의 필터를 바꿀 수 있을까? 먼저 아래와 같이 나의 신념들을 적어보자. 그리고 그 반대의 개념도 함께 옆에 적어 보자. (예: 나는 풍요롭다 → 나는 부족하다)

내가 가지고 있는 신념 적어보기

- 나는 (   )하다. → 나는 (   )하다.

- 나는 (   ) 사람이다. → 나는 (   ) 사람이다.

- 나는 (   )를 (   )한다.
  → 나는 (   )를 (   )하지 않는다.

- 나는 (   )를 못할 것이다. → 나는 (   )를 할 것이다.

- 나는 (   ) 싶지 않다. → 나는 (   )하고 싶다.

- 나는 (   )이 없다. → 나는 (   )이 있다.

- 나는 (   )한 자격 / 능력이 없다
  → 나는 (   )한 자격 / 능력이 있다.

- 나는 (   )를 싫어한다 → 나는 (   )를 좋아한다.

- 나는 (   )를 원한다 → 나는 (   )를 원하지 않는다.

- (   )는 나를 (   )한다
  → (   )는 나를 (   )하지 않는다.

- 세상은 (   )하다 → 세상은 (   )않다.

- 세상은 나에게 (   )하다/ 한다
  → 세상은 나에게 (   )하지 않다.

- 세상은 나를 (   )한다
  → 세상은 나를 (   )하지 않는다.

- 돈은 (   )하다 → 돈은 (   )하지 않다.

- 우주는 나를 (   )한다
  → 우주는 나를 (   )하지 않는다.

- 우주는 (   )하다 → 우주는 (   )하지 않다.

바로 위에 핵심 신념들이 우리의 드라마를 고정시켜 왔다. 인식을 해야 인정이 되고 변화가 가능해진다. 내가 원하는 것을 정확히 알고 싶다면 반대로 원하지 않는 것을 알면 된다. 원하는 것은 늘 원하지 않는 상태를 포함하고 있다. 그 상태에서 원하는 것은 이루어지지 않는다. 왜냐하면 부정적인 신념이 긍정적인 신념보다 훨씬 더 강하기 때문이다. 삶에서 안 좋은 일이 반복된다면 위에 부정적인 신념을 다뤄 볼 필요가 있다. 부정적인 신념이 내가 삶을 바라보는 핵심 필터로 작동하기 때문이다.

부정적인 신념 말고도 우리가 다뤄야 할 것이 하나 더 있다. 바로 신념에 관련된 감정이다. 감정은 우리가 지닌 에너지 중에서 가장 강력하다. 신념을 고정되게 만드는 것도 사실 감정이다. 감정은 신념과 신념 사이를 이어주는 역할을 한다. 부정적인 신념의 고리를 끊으려면 바로 이 감정부터 해결해야 한다. 위에 신념들 중 부정적인 신념을 적고 그 옆에 어떤 감정이 느껴지는지 적어본다.

부정적인 신념 해체하기

(예: '나는 부족하다 → 슬픔, 분노'라고 적는다.)
다음은 슬픔, 분노의 감정이 1-10의 단계 중 얼마인지 적어본다.

신념	감정	단계
예) 나는 부족하다	슬픔, 분노	7

> 1. 그중 가장 강한 감정으로 표시된 신념을 살펴본다.
> 2. 이것이 바로 부정적인 현실을 창조하는 나의 핵심 신념이다.
> 3. 핵심 신념이 떠올리는 기억이 있는지 살펴본다.
> 4. 기억을 떠올릴 때 몸의 반응을 살펴본다.
> 5. 불편한 느낌이 든다면 그대로 허용해 준다.
> 6. 이때 감정 풀기 작업을 해도 좋고 감정을 최대한 증폭시켜 본다. (감정과 관련된 에너지센터에 집중해도 좋다.)
> 7. 감정 폭발이 있을 때까지 최대한 허용한다.
> 8. 감정 폭발이 마무리되면 마음속으로 새로운 에너지가 채워지는 것을 상상한다. (이때 부정적인 기억을 다시 긍정적으로 바꿔보는 것도 도움이 된다.)

우리는 앞장에서 감정 풀기 작업을 살펴봤다. 그 이유는 신념에 관련된 감정 에너지를 풀기 위해서다. 묶여진 감정 에너지를 풀게 되면 신념에도 영향을 주게 된다. 신념은 강한 감정을 기반으로 하기 때문이다. 어떤 감정을 풀어야 할지 모르겠다면 위의 신념 리스트를 작성해 보기 바란다. 묶인 감정 에너지를 풀어야 그것과 관련된 현실이 반복되지 않는다. 그리고 삶에서 더 빠른 변화를 이끌어 낼 수 있다. 우리가 경험하고 있는 현실은 사실 신념에 기반을 둔 감정들이다. 감정들이 하나의 강력한 자석처럼 비슷한 경험들을 끌어당기는 것이다.

하나의 감정 에너지가 풀리면 연동된 모든 감정들도 풀어지게 된다. 더불어 관련된 신념들도 약해지게 된다. 부정적인 신념을 알아차릴 때 우리 안에 묶인 감정 에너지도 풀 수 있다. 그 다음 우리가 경험하고 싶은 긍정적인 신념과 감정을 느껴주면 된다. 비우지 않고는 채울 수가 없다. 새로운 현실을 창조하기 위해서는 에너지를 비워내는 작업이 필요하다. 그래야 기존에 신념으로 인한 부정적인 경험의 반복을 중단할 수 있다. 더불어 그 자리에 긍정적인 신념이 들어올 공간이 생기게 된다. 신념과 관련된 감정을 알아차림으로써 우리에게 불필요한 경험을 막을 수 있다. 감정과 신념의 고리를 풀 때 우리는 원하는 현실을 창조할 수 있게 된다.

무한한 가능성의 창고, 잠재의식

　모든 변화는 잠재의식에서 이뤄진다. 우리의 마음은 현재의식과 잠재의식으로 이뤄져 있다. 현재의식은 전체 마음의 5%를 차지한다. 현재의식은 우리의 자유의지가 생기는 곳이다. 주로 비교, 판단, 분석, 이성, 창조로 이루어져 있다. 나머지 우리 마음의 95%는 잠재의식으로 이루어져 있다. 잠재의식은 자동 재생 프로그램과도 같은 운영 체계를 지닌다. 이곳에서 우리의 모든 습관, 감정적 반응, 믿음, 태도, 일상적인 생각과 느낌이 만들어진다. 현재의식은 주로 지식과 모든 경험을 통한 정보를 저장한다. 어렸을 때부터 현재까지의 사실에 기반을 둔 모든 경험이 바로 현재의식이다. 잠재의식은 반복성과 지속성을 통해 모든 정보를 저장한다. 반복성과 지속성은 우리의 의식적 마음이 생각하지 않고도 작동하게 만든다. 뇌 이전에 몸이 먼저 반응하는 것이 바로 잠재의식이다. 자동차 운전하기, 밥 먹기, 비밀번호 누르기, 타이핑하기처럼 익숙해지면 생각하지 않고도 실행이 가능해진다. 그 이유는 일련의 행동들이 자동 프로그램화되기 때문이다. 이렇게 자동프로그램화 된 정보는 의식적으로 생각하지 않아도 알아서 작동되게 된다.

반복적인 경험은 뇌와 몸을 훈련시키게 된다. 익숙해질 정도로 오랜 기간 반복하게 되면 몸 자체가 프로그래밍된 컴퓨터처럼 작동하게 된다. 뇌를 거치지 않고 몸이 바로 작동하게 되는 것이다. 이것이 잠재의식의 자동화 프로그램 형성 방식이다.

잠재의식이 열리는 황금시간대

(이른 새벽잠에서 깬 케이는 핸드폰을 찾는다.)

케이　　내가 핸드폰을 어디다 뒀더라?

마스터　새벽부터 핸드폰은 왜 찾아요?

케이　　아~ 오늘부터 잠재의식 리프로그래밍에 다시 들어가거든요~. 이건 일어나자마자 들어가야 해요!

마스터　(시계를 보며) 지금이 딱 황금시간대이네요~.

케이　　그러니까요~. 지금이 힘들이지 않고 잠재의식을 바꿀 수 있는 절호의 기회라고요~.

마스터　오~~~ 요즘 공부가 많이 늘었네요?

케이　　(자신만만한 얼굴) 에헤이~ 모든 건 과학이라고요~!

잠재의식이 열리는 시간은 아침 기상 직후와 취침 직전이다. 이때가 잠재의식을 리프로그래밍할 수 있는 황금시간대이다.(리프로그래밍이란 잠재의식을 재구성하는 과정을 말한다.) 또한 우주의 가능성에 쉽게 접속할 수 있는 시간대이다. 그 이유는 바로 뇌파에 있다. 우리가 잠에서 막 깨어날 때는 세타파에서 알파파, 베타파 상태의 뇌파가 된다. 반대로 잠이 들 때는 반대로 베타파에서 알파파, 세타파 상태의 뇌파가 된다. 알파파는 이완되고 각성된 상태일 때 나오는 뇌파이며 세타파는 깊은 명상이나 최면 상태의 뇌파이다. 두 뇌파의 공통점은 의식적인 마음과 잠재의식을 연결해 주는 데에 있다.

이때 나오는 뇌파를 '알파 브릿지'라고 한다. 알파 브릿지는 잠재의식 속의 자원과 온 우주와의 연결을 돕는다. 또한 의식적인 마음과 잠재의식을 연결하는 다리 역할을 한다. 아침 기상 직후와 취침 전의 상태가 바로 알파 브릿지 상태이다. 의식적으로 노력하지 않아도 알파 브릿지 뇌파가 가능하기 때문에 이것을 '황금시간대'라고 부른다. 알파 브릿지 상태에서는 모든 정보와 인식의 통합이 가능하다. 의식적인 마음의 제한적인 정보보다 느낌의 통합적인 정보가 우세하게 된다. 우리 뇌도 공간과 시간 감각이 끊어지게 되면서 우주와의 일체성을 경험하게 된다. 이때 우리가 강한 느낌으로 전달하는 것은 무엇이든 잠재의식에 강하게 각인되게 된다. 최면의 상태와 마찬가지로 정보가 그대로 입력되는 것이다.

브루스 립튼Bruce Lipton박사는 이렇게 말한다. "우리가 잠에서 깰 때, 잠에 들 때가 잠재의식에 새로운 프로그램을 다운로드 할 수 있는 최고의 시간이다." 우리는 이 황금시간대를 적극 활용해서 우리가 원하는 상태를 만들 수 있다. 매일 잠재의식을 바꾸려고 100번 확언을 해도 잠재의식에 1번 각인되는 것만 못하다. 의식적인 5%의 마음이 95%의 잠재의식을 이길 수는 없다. 우리의 상태를 바꾸려면 먼저 인생의 95%를 차지하는 잠재의식을 바꿔야 한다.

잠재의식 리프로그래밍 방법

1. 잠재의식을 리프로그래밍 시킬 확언이나 선언 또는 자기 암시 문구를 적는다. 이때 단어들은 언제나 '긍정문' '명령문'과 '현재시제'를 사용해야 한다.

'나는 살을 뺄 것이다.' → '나는 건강하게 살이 빠지고 있다.'
'나는 담배를 끊을 것이다.' → '나는 비흡연자다.'와 같이 써야 한다.

 이때 중요한 점은 잠재의식 리프로그래밍을 통해 얻고자 하는 긍정적인 면을 살펴봐야 한다. 결핍이나 부족한 상태에서는 항상 느낌이 우선이 되어 작동하기 때문이다. 현재 나의 상태가 바뀌게 된다면 느껴질 만한 긍정적인 내용을 문구로 적어보는 것이 좋다. 느낌에 최대한 집중해서 적어보자.

1) 녹음기나 휴대폰 녹음기 어플에 1번의 내용을 녹음한다. 이때 잠이 드는 평균 시간을 따져서 반복 재생이나 녹음시간을 조정해서 녹음하면 좋다. (최소 1시간 내지는 무한 반복 재생을 추천한다.)

2) 취침 전에 이어폰을 귀에 꽂고 녹음한 내용을 튼 채로 취침하면 된다. 기상 직후에도 잠자리에서 녹음된 내용을 들으면서 일어나면 된다. (평소 집이나 사무실에 노래 대신 틀어놔도 좋다. 잠재의식은 반복과 지속이 핵심이다.) 소리와 속도를 평상시보다 느리게 하거나 아주 빨리 틀어서 듣는 것이 좋다. 그렇지 않으면 의식적인 마음이 분석을 하느라 잠이 드는 대신 깨어 있을 확률이 높기 때문이다. 분석적인 마음은 지루하고 복잡한 상태에서 무의식 상태가 되기 쉽다.

3) 잠재의식이 리프로그래밍되는 시간은 최소 3주부터이다. 뇌의 신경가소성에 따르면 무엇이든 3주 이상 반복하게 되면 그에 해당하는 뇌 회로가 형성된다고 한다. 일단 시작은 3주로 시작하되, 그 변화를 실제로 체감할 수 있을 때까지 유지한다.

4) 중간에 잠재의식 리프로그래밍 문구를 추가하거나 삭제도 가능하다. 이미 실제로 변화를 체감할 수 있다면 유지하면서 더 나은 문구를 추가해도 좋다.

2. 느낌으로 잠재의식 열기

　잠재의식은 두 가지 저장 방식에 의해 작동된다. 바로 단기 기억과 장기 기억이다. 단기 기억은 기억한 전화번호를 보고 전화를 걸고 난 후 번호를 잊어버리는 것과 같다. 장기 기억은 자주 가는 길이나 집 주소처럼 잊어버리지 않고 언제라도 떠올릴 수 있는 경우이다. 우리 뇌의 해마는 기억을 저장하는 역할을 한다. 해마는 강한 감정이 동반된 기억을 우선적으로 저장한다. 우리가 감정적으로 강한 충격이나 자극을 받게 되면 해마를 통해 잠재의식에 정보를 저장하게 된다. 이때 저장된 감정은 잠재의식과 연결되어 같은 경험을 할 때마다 자동 반복 재생되게 된다.

　감정을 느낄 때마다 우리는 잠재의식의 정보와 연결된다. 반복된 감정은 잠재의식을 깨우게 되고 이것은 곧 자기 암시가 된다. 현재의식이 언어와 생각으로 소통한다면 잠재의식은 감정과 느낌이라는 언어로 소통한다. 잠재의식과 소통하기 위해서는 감정(느낌)이 중요하다. 잠재의식은 생각보다 감정(느낌)에 반응하기 때문이다. 그래서 느낌을 바꾸면 잠재의식도 바뀌게 된다. 기존의 느낌보다 더 강한 느낌을 받는다면 잠재의식은 수정될 수 있다.
　그렇다면 어떤 감정들이 잠재의식의 느낌을 바꿀 수 있을까?

　대표적으로 '감사하기'가 있다. 잠재의식은 '감사하기'처럼 이루어진 것과 같은 느낌에 반응한다. 우리는 진심으로 감사를 느낄 때 이루어진 것 같은 느낌을 받게 된다. 월러스 워틀스가 쓴 《부자가 되는 과학》에서는 그는 감사에 대해 이렇게 말했다. "좋은 일에도 감사하고, 설사 안 좋은 일이라고 생각해도 감사하면 모든 것이 다 좋은 방향으로 바뀐다. 감사하는 마음은 축복을 가져다주는 우주의 근원과 연결되는 가장 고귀한 주파수와 연결되어 있다."
"모두 바르게 살아가는 사람들이 힘들게 사는 이유는 바로 감사함을 느끼지 않아서다. 오직 감사함을 느끼는 것이 부자가 되는 과학적인 방법이다."

잠재의식에 긍정적인 느낌을 자주 불러일으키는 것은 중요하다. 왜냐하면 잠재의식은 느낌을 정보로 받아들이기 때문이다. 잠재의식이 받아들인 느낌은 체험에 필요한 정보를 수집하게 한다. 그리고 느낌은 곧 우리의 체험이 된다. 잠재의식에 각인된 모든 느낌은 파일처럼 정보로 저장된다. 느낌은 압축된 정보와 다음과 같은 메시지를 포함한다. '나는 이걸 원해. 그러니까 나에게 이것과 똑같은 걸 보내 줘.' 우리가 매 순간 받는 모든 느낌이 사실 우주로 보내는 나의 메시지다. 느낌이 메시지고 느낌이 주문이다! 우리가 체험하고 싶은 대로 우리는 미리 느끼면 된다. 잠재의식의 언어인 느낌으로 소통할 때 우리의 소원은 이루어지게 되어 있다.

느낌으로 잠재의식 여는 방법

1) 노트에 내가 가장 좋아하는 것, 가장 즐겁고 행복했던 기억을 적어본다. 최소 3가지 이상 적어본다. 이때 생각만 해도 입가에 미소가 번지는 기억을 찾아야 한다. 몸이 바로 반응하는 느낌을 찾는 것이 중요하다. (예: 좋아하는 음식, 장소, 취미 생활, 좋아하는 인물 등)

2) 좋아하는가에 대해 적을 때 최대한 자세히 적어본다. 오감을 자극할 수 있을 만하게 꼼꼼히 적는다.

꽃을 좋아한다면 왜 좋은지, 뭐가 좋은지, 색깔이 어때서 좋은지, 향이 어때서 좋은지, 감촉이 어때서 좋은지 자세하게 적어본다.

음식이라면 어떤 맛이라서 좋은지 어떤 식감이라서 좋은지를 적어본다. 실제로 적으면서 느낌이 떠오를 만큼 좋아하는지 느껴봐야 한다.

우리가 무언가를 좋아하는 것은 바로 그 행위 또는 물건이 주는 느낌 때문이다. 느낌은 감정이다. 그래서 좋아하는 것을 통해 감정을 일깨우면 잠든 잠재의식을 깨울 수 있다.

적으면서 딱히 좋은 기분이 느껴지지 않는다면 좋아하지 않는 것으로 간주하고 다른 것을 적어본다. 적으면서도 느낌이 올라오는 것이라야 잠재의식에 긍정적인 영향을 줄 수 있다.

3) 최대한 적어 놓은 기억을 자세하게 떠올려본다. 이때 오감을 총동원해서 느낌을 불러일으켜야 한다. 눈을 감고 색깔과 소리, 맛, 향기, 감촉, 온도 등을 느껴본다. 즐겁고 행복한 느낌을 계속해서 최대한 더 이상 느껴지지 않을 때까지 충분히 반복한다.

4) 잠재의식은 반복과 지속이 중요하다. 시간이 날 때마다 자주 적어 놓은 기억을 읽으면서 의식적으로 느낌을 떠올린다. 아침이나 취침 전에 읽으면서 강력하고 긍정적인 느낌을 잠재의식에 전달한다. (명상이나 잠재의식을 리프로그래밍하기 전에 이 과정을 하기를 추천한다.)

3. 이미지로 잠재의식 열기

잠재의식은 이미지로 각인될 때 더 강력하게 작동한다. 뇌에 각인된 이미지는 10만 배의 정보처리 능력이 생긴다. 말보다 사진으로 보면 한눈에 알게 된다. 우리가 어렸을 때 어떤 방식으로 정보를 인식했는지를 떠올려보자. 언어 이전에 느낌과 이미지로 우리는 정보를 인식했다. 잠재의식이 아이와도 같다면 이미지가 효과적인 정보 전달 방식이 된다. 실제 우리 뇌는 이미지가 담긴 정보를 처리할 수 있는 '패턴 인식' 능력을 가지고 있다. 우리 뇌의 해마도 중요한 정보는 잠재의식에 장기기억으로 저장한다. 이때 이미지로 된 기억은 잠재의식에 더욱 쉽게 각인된다.

이미지로 잠재의식을 열 수 있는 방법이 몇 가지 있다. 비전보드, 보물지도, 미라클 맵 등이다. 방법은 아주 간단하다. 자주 곁에 두고 보면 된다. 우리가 순간 보는 모든 이미지들은 잠재의식에 저장된다. 평소에 내가 보는 모든 것들이 잠재의식에 저장되고 있는 셈이다. 여기서 우리가 기억해야 할 것은 의식적으로 걸러보기이다. RAS Reticular Activating System 는 뇌에서 특수 기능을 수행한다. 망상 활성화 시스템이라고도 불리는 RAS는 우리가 받아들인 정보들을 필터처럼 걸러서 저장한다. 중요하다고 생각되는 정보는 저장하고 나머지는 바로 삭제한다. 이때 우리가 어떤 정보에 맞춰져 있는지가 중요하다. RAS가 받아들인 정보에 따라 뇌가 작동하기 때문이다.

내가 부지불식간에 받아들인 이미지가 나의 현실에 작동할 수도 있다. 그래서 우리는 의식적으로 내가 원하는 이미지들을 보는데 깨어 있어야 한다.

잠재의식에서 자주 반복적으로 보는 모든 이미지는 RAS에 각인된다. 각인된 이미지는 충분한 자극으로 인해 최우선적으로 잠재의식에서 실행하게 된다. 내가 자주 보는 이미지가 바로 내가 원하는 현실이 된다. 잠재의식을 통해 현실을 바꾸고 싶다면 주위의 이미지들부터 바꿔야 한다. 내가 원하는 이미지들로 보이는 곳곳마다 채워두고 자주 봐야 한다. 그래야 잠재의식이 항상 내가 원하는 정보를 인식하고 현실에서 이뤄줄 방법을 찾게 된다.

이미지로 잠재의식 여는 방법

1) 우선 100일 정도 후에 이루고 싶은 소원을 떠올려본다. (처음 시작은 100일로 하되 6개월, 1년, 3년 등으로 늘려간다.)

2) 원하는 소원과 관련된 이미지들을 찾아본다. 보기만 해도 내가 이루고 싶은 것을 한 번에 알 수 있는 이미지를 고른다. 이때 소원이 이루어진 것을 보여 주는 이미지여야 한다. (잡지, 신문, 광고 전단지, 책, 인터넷의 이미지 등)

3) 이미지를 붙일 보드 판이나 노트, 스케치북을 준비한다. 만들어진 이미지는 사진으로 찍어서 여러 개를 복사해 놓는다.

4) 자주 머무는 장소나 지나치는 곳에 이미지를 붙여놓는다. 이때 이미지를 명함 사이즈처럼 작게 만들어서 지갑에 넣거나 휴대폰 뒷면 투명 케이스에 붙여넣는 것도 좋다. (컴퓨터 데스크, 휴대폰 바탕 화면, 작업실 벽면, 화장실 거울, 거실 벽, 침대 옆 벽면, 천장 벽, 조리대, 식탁 등)

5) 이미지는 낱장으로 노트에 붙이거나 보드, 벽에 붙인다. 보드나, 벽에 이미지를 붙이는 순서는 왼쪽에서 오른쪽으로, 위에서 아래로 시계방향으로 붙인다. 가장 원하는 것을 노트의 맨 앞쪽이나 보드의 왼쪽 위에 붙인다. (우리 뇌는 좌 → 우, 상 → 하의 순서로 정보를 먼저 인식하는 기능이 있다.)

> **6)** 시간이 날 때마다 아무 때고 자주 본다. 특히 아침 기상 직후나 취침 전에 본다. (잠재의식에 각인되기 쉽게 침실 천장이나 침대 바로 옆에 이미지를 준비해두면 좋다.)

케이   (끄덕이며) 좋았어. 아침에 일어나면 잠재의식 리프로그래밍을 들으면서 일어나는 거야~. 그리고 천장이랑 침대 벽에 붙여놓은 이미지를 한번 쭉 보면서 에너지를 올리고~.

마스터   (웃음) 벌써 계획이 다 정해져 있군요? 오~.

케이   당연하죠! 자투리 시간도 허투루 쓸 수 없다고요! 내 인생은 내가 원하는 것들로 꽉 채워도 모자르다구요~.

마스터   (박수) 와우… 적극적인 의지 칭찬해요!

케이   (머쓱) 아니 뭐~ 칭찬받을 정도까진 아니지만. 현실을 바꾸려면 온 주의를 내가 원하는 곳에 집중해야 하잖아요. 행동하는 것도 물론 중요하구요. 말로만 하는 사람은 전 별로라고요~.

마스터   오~ 결연한 의지~. 그거면 이미 충분할 것 같은데요?

케이   (손사래 치며) 에헤이~ 아직 다 안 끝났어요!

마스터   (놀라며) 네? 뭐가 또 남았나요?

케이   (장난기 어린 웃음) 흐흐흐… 아침의 기분 상태가 그날 하루를 결정한다고 했죠? 그래서 말인데요~~.

마스터   (한 발짝 뒤로 물러서며) 호, 혹시.

케이   (워너원 노래 인트로) 빰! 빠라바바밤! 빠바바밤~ 오늘 하루 주인공은 나야 나! 나야 나! 현실 창조 주인공은 나야 나~! 나야 나~!!! (제자리에서 계속 점프해 댄다) 애브뤼바디~풋 쳐 핸접! 현실 창조 가즈아~!!!

상상을 현실로 만드는 심상화

　상상으로 현실을 바꿀 수 있을까? 나는 상상으로 지금까지 나의 미래를 만들어 왔다. 20대 때 처음으로 상상을 하며 새로운 직업을 가지게 됐고 이상형의 남편도 만났다. 나는 어렸을 때부터 성공에 관심이 많았다.

"어떻게 하면 성공할 수 있을까?"
"저 사람들은 도대체 뭐가 다른 걸까?"
　그러던 중 20대 때 처음 산 성공 관련 책의 한 문구가 눈에 들어왔다.
"머릿속으로 이미지와 비전을 생생하게 그린다면 원하는 인생을 살 수 있다."
"그래! 바로 이거야!"

그날로 노트에 내가 원하는 것을 죄다 적었다. 그리고 하나씩 머릿속에 떠올리면서 상상하기 시작했다. 그런데 일주일 후 신기한 일이 일어났다. 인맥이 있어도 들어가기 힘들다는 미군부대에 면접을 보게 된 것이다.

"여보세요? 저 면접 가능한가요?"
"저는 영어도 잘하고 말도 잘합니다!"
 결국 고졸 출신인 나는 명문대 출신을 제치고 취직을 하게 됐다. 그것뿐만이 아니다. 그 당시 나의 꿈은 대기업 취직이었다. 그래서 나는 다시 상상하기 시작했다.
"어떻게든 될 거야~. 안 돼도 그냥 재미로 해보자!"
"상상하는데 1원 한 푼도 들지 않는데 뭐~."
 상상할 당시에는 아무리 봐도 미군부대에서 대기업 일을 하기에는 무리 같아 보였다. 그런데 약 두 달 후 기적과 같은 일이 일어났다. 당시 나는 외국계 회사에서 근무하고 있었는데 그 회사가 동원과 인수합병하게 된 것이다!
"세상에나. 어떻게 이렇게 되지?"
"진짜 상상했더니 이루어졌네?"
 그렇게 나의 대기업 취업은 이뤄지게 됐다. 원하는 현실을 이루기 위해서는 상상하기가 그 시작인 것은 분명하다. 그렇다면 도대체 어떻게 상상해야 하는 걸까?

 심상화는 쉽게 말해 상상Imaging하는 것이다. 원하는 것을 상상해서 마음속으로 경험하는 것이 바로 심상화다. 잠재의식이 느낌으로 소통한다면 심상화는 상상으로 뇌와 소통한다. 심상화는 뇌의 기능과도 관련이 있다.

뇌는 반복을 통해 자극을 받게 된다. 이때 뇌에 새로운 신경 회로가 구성된다. 새로운 신경 회로는 새로운 유전자를 활성화시킨다. 결국 우리의 몸과 마음도 물리적으로 바뀌게 된다. 뇌는 상상과 현실을 구분하지 못한다. 그래서 심상화를 충분히 반복하게 되면 뇌는 그 경험을 실제로 일어난 거라고 착각하게 된다. 이때부터 우리 몸의 물리적 구조가 바뀌기 시작한다.

하버드 대학교에서 머릿속 시연에 관한 한 실험을 했다. 이들은 피아노를 실제로 치는 그룹과 상상만으로 치는 두 그룹으로 나눴다. 상상만으로 피아노를 치는 그룹은 하루 두 시간씩 간단한 피아노 코드를 연습했다. 실험을 마친 후 상상으로 피아노를 친 그룹을 확인해봤더니 손가락 움직임을 관장하는 뇌 영역이 극적으로 증가해 있었다. 이들의 뇌만 보면 실제 피아노를 연습한 사람과 똑같았다. 손가락 하나 까딱하지 않았음에도 실제 피아노를 친 사람들의 뇌와 똑같은 상태가 된 것이다. 심상화만으로 뇌의 신경회로를 바꾸고 새로운 프로그램을 설치한 것이다.

심상화는 뇌뿐만 아니라 근력도 증가시킨다. 하버드 대학교에서 12주 동안 30명을 두 그룹으로 나눠 또 다른 실험을 진행했다. 한 그룹은 규칙적으로 새끼손가락을 운동했다. 그리고 다른 그룹은 운동을 심상화하기만 했다. 그런데 결과는 놀라웠다. 실제로 운동을 한 그룹은 새끼손가락의 힘을 53% 강화한 반면, 심상화로 운동을 상상만 한 그룹은 새끼손가락의 힘을 35%까지 증가시킨 것이다. 오직 운동하는 것을 심상화했을 뿐인데 사람들의 몸이 바뀐 것이다. 심상화로 어떻게 이런 일들이 가능한 걸까? 더 확실히 이해하기 위해 우리는 전두엽에 대해 알아볼 필요가 있다.

전두엽은 뇌의 창조 CEO같은 역할을 한다. 가능성을 상상하고 의식적 결정을 내리고 의도를 낸다. 전두엽이 중요한 이유는 우리가 어떤 생각을 할 때 더 잘 유도해주기 때문이다. 심상화를 하면서 원하는 것에 집중하고 전념할 때 전두엽은 활성화된다. 전두엽은 이때 외부의 소리나 공간, 시간에 대한 자각이 줄어들게 된다. 전두엽이 활성화되면 뇌는 알파파 상태가 된다. 알파파는 깊이 이완된 상태이며 동시에 잠재의식과 연결되는 상태의 뇌파다. 이때 반복적인 심상화를 하게 되면 우리의 뇌와 몸의 상태가 바뀌게 된다. 그래서 마음속의 상상이 하나의 경험이 되는 것이다.

상상이 경험이 될 때 우리는 실제로 감정을 느끼게 된다. 경험의 최종 산물은 느낌과 감정이다. 심상화는 경험하지 않고도 상상만으로 느낌과 감정을 불러일으킬 수 있다. 뇌는 실제와 상상을 구분하지 못한다. 많이 상상하고 느낄수록 뇌는 많은 경험을 했다고 착각한다. 심상화를 통해 의식적인 정보를 계속 마음에 새긴다면 변화는 반드시 일어나게 되어있다.

"여보, 당신 공항 가는 시간 얼마 안 남았어요!"
"시간이 촉박한데 비행기 시간을 맞출 수 있을까?"
"일단 미리 상상해보는 거야!"
　공항까지 25분의 시간이 걸리는데 내게 남은 시간은 20분 남짓밖에 되지 않았다. 공항으로 가기 전 나는 소파에 앉아서 짧게 상상을 하기 시작했다.
"그래, 공항 가는 길이 텅텅 비어서 20분 만에 도착하고, 돌아오는 길도 여유 있게 오는 거야."
"그리고 공항에 잘 도착했다고 전화가 오고…."

그렇게 몇 분 동안 상상을 한 나는 만족스런 기분으로 공항으로 향했다.

금요일 저녁이라 막힐 줄 알았던 길은 마치 고속도로처럼 뻥 뚫려 있었다.

"어? 진짜 상상한 대로 길이 텅텅 비었네?"

"거참 신기하단 말이야?"

그렇게 남편을 공항에 내려주고 집으로 돌아오는 길에 연락이 왔다.

"여보, 나 탑승 수속 마쳤어. 근데 아직도 20분이나 남았데."

"정말 다행이에요!"

그렇게 집으로 돌아오는 길에 소식을 들은 나는 더욱 흥미진진한 상상을 하기 시작했다.

"음. 집에 돌아오는 길 오른쪽에는 숲이 있으니까~."

"그래! 뿔이 아주 큰 무스를 보는 거야!!"

"아이들이랑 무스 사진도 찍고. 오~ 그거 참 재밌겠는데?"

나는 그렇게 집으로 돌아오는 길 내내 재밌는 상상을 했다. 그런데 집 근처에 도착하자 아이들과 나는 놀라지 않을 수 없었다.

"엄마! 저기 좀 봐요. 무스 수놈이에요!"

"뭐?!? 진짜??"

"근데 3마리나 있어요!"

"됐어! 이루어졌어! 감사합니다, 감사합니다, 감사합니다!"

실제로 내가 상상한 시간은 5~10분 정도밖에 되지 않았다. 그런데 어떻게 바로 이루어질 수 있었을까? 심상화에서 중요한 요소가 있다. 바로 재미있게 집착과 저항 없이 상상하는 것이다. 집착이 없는 상태는 아이들을 보면 알 수 있다. 아이들은 그저 재미있는 것에 집중한다. 그래서 집착이 없다.

될까? 안될까? 하는 의문 따윈 없다. 즉 판단하는 마음이 없다. 그런데 우리는 무언가를 상상할 때 꼭 이루어져야만 한다고 생각한다. 이것이 집착이고 심상화가 이루어지지 않게 만드는 마음의 저항이다. 집착과 저항이 적을수록 심상화가 더 빨리 이루어질 가능성이 높다. 나의 예와 마찬가지로 이뤄져도 안 이뤄져도 그저 상상하는 과정 자체가 즐거우면 그만이다. 내가 상상한 것이 어떻게 이루어질지는 우주가 알아서 할 일이다.

우리가 고민하고 걱정하는 것은 우주를 의심하는 것과도 같다. 그래서 많은 책들이 소원이 어떻게 이루어질지 과정 말고 결과만 생각하라고 하는 것이다. 그러나 과정을 상상해야 하는 예외적인 상황들도 있다. 내가 원하는 소원을 이루는 특별한 과정이 있다면 과정을 상상하는 것이 필요하다. 반드시 그 과정을 거치지 않으면 안 되는 것들도 있다. 예를 들어 내가 어떤 자격증을 따야 한다면 반드시 수업을 들어야 하는 과정이 필요하다. 이런 것처럼 반드시 과정이 포함돼야 하는 것을 상상해도 좋다. 하지만 그렇지 않다면 과정을 상상하는 것은 소원이 이뤄지는 방식을 제한하는 꼴이 된다. 과정을 상상하면서 우주의 가능성을 제한하기보다는 우주에게 그냥 맡겨보자.

또 다른 심상화의 핵심은 실제 경험할 때처럼 느끼는 것이다. 실제 경험한 것처럼 느끼기 위해서는 오감의 활용이 중요하다. 오감은 시각, 청각, 촉각, 후각, 느낌 감각으로 이루어져 있다. 대부분의 사람들은 시각 정보가 발달되어 있고 그다음이 청각 순이다. (인간이 지각하는 감각 중 시각이 70% 이상을 차지한다.) 오감의 발달은 환경, 유전적 영향에 따라 사람마다 차이가 있을 수 있다. 심상화를 제대로 하려면 나에게 가장 발달된 감각부터 시작해야 한다.

그래야 심상화가 자연스럽게 진행되고 집중도가 높아지기 때문이다. 무조건 심상화라고 해서 시각적인 면을 먼저 상상해서는 안 된다. 많은 사람이 심상화에 집중할 수 없는 이유가 여기에 있다. 심상화에도 나만의 맞춤 방법이 필요하다. 나의 발달된 감각의 정보에 맞춰서 하는 심상화가 맞춤 심상화다. 아래에 설명을 보고 나의 발달된 주요 감각을 먼저 살펴보자.

나의 주요 감각 찾기

- **시각**

  외모에 신경을 많이 쓴다. 정리정돈을 잘한다. 그림이나 모습, 외모를 보고 기억하는 경향이 있다. 뭔가를 배울 때 눈으로 보고 배우는 게 편하다. 남의 시선을 많이 의식하는 경향이 있다. 말보다는 문서나 시각자료를 선호한다. 미적 감각이 있는 편이다. 관심 분야는 미술, 패션, 메이크업, 인테리어, 디자인, 꽃꽂이, 미용 등이 있다.

- **청각**

  혼잣말을 자주 한다. 소리나 목소리 음악에 민감하다. 소음을 싫어한다. 전화로 수다 떠는 것을 좋아한다. 귀가 얇아서 다른 사람의 말을 잘 듣는 편이다. 사람들과 대화할 때 상대방 쪽으로 얼굴을 기울이는 편이다. 들을 때 더 집중이 잘 되는 편이다. 그래서 뭔가를 배울 때 들으면서 배우는 게 편하다. 한번 들은 것은 잘 잊지 않는다. 관심 분야는 음악, 악기 다루기, 작곡,

방송 등이 있다.

• 신체 감각

스킨십을 좋아한다. 의사소통 시 직접 만나 얘기하면서 해결하는 게 편하다. 사람들에게 가까이 다가가서 얘기하는 경향이 있다. 행동을 통해서 기억을 잘 한다. 직감과 영감이 발달해서 감이 빠르다. 스트레스를 잘 받고 감정의 기복이 심하다. 몸이 피곤하다고 느끼면 만사가 다 귀찮아진다. 감성적이고 예민하다는 말을 자주 듣는다. 상황 판단 시 느낌 위주로 결정하는 편이다. 산만하거나 차분하지 않은 경향이 있다. 몸으로 하는 모든 운동에 관심이 많다. 관심 분야는 스포츠, 댄스, 실습, 연기 등이 있다.

• 내부 언어

독백하는 버릇이 있다. 혼자 말하면서 일을 해결하거나 공부가 잘되는 경향이 있다. 사색, 사고, 논리, 분석이 발달해 있다. 일을 할 때 절차와 순서, 계열, 논리, 이치를 따진다. 굉장히 꼼꼼하고 실수가 적은 편이다. 그래서 완벽주의자라는 말을 자주 듣는다. 단어나 용어를 중심으로 하는 언어에 민감하다. 정확한 언어를 구사하려는 경향이 있다. 다른 사람이 하는 말 중에 틀린 단어가 있으면 고쳐주고 싶은 경향이 있다. 성실하지만 우유부단한 면이 있다. 단체로 하는 활동보다는 혼자서 하는 활동을 즐긴다. 관심 분야는 사색하기, 계산, 분석하기, 철학, 언어, 법률, 재무, 기획 등이 있다.

미래 대본 쓰기

 나의 주요 감각을 파악했다면 다음으로 미래 대본 써보기가 있다. 방법은 나의 의도가 미래에 이루어진 것같이 대본으로 쓰면 된다. 예를 들어 '나는 다음 달까지 살을 5kg 빼겠다.'가 원하는 목표라면 이렇게 쓸 수 있다.

 "오늘도 살이 500g 더 빠졌다. 요즘 운동과 식이조절하는 것이 너무 재밌다. 살이 계속 빠지니까 몸도 가볍고 날아갈 것 같다. 참으려고 해도 내 몸을 볼 때마다 너무 좋아서 소리를 지르고 싶다. 10년 전 리즈시절에 맞던 청바지가 들어가다니. 이건 기적이다!"

미래 대본을 적을 때는 최대한 신나고 기분 좋게 쓰도록 해야 한다. 그 이유는 이것이 RAS를 활성화시키기 때문이다. RAS는 뇌의 '자동 유도장치'라고 불린다. 우리 두뇌에서 '의도'를 상기시키는 역할을 한다. RAS는 우리가 보내는 의도대로 수집한 정보를 전달해주는 역할을 한다. 또한 감정과 이미지에 의해서 활성화되는 특징이 있다. 미래 대본을 쓰게 되면 자동적으로 RAS의 작동 버튼을 누르는 것과도 같게 된다.

미래 대본은 되도록 손으로 직접 쓰는 것을 추천한다. 정확한 의도를 가지고 종이에 적는 행위는 굉장히 중요하다. 적으면서 몸과 두뇌가 자극이 되고 시각적으로도 잠재의식에 의도를 전달할 수 있기 때문이다. 종이에 글을 적게 되면 생각 에너지에 글이라는 에너지를 더하게 된다. 글에는 반드시 쓰는 사람의 의식을 포함하게 된다. 보이지 않는 생각을 글자로 표현하게 되면 나의 의식과 관련된 고유의 에너지 코드가 활성화된다. 그래서 미래 대본을 쓰는 것은 나의 에너지적 메시지를 우주에 미리 전하는 것과도 같다.

미래 대본을 쓸 때는 실행 과정을 구체적으로 적어야 한다. 우리가 목표를 정하고 실행하지 못하는 이유는 구체적인 과정이 머릿속에 없기 때문이다. 미래 대본은 언제, 어디서, 어떻게처럼 자세히 적어야 한다. 구체적으로 쓰다 보면 자연스레 과정이 상상되고 머릿속에서 이미지가 그려질 것이다. 자세한 과정을 생략한 채 억지로 상상하면 잠재의식에서도 의심이 들어 이미지가 흐려지게 된다. 그래서 적는 과정에서 느낌을 불러일으킬 만한 과정들을 자세히 적어야 한다. 잠재의식은 느낌과 이미지로 쉽게 각인되기 때문이다.

한 교수가 학생들을 대상으로 목표의 구체화가 미치는 영향에 대한 실험을 했다. 교수는 학생들에게 크리스마스 연휴가 시작되기 전에 이런 질문을 했다.

"여러분은 이번 크리스마스이브를 어떻게 보낼 생각인가요?"
"어떻게 보낼지에 대한 에세이를 적어서 제출하세요."

그런 다음 학생들을 A, B그룹으로 나누고, B그룹 학생들에게만 따로 물어보았다.
"언제, 어디서, 어떻게 에세이를 쓸 생각이죠?"
"지금 구체적으로 말해보세요."

교수는 몇 주일이 흐른 뒤 결과를 확인해봤다. 구체적으로 목표를 정하고 미리 생각을 해봤던 B그룹 학생들이 A그룹 학생들보다 두 배 이상 더 빨리 에세이를 제출했다. 왜 이런 결과가 나타났을까? 과정이 막막하면 목표를 달성하는 이미지가 그려지지 않는다. 실행 과정을 구체적으로 그리게 되면 이미지가 더욱 생생해진다. 이미지가 생생할수록 심상화는 현실로 나타날 가능성도 높아지게 된다. 미래 대본 쓰기는 생생한 심상화를 위한 작업이다.

내가 쓰는 대본이 나의 삶의 대본이 된다. 지금 당장 나의 삶을 바꿀 미래 대본 쓰기를 해 보자.

심상화 느끼기

    심상화에서 중요한 것은 의도와 감정이다. 미래 대본 쓰기를 통해 우리는 의도를 분명히 했고 감정을 느껴봤다. 분명한 의도는 말 그대로 창조하고 싶은 것을 분명히 하는 것이다. 내가 원하는 모든 것들은 분명한 의도를 지녔다. 이제 그 의도는 특정 전하electric charge를 만들게 된다. 모든 강력한 생각은 강력한 에너지를 지닌다. 생각 자체가 에너지다. 분명한 의도로 집중된 생각은 충분한 전기 에너지를 만들어낸다.

    의도 다음 우리에게 필요한 것은 바로 감정(느낌)이다. 의도한 일이 일어났을 때 그것이 어떤 느낌일지 미리 느껴봐야 한다. 감사, 사랑, 행복, 열정, 기쁨, 흥분, 감탄, 열광, 자신감, 즐거움과 같은 감정을 느껴야 한다. 감정은 강력한 에너지를 수반한다. 우리가 감정을 느낄 때 자하 magnetic charge가 만들어지게 된다. 앞에서 분명한 의도는 전하를 만든다고 했다. 전하와 감정의 자하가 만나면 전자기장을 만들게 된다. 전자기장은 에너지고 주파수를 띤다. 모든 사물은 주파수로 이뤄진 고유의 정보를 담고 있으며 전자기장을 지니고 있다. 전자기장은 말 그대로 우리가 우주로 보내는 신호와 같다. 마치 강력한 자석처럼 원하는 것에 주파수를 맞추는 것이다.

현실을 바꾸려면 눈에 보이지 않는 가능성에 조율되는 것이 먼저다. 가능성들은 오직 주파수들로만 존재한다. 분명한 의도와 감정은 강력한 주파수를 만들어낸다. 존재하는 수많은 가능성에 나의 주파수를 조율해야 한다. 내가 보낸 주파수와 우주의 가능성의 주파수를 일치시켜야 한다. 그래야 내가 원하는 전기적인 정보들이 현실에 물질로써 나타나게 된다. 내가 강력한 자석이 될 때 우주의 가능성은 나에게 끌려올 것이다. 원하는 것을 실현시키기 위해 무언가 돼야 한다고 생각하지 말아야 한다. 이미 나는 되었다고 생각하고 느끼는 상태에 있기 때문이다. 우리는 이미 되었다고 생각하고 느끼는 것에서부터 출발해야 한다. 이미 나는 모든 가능성을 경험했고 그것은 나에게 이미 실현되었다고 믿어야 한다.

심상화는 느끼는 것이 제일 중요하다. 느낌은 생각과 감정이 결합해서 생긴다. 그러나 우리에게 필요한 것은 강력한 느낌이다. 무엇이 강력한 느낌을 만들어낼까? 인생에서 몇 번은 강렬한 경험을 한 적이 있을 것이다. 강렬한 경험은 대개 강한 느낌을 동반한다. 우리는 이미 우리에게 필요한 모든 것을 가지고 있다. 우리가 경험을 하는 이유는 충분한 상상을 위한 재료를 마련하기 위해서다. 내가 경험한 모든 감정은 심상화의 중요한 재료가 된다. 먼저 1번을 떠올린 후 2번에 맞춰 세세하게 기억을 떠올려보면 도움이 된다. 종이와 펜을 가지고 강렬한 경험을 했던 때를 적어보자.

1 느낌 체크하기

- 온전한 사랑을 느꼈을 때
- 온전히 강한 힘을 느꼈을 때
- 원하는 것을 얻을 수 있음을 확실히 느꼈을 때
- 모든 것을 다 가졌다고 느꼈을 때
- 정말로 에너지가 넘쳤을 때, 넘치는 에너지를 느꼈을 때
- 너무 웃겨서 감당하기 힘들만큼 재밌었던 때
- 너무 행복해서 기분이 날아갈 것 같았던 때
- 자신감이 넘쳐흘렀던 때

2 세부적인 오감 체크하기

- 그것은 언제였는가?
- 나는 그때 어디에 있는가?
- 나는 누구와 함께 있었는가?
- 나는 무엇을 입고 있었는가?
- 나는 무엇을 하고 있었는가?
- 나는 무엇을 보고 있었는가?

- 나는 무엇을 먹고 마시고 있었는가?
- 어떤 맛이 느껴졌는가?
- 어떤 냄새가 느껴졌는가?
- 나는 누구와 어떤 얘기를 하고 있었는가?
- 주변에 어떤 소리가 들렸는가?
- 주변에 어떤 온도가 느껴졌는가?
- 어떤 감촉이 느껴졌는가?

위에 1, 2번 과정을 마쳤다면 여러분은 자연스럽게 심상화를 마쳤을 것이다. 심상화는 구체적이고 자세해야 한다. 뇌가 실제처럼 느껴야 하기 때문이다. 뇌에게 강력한 느낌을 느끼게 하려면 어떻게 해야 할까? 어떤 사람의 미래가 밝다고 할 때 어떤 느낌이 드는지 느껴보자. 아마 희망적이고 열정인 느낌이 들 것이다. 우리가 심상화를 할 때 즐거운 경험을 더 밝고, 더 가깝고, 더 생생하고, 총천연색으로 더 즐겁고, 더 부드럽고, 더 따뜻하고, 더 건강한 느낌이 들게 상상한다면 어떨까?

감정은 오감에 반응한다. 감정을 더 증폭시키려면 의도적으로 느껴야 한다. 상상하면서 의도적으로 장면에 변화를 줘야 한다. 그래야 기존의 감정이 더 커지고 증폭될 수가 있다. 나의 주요 감각과 위에 과정을 더한다면 반드시 강력한 느낌을 받을 수 있을 것이다. 그러기 위해서는 무엇보다 연습과 훈련이 필요하다. 처음부터 잘 할 수는 없다. 반복적인 연습과 훈련을 한다면 과정을 떠올리지 않아도 자연스럽게 심상화가 될 것이다.

케이	(앉아서) 흐음. 역시 바로 하기는 좀 어색한데? 어떻게 해야 자연스럽게 상상이 될까?
마스터	심상화 훈련 중이로군요~.
케이	네~. 근데 바로 미래 대본으로 심상화를 하려니까 왠지 어색하고 잘 안되네요. 중간에 하다가 보고 하다가 보고 하니까 집중도 잘 안되고요. 뭐 좋은 방법 없을까요?
마스터	당연히 있죠. 일단 과거에 내가 경험했던 것 중에서 가장 행복하고 즐거웠던 장면을 떠올려 봐요.
케이	(손뼉을 치며) 오! 있어요. 있어~!
마스터	그럼 거기서 더 밝게 빛도 비춰주고 소리도 자세하게 듣고 색깔도 더 선명하게 해서 보세요. 먹고 있다면 온도랑 식감, 그리고 맛도 확실히 맛보고요. 지금은 어때요? 아까랑 좀 달라지지 않았나요?
케이	(눈을 감고 웃으며) 푸하하하~ 크히히히~ 와… 전보다 느낌이 더 커지고 생생하게 느껴져요~.
마스터	좋아요, 그럼 이제 눈을 떠봐요. 미래 대본 가지고 있죠? 이제 그걸 녹음하는 거예요~. 가이드 명상처럼 가이드 미래 대본을 만드는 거죠~. 대신 상상할 수 있게 천천히 중간중간에 시간을 충분히 두고 녹음해야 해요~.
케이	(흥분) 오! 그거 완전 좋은 생각인데요? 보면서 하려니까 순서도 헷갈리고 감정 이입이 안 됐는데~. 미리 녹음한 걸 들으면서 하면 훨씬 좋을 거 같아요! 역시~.

(케이는 휴대폰에 미래 대본을 읽어가며 녹음한다.)

케이   다 됐어요!

마스터   자, 그럼 이제 다시 시작해보죠. 일단 행복하고 즐거웠던 때를 떠올려요. 자연스럽게 미래 대본의 느낌과 이어질 수 있게요. 일종의 진동 예열 과정이라고 생각하는 거예요. 생각들은 각기 다른 진동과 주파수를 지녀요. 그래서 두 가지를 바로 이어서 상상하면 진동의 차이가 크게 나서 몸에서부터 어색함을 느끼게 되거든요. 그러니까 천천히 내가 이미 경험했던 즐거운 기억부터 떠올려보는 거예요. 그래야 잠재의식이 이미 경험한 익숙한 진동에서부터 미래 대본에 실현된 느낌이 지닌 진동에 익숙해지게요.

케이   (집중) 오. 뭔가 심장에서 뜨거운 기운이 느껴져요. 몸이 확장되는 느낌도 들고. 와……. 너무 행복해요. 너무 좋아서 눈물이 날 것 같아요. (주르륵 눈물이 흐른다.) 됐어! 이루어졌어! 이건 이미 이루어졌다고! 감사합니다! 감사합니다! 감사합니다!

마스터   (흐뭇한 표정) 그래요~. 바로 그거예요!

말은 에너지 압축파일

케이　(콧노래) 으흐음~ 으흠~~ 역시 샤워할 때 하는 정화는 최고로구나~.

마스터　(샤워 커튼 뒤로) 방해해서 미안한데요, 아까 우리가 말하던 감정과 느낌말이에요.

케이　(갑자기 멈추며) 응? 잠깐만요, 맞아! 바로 이거야!!!

마스터　(놀라며) 네???

케이　(흥분) 감정 말이에요! 감정이 들 때 말 자체를 아예 모르면 어떻게 되는 거죠?

마스터　(당황한 표정) 갑자기 그게 무슨 말이에요???

케이　아니~ 감정이 드는 이유가 우리가 감정이라는 말이랑 뜻을 알아서 그런 거잖아요~. 그러니까 느낌도 올라오는 거고요~.

마스터　그, 그렇죠…?

케이　그러니까 느낌이랑 감정을 만드는 건 말이에요! 말이 가진 에너지가 그렇게 만드는 거예요!

마스터　(끄덕이며)흠. 듣고 보니 그러네요.

케이　우리가 하는 말은 사실 생각, 감정, 느낌을 다 압축한 에너지 파일이라고요~. 으하하하!!! 근데 내가 이걸 어떻게 알았지???

　　감정은 무형의 생각에서부터 나온다. 생각의 무엇이 감정을 일으키는 걸까? 바로 말이다. 무엇을 보고 느껴도 그것에 대한 말 자체를 모른다고 생각해 보자. 그저 느낌만 존재할 뿐 감정이나 비교 판단 분별하는 마음이 들지 않게 된다. 지구에서 말은 교육된 도구이다. 우리의 생각과 감정은 본래 자유롭다. 그런데 말이라는 도구가 우리를 제한 짓게 만든다. 자유로운 에너지를 한계 속에 가둬 놓는다. 말은 본래 창조적인 에너지에서 탄생되었다. 그런데 우리는 일상에서 아무렇지도 않게 말을 쓴다. 말이 지닌 본래의 의도는 잊은 채 그저 아무 말이나 쏟아낸다. 말을 하면서 창조하는 게 아니라 에너지 낭비를 하고 있다. 우리가 사용하는 모든 단어는 에너지 파일이다. 말도 글자도 소리도 에너지다.

　　말은 우리가 소리로 들을 수 있는 에너지다. 말을 이루는 각 단어는 고유의 주파수를 지닌다. 한글만 보더라도 그 이유를 알 수 있다. 한글은 인체의 발음기관과 자연의 형태를 본떠서 만들어졌다. 우리가 소리 낼 때의 혀의 모양, 입의 모양, 목구멍의 모양, 이빨의 모양 등을 상형화해서 만들어진 것이

한글이다. 한글은 각 기관이 만들어내는 소리를 본떠 만들어졌다. 즉 소리가 형상화되어 말이 된 것이다. 말은 소리의 형상화된 모든 정보를 지닌다. 각기 다른 소리는 다른 진동과 주파수의 정보를 지닌다. 우리가 하는 말도 진동과 주파수의 정보를 지닌다. 모든 말에는 압축된 파일처럼 우주의 모든 정보가 들어있다. 우리가 말하는 단어 하나하나가 다 우주의 정보를 지니고 있다. 낱말 하나도 우주의 에너지가 지닌 정보가 형상화된 것이다.

가장 오래되고 완벽한 말로 산스크리트어가 있다. 산스크리트어는 '순수한 언어', '완성된 언어'라는 뜻을 가지고 있다. 산스크리트어는 50개 문자를 사용한다. 잘못 발음되는 일 없이 음성학적 완벽성을 구현한다. 완벽한 소리를 글자로 만든 것이 산스크리트어다. 그만큼 말은 한 글자라도 소홀히 해서는 안 된다. 글자 하나하나마다 수많은 의미와 뜻을 지니고 있기 때문이다. 그래서 고대 비전 지식들은 산스크리트어로 쓰였다. 말이 우주의 원리와 에너지를 형상화한 모든 정보를 담고 있기 때문이다. 우리가 말을 할 때마다 우주의 에너지가 발생된다. 모든 말은 우주의 근본 원리인 창조, 보존, 파괴의 에너지를 포함한다. 그래서 말을 할 때는 의식적으로 해야 한다. 우리가 하는 낱낱의 말은 압축된 우주의 정보를 담고 있기 때문이다.

또한 말은 보이지 않는 생각(의식)의 실체를 드러내 주기도 한다. 말이 없는 세상을 떠올려보자. 그저 느낌만 존재할 뿐이다. 우리의 오감 또한 그대로 감각만을 느낄 수 있을 뿐이다. 말은 모든 에너지 정보를 압축시켜 놓은 파일과도 같다. 말 하나에 감정과 느낌이 좌지우지된다. 말버릇에 대한 자기계발서들이 많은 이유가 바로 여기에 있다. 말이 사람의 인생을 바꾼다는 말은 맞는 말이다. 그러나 사람들은 왜 그런지 의식하지 못한다. 말 자체는 인간의 편의성 때문에 창조되었다. 의사소통에서 말이 차지하는 비율은 7%, 음성이 38%, 신체적 반응이 55%를 차지한다. 우리는 말보다 자세나, 제스처, 얼굴 표정으로 상대와 소통한다. 말 그 자체는 커다란 영향을 주지 못한다. 오히려 말을 하는 사람의 의식 상태에 따라 영향을 준다.

같은 말이라도 '아' 다르고 '어' 다르다는 말이 있다. 비슷한 말이라도 말하는 사람이 어떻게 말하느냐에 따라 다르게 되므로 말을 가려 하라는 뜻이다. 말을 가려 하는 자는 누구인가? 바로 말을 하는 의식을 지닌 우리다. 의식이 말의 근원 에너지이다. 말을 하는 사람의 의식 상태에 따라 말이 지닌 힘이 달라진다. 말 자체는 그냥 정보가 압축된 파일일 뿐이다. 말을 하는 사람의 의식 상태에 따라 말의 힘이 달라진다.

마틴 루터 킹 Martin Luther King Jr은 말의 힘을 알고 사용한 대표적인 인물이다. '나에게는 꿈이 있습니다!' 지금까지도 회자되는 그의 연설이다. 그가 연설한 문장은 다른 말들과 별다른 차이가 없다. 그런데 그가 한 말의 무엇이 많은 사람의 마음을 움직이게 했을까? 바로 깨어 있는 의식 상태의 '말이 지닌 에너지의 힘' 때문이다. 말은 누가 어떤 의식 상태에서 했느냐에 따라 그 힘이 달라진다. 말은 곧 그 사람의 의식의 반영이다. 깨어 있는 의식은 우주 근원의 에너지와 연결된다. 이때 말이 지닌 우주의 창조적이고 폭발적인 에너지가 작동된다. 어떤 말이라도 뚜렷하게 인식하고 집중한 상태에서 할 때는 그 말은 무엇이든 실재화하는 힘을 지니게 된다. 말에 담긴 힘은 우리를 창조하게 할 수도 파괴하게 할 수도 있다. 그래서 말이 지닌 뜻과 힘은 올바르게 쓰여져야 한다. 우리는 보다 깨어 있는 의식으로 말을 써야 한다. 그렇게 될 때 온전한 창조의 에너지는 우리의 삶에서 순환될 수 있다.

케이   (가부좌로 만트라를 읊으며) 오~~~옴!Om 오~~~옴!Om

마스터   (웃음) 가끔은 생각 이전에 그냥 말을 하는 게 도움이 될 때가 있죠~. 말은 말하는 사람의 정신을 모아주거든요. 만트라처럼요~.

케이   네? 만트라가 말하는 사람의 정신을 모아준다구요?

마스터   네~. 본래 모든 말은 완벽한 우주의 소리를 지녀요. 그 완벽한 소리는 곧 우주와도 같죠. 그래서 말하는 사람의 의식이 우주의 전체의식과 연결돼요. 말을 한다는 것 자체가 바로 우주 의식으로 창조를 하는 것과도 같아요.

케이   (놀라며) 네에??? 아니 그냥 말만 했을 뿐인데 그게 창조라고요??? 헐….

마스터   말은 우주 의식이 소리를 통해 창조를 하는 과정이에요. 인간인 우리는 그 소리를 말로써 창조하고 있는 우주 의식의 일부분이고요~.

케이   (흥분) 자. 잠깐만요! 그럼 제가 하는 한 마디 한 마디가 설마. 설마 죄다 창조!?!

마스터   (웃음) 당연하죠. 인간은 창조주의 의식으로 만들어졌으니까 당연히 우리도 창조주의 힘을 지니고 있죠. 성경에도 '말씀'으로 창조하셨다는 내용이 있잖아요?

케이   (멍한 표정) 하. 그럼 울집 야옹이 어떡하지?

마스터   네??? 야옹이는 왜요?

케이   (시무룩) 아니, 야옹이가 밥 달라고 울 때마다 제가 만날 이렇게 말해

줬거든요. '그만 먹어라, 식빵처럼 살찌고 싶냐?', '그렇게 먹으면 지금보다 배가 더 나올 거다!' (두 손을 모으며) 야옹… 집사가 잘못했습니다. 미안합니다…….

마스터   (크게 웃으며) 걱정 마요~. 지구의 장점 중 하나가 '시간 차가 있다.'잖아요? 기존에 내가 보낸 에너지를 상쇄시킬 만큼 반대의 에너지를 집중해서 보내면 돼요~.

케이   (안도의 한숨) 휴~ 다행이다~! 그럼 어디 반대 에너지를 보내 볼까나? '우리집 야옹이는 온전하고 완전하고 완벽하다'. '야옹아, 고마워 사랑해~!'

확언으로 긍정마스터하기

　우리가 생각하고 말하는 모든 것이 확언이다. 사람은 태어나서 성인이 되는 20년 동안 14만 번의 부정적인 말을 듣는다. 하루 평균 20회 정도의 부정적인 말을 듣는 셈이다. 부정적인 말은 곧 우리의 신념이 되고 잠재의식에 새겨진다. 그리고 이 신념은 곧 우리의 삶이 된다. 신념은 우리에게 학습된 생각의 습관적 패턴일 뿐이다. 이 중에서도 부정적인 신념은 원하지 않는 경험을 창조한다. 원하지 않는 경험의 창조를 막는 방법은 의식적으로 생각하는 것이다. 의식적으로 생각하는 것은 내가 원하는 바를 확고히 하는 것이다. 학습된 신념을 알아차리고 의식적으로 생각과 말을 할 때 현실도 바뀌게 된다. 확언은 자신이 원하는 것을 생각하고 말로 표현해서 이루어 내는 것이다.

확언은 신념 변화의 시작을 마련해 준다. 확언은 잠재의식에게 내리는 명령과도 같다. 의식적으로 하는 확언은 다음의 3가지를 포함한다.

인식 / 책임 / 변화

확언을 한다는 것은 자신의 삶을 의식적으로 창조하겠다고 선포하는 것이다. 말이 지닌 힘과 원리를 인식하는 것이 그 첫 번째다. 아무리 확언이 도움이 된다고 하더라도 인식하지 못하면 소용이 없다. 우리는 인식한 대로 받아들인다. 인식해야 인정이 되고 행동을 할 수 있다. 확언에 대한 올바른 이해 없이 무조건 읊어대는 말은 힘이 없다. 모든 힘은 의식에서 나온다. 인식해야 인정이 되고 의식의 힘이 확언을 통해 작동할 수 있다. 우리는 내가 하는 말이 명령이고 그것이 힘이 있다는 것을 인식해야 한다.

그다음은 책임이다. 내가 창조한 것은 내가 책임지는 것이다. 지금껏 나의 삶은 내가 한 확언과 더불어 창조한 것이다. 모든 것이 나의 책임이란 것을 인식하게 되면 그 힘 또한 내게 있음을 알게 된다. 내가 하는 생각과 말이 바로 창조의 씨앗이 된다. 확언은 바로 이 창조의 씨앗에게 물을 주는 것과도 같다. 창조의 씨앗은 잠재의식 속에서 자라 이내 나의 삶이 된다. 그때 나의 삶에 진정 변화가 일어나게 된다. 확언은 의식적인 창조의 훌륭한 도구다.

잠깐 상상을 해 보자. 신이 비옥한 토양에 씨앗을 심고 물을 준다. 씨앗은 물을 머금고 싹을 틔운다. 싹은 무럭무럭 자라서 열매를 맺는 큰 나무가 된다. 확언은 우리의 삶을 만드는 씨앗이고 생명 가득한 물이다. 의식적으로 생각하고 말할 때 확언의 힘은 창조주 의식과 더불어 작동하게 된다. 지금껏 학습되고 조건 지어진 신념이 있다면 잊어버려라. 그것이 내가 원하는 신념이 아니라면 그저 내려놓고 원하는 확언을 시작하면 된다.

확언을 통해 삶을 바꾼 대표적인 인물로 루이스 헤이가 있다. 그녀는 '긍정 확언의 여왕'이라고 불릴 만큼 자신이 말한 바대로 살았다. 어린 시절 부모의 이혼, 가난, 가정 폭력, 성적 학대, 미혼모, 고교 중퇴, 남편의 외도, 이혼, 암까지 그녀의 인생은 파란만장 그 이상이었다. 그럼에도 불구하고 그녀는 긍정 확언으로 자신의 인생을 바꿔 놓았다. 세계적인 베스트셀러 작가이자 영적, 정신적 멘토로서의 삶을 살았다. 루이스 헤이가 이와 같은 인생을 살 수 있었던 것은 바로 긍정 확언의 힘 때문이었다.

확언은 곧 내가 '나의 인생은 이렇게 될 것이다'라고 우주에 선포하는 것과도 같다. 확언은 나의 미래에 긍정적인 영향력을 미칠 특정한 생각을 선택해서 말하는 것이다. 확언은 잠재의식도 변화시킨다. 잠재의식에 부정적인 신념은 오직 그보다 더 강한 확언으로 바뀔 수 있다. 확언은 삶에서 원치 않는 것을 제거하게 도와준다. 인생에서 원하는 삶을 의식적으로 창조하게 도와주는 것이 바로 확언이다. 확언을 통해 우리는 의식적으로 생각하고 말하는 방법을 훈련할 수 있다. 그렇다면 확언은 어떻게 써야 할까? 간단하다. 긍정문, 명령형, 현재시제로 쓰면 된다.

올바른 확언의 예

> - 나는 ~을/를 가지고 있습니다. (I have~)
> - 나는 ~이다, 나는 ~하다. (I am~)

생각과 말은 에너지이고 동시에 물질이다. 에너지가 물질화되려면 시간과 공간이라는 개념이 필요하다. 말의 힘은 공간과 시간을 초월할 때 더 쉽게 작동한다.

우주의 모든 것은 바로 지금 창조되고 있다. 지금에 모든 힘이 존재한다. 그래서 확언은 현재시제로 써야 한다.

올바르지 않은 확언의 예

> - 나는 ~할 것이다. (I am going to~)
> - 나는 ~을/를 가지게 될 거야. (I will have~)

이렇게 확언을 하면 그 힘이 미래로 이동하게 된다. 우주는 우리가 말한 대로 되돌려 줄 뿐이다. 미래시제의 확언은 미래의 한 시점에서 작동하게 된다. 그것도 미래의 언제인지 모르는 영역에 확언의 힘이 낭비되고 만다.

우리가 원하는 변화는 지금이다. 지금 현재에서부터 확언해야 한다. 그래야 모든 에너지는 한곳으로 집중되고 현실로 나타나게 된다.

부정 확언의 예

- 나는 가난하게 살고 싶지 않다.
- 나는 뚱뚱해지고 싶지 않다.
- 나는 아프고 싶지 않다.
- 나는 불행해지고 싶지 않다.
- 나는 우리 부모님처럼 살고 싶지 않다.
- 나는 이렇게 살고 싶지 않다.
- 나는 이 일을 하고 싶지 않다.
- 나는 나이 들고 싶지 않다.

긍정 확언의 예

- 내가 가진 부가 점점 늘어나고 있다.
- 나는 날씬하다.
- 나는 지금 완벽한 건강을 받아들인다.
- 나는 삶을 행복하게 즐긴다.
- 나는 나 자신을 사랑하고 있는 모습 그대로 받아들인다.
- 내 인생의 모든 일이 나를 도와준다.
- 나는 지금 내가 사랑하는 일을 한다.
- 나는 몸과 마음이 아름답다.

부정 확언도 확언이기에 이루어진다. 부정 확언은 파괴의 에너지를 지닌다. 말에는 힘이 있다. 부정적으로 쓸지 긍정적으로 쓸지는 말을 하는 사람에게 달려 있다. 확언은 원하는 삶을 의식적으로 창조하는 방법이다. 우리 스스로는 생각의 주인이고 선택할 수 있는 자유가 있다. 우리는 삶에서 좋은 것들을 누릴 자격이 있다. 부정적인 생각은 부정 확언을 낳는다. 긍정적인 생각은 긍정 확언을 낳는다. 내가 생각하는 방식이 어떤 확언이 될지를 결정한다. 삶에서 부정적인 경험을 하고 있는 것은 부정 확언을 무의식적으로 했기 때문이다.

사람들은 자신이 삶이 마음에 들지 않는다고 불평한다. 삶은 나쁘거나 좋은 것이 아니다. 우리의 생각이 삶을 나쁘거나 좋다고 판단하는 것이다. 생각은 오로지 나만 바꿀 수 있다. 생각을 바로잡아야 우리의 경험도 온전해진다. "콩 심은 데 콩 나고 팥 심은 데 팥이 난다." 긍정 확언을 심지 않았는데 좋은 일이 일어날 턱이 없다. 매사가 불평불만이라면 긍정 확언부터 시작해야 한다. 그래서 부정 확언의 에너지를 중화시켜야 한다. 확언을 하면서도 걱정이 든다면 그것은 부정 확언의 에너지 때문이다. 부정 확언의 에너지에 잠겨있어서 긍정 확언의 에너지가 겉돌게 된다. 그럴 땐 의지로써 긍정 확언을 더욱 자주 해야 한다.

에너지는 임계점이란 것이 있다. 50:50에서 1%만 긍정으로 기울어도 에너지의 축은 바뀌기 시작한다. 그 전까지는 아무런 변화가 없을 수도 있다. 이때는 오로지 인내를 가지고 자신을 위해 확언을 해야 한다. 우리는 긍정 확언의 에너지에 잠겨야 한다. 그렇게 될 때 현실에서 확언을 통해 진정한 변화를 이끌어 낼 수 있다.

케이	나는 부자다, 나는 부자다, 나는 부자다~.
마스터	그 말 사실인가요? 부자라고 믿겨져요?
케이	(멈칫) 아니, 이렇게 말하면 이루어지는 게 확언이 아니에요?
마스터	(한숨) 휴. 확언을 말할 때는 과정도 필요해요.
케이	과정이요?
마스터	네. 현실과 원하는 것의 차이가 클 경우, 잠재의식에서 의심을 할 수 있거든요. 잠재의식은 아이와도 같아서 내가 현재 믿는 그 느낌을 진짜라고 생각해요. 그러니까 아무리 말로 '나는 부자다'라고 말해도 내가 부자라는 느낌이 없으면 잠재의식은 작동하지 않아요.
케이	느낌이 없으면 잠재의식이 작동하지 않는다고요?
마스터	네. 아무리 내가 부자라고 외쳐도 잠재의식이 받아들이지 않으면 변화를 이끌어 내기 힘들어요.
케이	그럼 어떻게 해야 잠재의식이 제가 하는 확언을 진짜라고 믿을 수 있을까요?
마스터	일단 확언을 할 때 편안한 느낌이 드는 것부터 시작해보는 거예요. 그리고 중간 다리 역할을 할 확언들도 필요해요. 추가로 잠재의식이 진짜로 믿게 하려면 확언을 뒷받침해 줄 행동도 필요하고요.
케이	(고개를 끄덕이며) 아하~.
마스터	먼저 중간 다리 역할을 하는 확언은 아래 순서 중에 편한 것부터 골라서 시작하는 거예요. 이루고 싶다 → 이뤄져 가고 있다 → 이뤄지고 있다 → 이뤄졌다. 처음부터 이뤄졌다는 말을 하면 잠재의식에서 거부될 수도 있어요. 그러니까 확언이 처음이라면 이런 과정을 거쳐서 잠재의식이 확언

에 익숙해지게 만들면 되는 거예요. 그런 다음 확언을 이루기 위한 행동을 하나씩 해 나가면 돼요.

케이 (물개 박수) 오~ 완전 좋은 생각인데요? 그럼 '나는 부자가 되고 있는 중이다.' 이렇게 말하면 될까요? 그리고 부자가 되기 위한 방법들을 연구해서 하나씩 느낌 가는 대로 바로 실천해보고요~.

마스터 (웃음) 네~ 맞아요. 그리고 확언을 할 때 이루고 싶은 이미지를 같이 보면서 하면 에너지가 집중되어 좋아요~. 잠재의식에게는 확언이 이루어졌다는 느낌을 전달하는 게 정말 중요해요~. 아 참, 육체적인 경험은 오감을 자극시켜서 강력한 느낌을 잠재의식에게 전달하니까 도움이 될 거예요~.

케이 오~ 역시! 그럼 오늘부터 당장 이미지를 보면서 확언하고, 돈을 벌 수 있는 방법들을 연구해봐야겠어요! 돈님아~ 조금만 기다리세요! 내가 간드아~~~ 음하하하하!!!

마스터 그 시작의 길

케이　(하품) 크으아암~~~. 별로 한 것도 없는데 무지하게 피곤하네…. 오늘은 그냥 일찍 자야겠다~.

(잠시 후 마스터들의 회의실이 보이고 케이의 인생 계획으로 분주하다. 마스터들의 주위에는 빛으로 이루어진 투명한 판들이 공간을 가득 채우고 있다. 투명한 판에는 영혼의 무수한 삶의 계획표가 적혀져 있다.)

마스터1　케이의 현재 인격이 인생 계획의 방향을 바꿨습니다. 진동 차이가 전보다 훨씬 커서 이에 대한 체험의 수정이 필요할 것 같습니다.

마스터2   그럼 저도 원래 계획대로 진행되던 작업들을 잠시 중지 시키겠습니다.

마스터   네 그렇게 하는 게 좋겠어요.

케이   (두리번거리며) 분명히 잠든 것 같았는데, 근데 내가 여기에 왜 있지?

마스터   도착했군요. 앞으로의 인생 계획 수정에 대해서 논의하던 중이었어요. 그럼 일단 회의를 진행해볼까요?

마스터1   원래의 계획대로라면 내일 ○○○을 하기로 되어있었습니다. 그런데 케이의 현재 인격이 자유의지에 따른 신념을 수정하게 되면서 계획의 수정은 불가피할 것 같습니다. 하지만 인생 계획의 큰 범주 안에서 가장 적합한 다른 체험을 계획 중에 있습니다.

마스터2   기존에 작업하던 그룹들과도 진동이 달라져서 현재 체험하는 그룹에서 이탈자가 나올 것 같습니다. 몇몇은 현재 수정을 요청한 상태구요. 그래서 다른 영혼의 그룹에서 참여할 의사를 논의 중에 있습니다.

마스터   (신중한 눈빛) 그렇군요. 배신에 관한 체험은 어떻게 진행되고 있죠? 이번 체험 대신 다른걸 구상 중인가요?

마스터1   네. 본래 진행되려던 체험은 현재 중지 상태입니다. 그 대신 케이와의 공동 체험을 희망하는 그룹이나 다른 마스터들에게 연락을 보냈습니다.

마스터   (진지한 표정) 좋아요. 그럼 지금부터 계획안을 수정하도록 하죠. 되도록 빨리요. 그래야 이번 생의 계획이 완벽하게 완수될 수 있어요. 자, 모두 시작합시다!

매일 밤 우리의 의식은 현실로부터 영의 세계로 돌아간다. 우리가 잠들 때 이곳에서 여러 가지 인생 계획이 수정된다. 우리의 의식은 매일 아침 현실의 세상으로 돌아오게 된다. 자는 동안 다음날 인생 계획의 시뮬레이션은 마무리되고 우리가 깨어남과 동시에 진행된다. 여기서 시뮬레이션이란 그날의 체험 정보 파일을 말한다. 우리는 매일 그날의 계획을 시뮬레이션을 통해 제공 받는다. 체험은 각자가 지닌 진동 수준과 현재 인격의 의식 여부에 따라 달라진다. 현재의식의 선택에 따라 매 순간 우리의 계획은 수정된다. 우리가 새로운 선택을 할 때마다 눈에 보이지 않는 세상에도 새로운 작업이 진행된다. 시뮬레이션 파일은 영감이나 직감, 동시성의 형태를 통해 전달된다. 먼저 영감은 우주 전체의식으로부터 전달된다.

영감은 우주의 창조적인 에너지의 표현이다. 이 흐름에 있을 때는 자기도 모르는 사이에 어떤 일을 해내거나 우연히 또는 완벽하게 일이 진행되는 것을 경험할 수 있다. 노력하거나 애쓸 필요가 없다. 우주는 조화와 균형과 창조적인 에너지를 지닌다. 우리가 우주의 흐름과 일치될 때 모두에게 좋은 방향으로 에너지는 작용하게 된다. 영감은 우리가 의도적으로 불러일으킬 수 있는 것이 아니다. 우리의 생각이 비워지고 '나'보다 '우리 모두'를 우선으로 할 때 선물처럼 나타나는 것이다.

다음으로 직감은 우리의 잠재의식을 기반으로 한 정보에서 온다. 잠재의식은 나의 경험의 총합과도 같다. 수많은 생을 거치면서 쌓아온 정보들의 합이 잠재의식이다. 직감은 수많은 정보를 바탕으로 육체의 감각 기관을 통해 전달된다. 상대의 표정이나 감정 상태, 목소리를 통해 에너지적 흐름을 무의식적으로 읽는 것이다. 직감은 그냥 아는 것과도 같다. 그냥 앎은 심장에서부터 나온다. 즉 우리 존재로부터 오는 섬광 같은 메시지가 직감이다. 그래서 늘 직감은 마음보다 정확할 수밖에 없다. 모든 문제에 대한 해결은 직감이 가장 정확한 답이다.

마지막으로 동시성은 우주와 잠재의식 사이의 공간에서 생겨난다. 우리 눈에 보이는 에너지의 흐름의 형태(숫자, 단어)로 나타난다. 우리가 이 에너지 흐름을 알아차릴수록 더 많은 동시성을 경험하게 된다. 동시성은 에너지의 흐름이다. 우리가 더 많이 관찰하고 집중할 때 우리는 그 에너지장에 공명하게 된다. 그래서 더 많은 동시성을 경험하는 것이다.

아인슈타인은 동시성에 대해 이렇게 말했다.
"동시성 현상은 자신의 이름을 감추려는 신의 술수다."
우리가 우주의 의도와 의식에 조율되면 동시성의 문이 열리게 된다. 영혼의 인생 계획이 흐름대로 진행될 때 우리는 위의 메시지를 경험하게 된다.

케이   (길을 걷다가) 허 참 이상하네? 오늘따라 유난히 마스터란 글자만 눈에 들어온단 말이야……. 어허! 저기 간판 이름도 마스터네? 뭐야? 책도 마스터!?! 이런게 동시성인 건가.

마스터   (불쑥) 여기서 뭐해요?

케이   얼마 전부터 계속 똑같은 글자만 보이고 숫자도 막 반복된 게 보여서요. 이것 봐요! 또 11:11분이잖아요?

마스터   아~ 동시성 말이군요.

케이   그 동시성이랑 앤젤넘버요, 그것도 에너지 현상인 거죠? 오늘만 해도 계속 마스터란 글자랑 11:11, 2:22, 3:33 이런 숫자만 보이거든요.

마스터   (웃음) 숫자도 눈에 보이는 에너지예요~. 각 숫자에는 우주적인 정보가 들어있어요. 숫자 하나마다 고유의 에너지 코드를 지니죠. 예를 들어 숫자 7은 영적인 완성과 성취, 풍부함을 뜻해요. 그래서 예로부터 7은 성스러운 숫자로 여겼죠. 안식일과 안식년의 숫자도 7이고 우리의 인생도 7주기로 완성되고요. 숫자는 우리의 삶을 함축해 놓은 또 다른 언어예요.

케이   아. 그럼 제가 반복되는 숫자를 보는 것도, 숫자가 지닌 에너지 코드가 저와 공명해서 그런 거군요~.

마스터   맞아요. 모든 건 공명할 때 주파수가 일치되고 그 에너지 자체가 되죠. 그래서 동시성이나 앤젤넘버를 볼 때는 내가 '우주의 흐름과 함께 하고 있다'라고 생각하면 돼요~.

케이   아. 그렇군요. (잠시 후 결심의 눈빛) 그럼 전 잠시 우주의 흐름을 타고 오도록 할께요!

마스터   (당황) 네… 네???

케이   (멀리서 들리는 목소리) 밥은~ 의식의 흐름대로 제때 먹어줘야 하거든요~! 흐름이 끊기면 큰일나요~~~! 으하하하~~~.

    삶은 늘 선택의 연속이다. 우리가 우주의 흐름 속에 있을 때 선택은 보다 자연스럽고 편안해진다. 스스로를 설득할 필요가 없어진다. 만약 스스로를 설득해야 한다면 그것은 애쓰거나 저항하고 있다는 신호다. 선택을 해야 한다면 가장 편안한 쪽을 선택한다. 편안한 쪽을 선택하되 모든 가능성을 허용하면 된다. 그리고 모든 선택이 가리키는 방향을 따라 행동하면 된다. 우주의 흐름을 타기 위해서는 행동이 필수다. 행동 없이 지구에서 하는 체험은 배움이 없다. 우리는 새로운 체험을 통해 배우고 성장해야 한다. 어차피 우리가 내리는 결정은 대부분 무의식에 기인한 것들이다. 그것들은 우리에게 새로운 교훈을 가져다주지 못한다. 배움과 성장은 미지의 것을 선택하고 나아갈 때 주어진다.

'한다', '하지 않는다' 둘 중 하나다. 무엇이든 행동하면 교훈을 얻는다. 반면 하지 않고 망설이면 시간만 낭비된다. 하나라도 행동을 통해 실패든 성공이든 배워야 한다. 그 경험을 바탕으로 우리는 전보다 더 나은 체험을 선택할 수 있다. 무조건 느낌이 올 때 행동해야 한다. 부자들은 중요한 때에는 머리보다 가슴의 느낌을 따른다. 왜냐하면 가슴은 그냥 알기 때문이다. 우리가 느낌을 믿고 행동할 때 우주의 가능성들이 열리기 시작한다.

삶은 우리에게 필요한 것만을 가져다준다. 우리의 완벽한 체험을 위해 모든 상황은 존재한다. 그저 행동해서 체험하겠다는 의지만 있으면 된다. 우리가 지나온 길은 하나의 목적을 위해 수놓아지는 작품과도 같다. 우리가 살아온 인생 또한 그렇다. 우리는 미래를 알지 못한다. 그래서 때로는 두려움, 불안으로 인해 멈출 때도 있다. 하지만 계속해서 나아가기만 하면 된다. 그것은 실패가 아니라 값진 경험이다. 지금 일어나는 모든 사건들이 커다란 작품을 완성 시키기 위한 일임을 잊지 말아야 한다. 멀리 바라볼 때 가능성 또한 보이게 된다. 좁은 시야로는 올바른 선택과 행동을 할 수 없다. 한 발자국 뒤에서 삶을 바라보자. 삶이라는 드라마의 탁월한 연출에 웃음이 나올 것이다.

정교하게 짜여진 시나리오대로 우리의 삶은 진행된다. 우리가 알든, 알지 못하든 삶이라는 무대는 진행된다. 인생은 드라마이며 우리는 명품 배우들이다. 배우는 드라마를 통해 교훈을 얻는다. 모든 드라마에는 영혼의 의도가 숨겨져 있다. 의도는 우리가 겪는 모든 사건과 상황들 속에 있다. 영혼의 의도가 궁금하다면 이 질문을 하라.

> "이 사건을 경험할 때 나는 어떤 것을 배우게 될까?"

모든 사건들은 영혼의 창조물이며 배움을 위해 존재한다는 것을 잊지 말자. 우리의 문제란 영혼의 질문이다. 이때 우리는 원하는 바를 확고히 하고 최대한 배움의 자세로 임해야 한다. 그래야 빨리 배우고 빨리 성장할 수 있다. 외부의 문제는 내부 문제의 반영이다. 애쓰며 외부의 문제를 해결하는 것은 에너지 낭비, 시간 낭비일 뿐이다. 내면에 모든 답이 있다. 내면의 문제가 해결될 때 외부의 문제는 자연스럽게 해결된다. 모든 외부의 문제는 내면의 감정에서부터 시작함을 잊지 말아야 한다.

감정이 핵심이고 문제의 답이다. 감정이라는 풀지 못한 숙제를 위해 모든 사건은 존재한다. 사건은 더 이상 문제가 아니라 숙제다. 그래서 우리는 항상 사건이 주는 감정적 교훈에 주의를 집중해야 한다. 문제는 언제나 새로운 인생의 전환점을 나타낸다. 교훈을 배우면 다음 단계로 나아갈 수 있다. 문제를 기뻐하고 언제나 허용하자. 최선의 길은 해결이 아니라 질문이다. 우리는 문제가 의미하는 배움에 대해 질문해야 한다. 삶의 모든 것은 배움이고 성장을 위해 존재한다. 우리의 모든 경험은 배움과 성장에 유익하다. 이제 우주의 흐름과 함께 삶을 창조하는 내 인생의 마스터가 되어보자!

케이 (놀라며) 세상에…! 이 모든 게 다 나를 위한 드라마였어! 지금의 나를 위해 우주가 짜 놓은 완벽한 드라마였다구요!!!

마스터 (웃음) 드디어 이해하게 됐군요!

케이 여태까지 제가 겪은 일들은 모두 지금의 저를 위해 존재했던 거예요! 이럴 수가… 어떻게 내가 이걸 모르고 있었지? 와…. 세상에 나…. 우주님, 하느님, 예수님, 부처님 감사합니다!!!

마스터 우리 모두는 각자의 드라마 속에서 그저 맡은 역할을 다 해낼 뿐이예요. 그 드라마 속에서 우리는 우주의 진리를 깨닫게 되죠. 우리는 우주의 창조성을 지닌 하나의 빛이라는 것을요~.

케이 (울먹이며) 아… 진짜 너무 감사해요. 이 모든 일들에…. 으흐윽… 흑흑…….

마스터 지금부터가 진정한 창조의 시작이에요~. 우리가 누구인지 깨닫게 될 때 우리의 삶을 온전히 창조할 수 있게 돼요. 창조주 의식을 지닌 우리가 이곳에 온 이유는 단 하나, 바로 사랑이에요. 지구에서 사랑이라는 커다란 우주의 의식을 표현하는 것이 우리가 이곳에서 해야 할 일이에요. 그걸 기억해 내기 위해 드라마라는 것이 존재했던 거예요!

케이 (주먹을 불끈 쥐며) 맞아요! 사랑! 사랑보다 중요한 것은 없어요! 그 모든 사람들이 사실 나에게 사랑을 가르쳐주기 위해 존재했던 거예요!

마스터 (기뻐하며) 이제 다 되었군요~. 이제 진정한 마스터가 되었네요! 축하

	해요. 케이~.
케이	(눈물을 주르륵 흘리며) 감사합니다, 감사합니다! 사랑합니다, 사랑합니다! 저 지금 너~어무 행복해요! (빙글 돌며) 여러부운~~ 정말 아름다운 밤이에요~~~!!! 모두들 사랑합니다~~~!!! 알라뷰~~~.
마스터	(훌쩍이며) 정말 잘 됐어요…. 정말 잘 됐어…….
케이	(마스터를 보며) 아름다운 밤 기념으로 우리 찐~하게 포옹 한번 가죠? 제가 지금 사랑 게이지 폭발 직전이거든요~ 일루 와요~ 갈비뼈 으스러지게 꽉 한번 안아봅시다!!!
마스터	(도망가며) 헉…! 아니… 그… 그 정도까지는…….
케이	(마스터를 따라가며) 아 어디 가요~. 같이 가요~!!! 나의 넘치는 사랑을 그대에게~~~ 으하하하~!!!

에필로그

"케이님, 책 쓰셔야죠?"

엄남미 대표님이 나를 처음 보자마자 하신 말씀이다.

"아니, 보자마자 왜 책을 쓰라고 하시지?"

첫 인사가 너무 엉뚱해서 그땐 그 말을 그냥 지나쳤었다. 그런데 시간이 지나고 보니 이제 그 말의 뜻을 알것 같다. 그 모든 사건들이 내 안의 마스터가 계획한 빅 픽쳐였음을…

나는 지난 3년간 수천 권의 책을 읽어왔다. 그럼에도 불구하고 늘 아쉬운 것이 있었다.

"왜 이런 책은 안 써 주는걸까?"

　그로부터 2년이 지난 지금 나는 마스터라는 책을 쓰고 있다. 그때 내 스스로가 한 말에 귀를 기울였다면 이 책이 조금 더 일찍 세상에 나왔을지도 모르겠다. 그렇게 내 안에 마스터라는 책은 이미 주어져 있었다.

　어느날 새벽 나는 잠이 오지 않아 뒷마당에서 별빛을 바라보며 서 있었다. 그런데 갑자기 글을 써야겠다는 강력한 이끌림을 받게 됐다.

"그래 더 이상 미루면 안될 것 같아!"

　바로 집에 들어오자마자 휴대폰을 집고 도움을 요청할 사람을 찾아봤다. 내 생에 처음 만난 작가님중 한 분인 엄대표님에게 무작정 도움을 요청했다.

"작가님, 저 책을 쓰고 싶습니다. 도와주세요!"

　도움을 요청하고 나서 내가 얼마나 안절부절했는지 모른다. 2번 밖에 보지 않은 사람에게 부탁을 한다는것은 나에게 있을 수 없는 일이기 때문이다. 그럼에도 불구하고 엄대표님은 흔쾌히 도와주겠노라고 답해주셨다. 그 모든 상황이 나 스스로도 신기할 정도로 순조롭게 진행되었다. 그렇게 이 책의 집필은 시작되었다. 나는 이때까지만 해도 준비된게 아무것도 없었다. 책을 읽기만 해 봤지 어떻게 써야할지 아무런 생각도 없었다. 그럼에도 불구하고 내 안의 마스터는 이미 모든것을 알고 있었다. 난생 처음 써 보는 책인데 순풍에 돛 단듯 쉽게 진행되는 것이 신기할 정도였다. 매일 밤 내가 한 일이라곤 다음 날 무엇을 쓸것인지를 생각하는것 밖에는 없었다. 그렇게 생각하다 잠이들고 일어나면 바로 책의 다음 구절이 머릿속에 떠오르곤 했다.

책에 필요한 자료들도 눈만 돌리면 바로 옆에 준비되어 있었다. 그래서 책의 후반부로 갈 수록 원고의 수정도 거의 하지 않았다. 글을 써 내려가는 매일이 너무나 흥분되고 설레었다. 매일 새벽에 일어나서 컴퓨터를 키면 손은 그냥 거들을 뿐이었다. 한 동안 무아지경의 상태에서 글을 다 쓰고 나면 반나절이 훌쩍 지나가버릴 정도였다. 그렇게 써내려간 글을 읽어 내려갈 때마다 "이걸 내가 썼다고?" 하며 나 스스로 놀라기도 했다.

이 책이 나오기까지 매일 수도 없는 동시성의 연속이 함께했다. 나는 영감으로 이 책이 쓰여지기를 간절히 바라며 책을 집필했다. 나의 그런 바람을 우주가 들어줬는지 《마스터》라는 책이 나오게 되었다. 이 책은 내 안의 마스터를 통해 쓰여졌다. 내 안의 마스터가 아니고서는 내가 이렇게 쓸 수가 없다. (웃음) 《마스터》라는 책이 나라는 사람을 통해 이 세상에 나온것이 더 정확할 것이다. 그만큼 이 책이 지닌 에너지는 정말 크다.

부디 이 책을 통해 여러분의 오랜 의문점이 해소되고 도움이 되었기를 바란다. 마스터와 더불어 이 세상에 선한 영향력을 미칠 수 있는 우리 모두가 되기를…

우주의 사랑을 담아
클래스케이